国家社会科学基金资助项目（08BSH065）研究成果

金华市社科特色智库

浙中养老服务研究与评估中心成果

学者文库

精神保障
农村老年保障的新视域

周绍斌◎著

中国社会出版社

国家一级出版社·全国百佳图书出版单位

图书在版编目（CIP）数据

精神保障：农村老年保障的新视域 ／ 周绍斌著 . --
北京：中国社会出版社，2020. 9
ISBN 978 - 7 - 5087 - 6396 - 5

Ⅰ. ①精… Ⅱ. ①周… Ⅲ. ①农村—老年人—社会保
障—研究—中国 Ⅳ. ①D669. 6

中国版本图书馆 CIP 数据核字（2020）第 169031 号

书　　　名：	精神保障——农村老年保障的新视域
著　　　者：	周绍斌
出 版 人：	浦善新
终 审 人：	尤永弘
责任编辑：	陈贵红
出版发行：| 中国社会出版社	邮政编码：100032
通联方式：	北京市西城区二龙路甲 33 号
电　　话：	编辑部：（010）58124828
	邮购部：（010）58124848
	销售部：（010）58124845
	传　真：（010）58124856
网　　址：	www. shcbs. com. cm
	shcbs. mca. gov. cn

中国社会出版社天猫旗舰店

经　　销：	各地新华书店
印刷装订：	三河市华东印刷有限公司
开　　本：	170mm×240mm　1/16
印　　张：	16
字　　数：	261 千字
版　　次：	2020 年 12 月第 1 版
印　　次：	2020 年 12 月第 1 次印刷
定　　价：	85.00 元

中国社会出版社微信公众号

目 录
CONTENTS

第一章

绪　论

一、研究背景及意义

（一）研究背景

人口问题是全球关注的重大问题，也是影响社会发展的重要变量。就全球人口问题而言，如果说 20 世纪的主题是控制人口数量，那么，21 世纪的主题则是应对人口老龄化问题。联合国社会发展委员会在 1997 年召开的第 35 届大会上，就郑重提醒各会员国要"铭记 21 世纪老龄化是人类前所未有的，对任何社会都是一项重大挑战"。

我国老龄化问题的提出始于 20 世纪 80 年代，即 1982 年第三次人口普查时，当时 60 岁及以上老年人口达到 7663 万，占总人口的 7.64%。在 1982 年维也纳老龄问题世界大会上，中国如此众多的老年人口数量引起了国际社会的广泛关注。中国在快速的经济发展和严格的生育控制之下，在较短的时间内完成了传统意义上的人口转变。1990 年第四次人口普查时，年龄中位数已由 1982 年的 22.91 岁提高到 25.25 岁，60 岁及以上人口由 1982 年的 7663 万人增加到 9697 万人，60 岁及以上人口占总人口的比例由 1982 年的 7.64% 上升到 8.58%。到 2000 年第五次人口普查，我国 60 岁及以上人口已达 13012 万，占总人口的 10.3%，年龄中位数提高到 30.1 岁。按照国际通行标准，此时我国已进入老龄社会。进入新世纪后，我国的人口老龄化进一步加速，2010 年第六次人口普查显示，我国 60 岁及以上人口达 1.78 亿，占总人口的 13.26%，其中 65 岁及以上人口为 1.19 亿，占总人口的 8.87%。同 2000 年第五次全国人口普查相比，

60 岁及以上人口比重上升 2.9 个百分点，65 岁及以上人口的比重上升 1.91 个百分点。而且，这种趋势还将继续发展。国家人口和计划生育委员会预测，60 岁及以上人口 2010 年为 1.71 亿，占总人口比重为 12.48%，而 2040 年、2050 年则将分别达到 4.11 亿和 4.5 亿，占总人口比例将分别提高到 27.70% 和 31.27%。① 受中国人口规模和人口老龄化速度的影响，迄今为止及未来 60 年内，我国都是老年人口最多的国家。② 可以说，人口老龄化是我们必须面对的现实，也是中国社会发展面临的基本国情。

值得指出的是，我国的人口老龄化有着自身的特殊性，这些特殊性必然对老龄化的社会经济后果及社会应对策略产生重要影响。中国人口老龄化的特殊性概括起来主要有这么几个方面：③ 第一，速度快，规模大。经济社会的快速发展，特别是严格的人口控制政策，使我国的人口老龄化速度大大高于欧美国家。中国 65 岁及以上老龄人口的比重从 4.9% 上升到 7% 花了 18 年，而日本 65 岁及以上人口从 4.8% 上升到 7.1% 花了 20 年，瑞典从 5.2% 上升到 8.4% 则花了 40 年的时间。从老龄人口规模看，占全球老龄人口最多这一地位在未来一段时间不会改变。中国 60 岁及以上老年人口 2014 年将达 2 亿，2026 年将达 3 亿，2037 年超 4 亿，2051 年达到最大值，之后一直维持在 3 亿—4 亿的规模。④ 第二，与其他国家相比，我国进入老龄社会时的经济发展水平较低，即人们常说的 "未富先老"。而发达国家是在基本实现现代化的条件下进入老龄社会的，属于先富后老或富老同步。发达国家进入老龄社会时人均 GDP 一般都在 5000—10000 美元以上，而我国 2000 年进入老龄社会时人均 GDP 才 850 美元。⑤ 也就是说，中国在经济发展水平较低的情况下，过早地迎来了人口老龄化，产生了其他国家未曾遇到的问题，构成了特别的政策挑战。第三，城乡倒置显著。发达国家人口老龄化历程表明，城市人口老龄化水平一般高于农村，中国的情况则不同。目前，农村的老龄化水平高于城镇 1.24 个百分点，这种城乡倒置的状况将一直持续到 2040 年。到 21 世纪后半叶，城镇的老龄化水平才将超过农村，

---

① 转引自张恺悌、郭平主编：《中国人口老龄化与老年人口状况蓝皮书》，中国社会出版社 2010 年版，第 10 页。

② 杜鹏、杨慧：《中国和亚洲各国人口老龄化比较》，《人口与发展》2009 年第 2 期。

③ 谢安：《中国人口老龄化的现状、变化趋势及特点》，《统计研究》2004 年第 8 期。

④ 郭爱妹：《多学科视野下的老年社会保障研究》，中山大学出版社 2011 年版，第 50 页。

⑤ 同上，第 49 页。

并逐渐拉开差距。这是中国人口老龄化不同于发达国家的重要特征之一。① 第四，地区发展不平衡。我国人口老龄化发展具有明显的由东向西的区域梯次特征，东部沿海经济发达地区明显快于西部经济欠发达地区。② 中国 30 多个省市进入老年型社会的时间均值为 2005 年，标准差为 9.36 年，最大差距达到 36 年。人口老龄化发展呈现明显的区域不平衡性。总的格局是：东部快于中西部，农村快于城市。③

　　我国人口老龄化所具有的上述特点，决定着我们应对人口老龄化的难度和复杂性，也决定着我们必须选择有别于发达国家的应对方式。

　　我国人口老龄化的一个重要特征之一，是农村人口老龄化水平高于城市。造成这一现象的主要原因在于农村年轻劳动力大规模向城市迁移。正是由于年轻劳动力从农村的迁出，使农村老年人口比重相对上升，人口老龄化程度提高。而城市年轻人口数量增加，使城市老年人口比重下降，人口老龄化程度得以减缓。另外，农村青壮年往往携妻带子迁出，进一步加速了农村老龄化。④ 从规模看，农村老龄人口也大大高于城镇。1990 年，全国老年人口的数量为 9697 万人，其中农村 7284 万人。2000 年第五次人口普查时，全国老年人口为 12998 万人，其中农村为 8557 万人，约为城镇的 2 倍。据预测，农村人口老龄化程度在 2040 年之前一直呈上升的趋势，2020 年将达到 20.2%，到 2030 年将达到 29.1%，高出同期城镇老龄化水平 7.2 个百分点。⑤

　　综上所述，我国农村人口老龄化问题将长期存在，农村将面临人口老龄化和老年人口总量过多的双重压力。这两方面的压力将交织在一起，给中国经济和社会发展带来严峻的挑战。在相当长一段时间内，中国的人口老龄化问题在某种程度上是农村人口老龄化问题。⑥ 正因为如此，农村老年人的老年保障问题成为学界和政府关注的一个热点问题。但由于对人口老龄化所带来的社会经济负担的担忧，人们将更多的注意力放在了物质赡养上，而对老年人的精神需

①　全国老龄办：《中国人口老龄化发展趋势预测研究报告》，《中国妇运》2007 年第 2 期。
②　同上。
③　李晟伟等：《中国城市老人社区照顾综合服务模式的探索》，社会科学文献出版社 2011 年版，第 32 页。
④　陈桓：《东亚地区人口老龄化特征分析》，《南方人口》2002 年第 1 期。
⑤　张恺悌：《中国农村老龄政策研究》，中国社会出版社 2009 年版，第 3 页。
⑥　伍小兰：《我国农村老年人口福利状况研究》，中国社会出版社 2009 年版，第 2 页。

求和精神文化生活则明显关注不够。这种认识上的偏差和实践上的滞后，导致农村老年人的精神文化生活长期被忽视，对其生活质量造成负面影响。

养老问题，就其实质而言是老年人的需求和满足问题。老年人的需求是多方面的，而不是单一的。那么，针对老年人的保障制度和措施就应该是全面的，而不仅仅只是关注其中的某些方面。从总体上看，老年人的需求可以分为物质需求和精神需求两个大的方面，这样，完整全面的老年保障就应该包括物质保障和精神保障两个大的子系统。

从现实来看，我国农村老年保障体系是低水平和不全面的。就物质保障来看，农村老年人的经济收入主要来源于自己的劳动和子女的资助，收入水平低且不稳定。但进入新世纪以来，随着新型农村合作医疗和农村社会养老保险的推进，农村老年人的物质保障有了新的进展。如果说，由于社会经济整体水平的提高和政府、家庭和社会等多方主体的努力，农村老年人在物质供养方面有了较大的改善，那么，农村老年人的精神需求及精神文化生活则显然被忽视，问题显得越来越突出。市场经济对年轻人道德观念的冲击，因子女流动而导致的留守老年人的增多，活动场所及设施的缺乏，丧偶、健康状况下降等可能造成的社会隔离，还有以全球化、信息化和知识爆炸为表征的现代化带来了日益严重的代际隔阂和老年歧视，如此等等，多方面因素和力量使农村老年人的精神文化生活质量难以提高，很多农村老年人感到失落、无聊，甚至出现抑郁等精神障碍。

精神需求是老年人需求的基本方面，精神需求能否得到尊重和关注、在多大程度上被关注、通过何种方式来满足，这些都将直接关系到老年人群体的生活质量和生活满意度，关系到代际关系和代际和谐，进而影响到社会和谐与稳定。因此，对农村老年人的精神需求和精神文化生活作专门的深入系统的研究，建构既符合我国农村经济社会文化环境，又能满足老年人需要的现实合理的老年精神保障机制，是老龄化背景下的重大理论和现实问题。

本课题研究主张老年保障是物质保障和精神保障的统一，克服将老年保障纯粹归为物质（经济）保障的简单认识，提出建立超越"情感慰藉"的老年精神保障机制，并将其作为老年保障体系的重要组成部分，丰富和拓展对老年保障的认识和理解。基于这一认识前提，本课题将对老年人精神需求的结构及内在关系，农村老年人精神文化生活状况及其影响因素，以及农村老年精神保障机制的建构原则、基本框架、面临的难题及解决方案等问题进行初步的分析研究。

（二）选题的意义

本课题研究意义主要体现在以下方面：

第一，本课题研究有助于在理论上对老年保障有一个更加全面的认识，进一步明确精神保障的内容，厘定精神保障与情感慰藉的逻辑关系。

老年保障是整个社会为老年人的生存和发展提供的各种支持的总和。我们主张从广义的角度理解老年保障，它不同于狭义的经济供养或经济保障。前者是一个完整全面的支持体系，而后者显然只是收入维持。作为一种全面的支持关怀系统，老年保障的逻辑起点是老年人的需求。西方学者将老年人的需求概括为三个"M"，即 Money、Medicare 和 Mental，也就是经济需求、医疗需求和精神需求。① 我国曾提出了"老有所养""老有所医""老有所为""老有所学""老有所乐"，说法虽有差异，内容却是相通的。如果说，狭义的养老保障只注意到了老年人的物质和生理需求，是生存保障，那么广义的老年保障则强调全面理解和关注老年人多方面的需求，将生物性和社会性、物质的和精神的、生存的和发展的需求综合起来考虑。

与发达国家不同，我国的老龄化是在经济欠发达的背景下出现的，由于对人口老龄化的经济负担的担忧，无论是政府还是学界，都将更多的注意力放在了物质赡养上。长期以来，人们对老年保障的理解是存在模糊和偏差的。一谈老龄问题和老年保障，人们首先想到的是经济供养和物质保障，很少有人涉及老年人的精神赡养和精神保障。这是可以理解的，"未富先老"的情境使得物质性的养老资源显得稀缺，因而容易引起人们的关注和重视。但纯粹的物质供养并不一定能带给老年人幸福生活，而精神赡养所带来的慰藉效果是物质保障难以达到的。可以说，精神赡养和精神保障不但是不可或缺的，而且从某种意义上说，它对于整个老年保障体系的运转和效用是至关重要的。

尽管近年来由于老年人的精神文化生活问题日渐突出，学界开始关心和研究老年人的精神需求和精神保障问题，但仍然没能进入主题话语，多数学者只是在讨论相关问题时有所涉及，缺乏系统的专题研究，且大多数学者将精神需

---

① 邬沧萍：《社会老年学》，中国人民大学出版社1999年版，第246页。

求等同于情感需求，这说明对老年人的精神需求和精神保障，有待进一步深入系统的研究。

第二，本课题研究紧扣老龄问题的现实，跳出纯经济（物质）视野来讨论老年保障问题，强调关注老年人的精神需求和精神文化生活，这能为我国农村老年社会政策的完善提供一定的政策启示。

从社会保障的角度看，中国庞大的老年人群需要大量的经济资源来支撑。中国人口老龄化进程与经济发展水平存在较大的时间差（即人们常说的"未富先老"），经济赡养水平的提高存在资源约束。而且，养老问题的单纯经济视角显然存在局限。养老从某种程度上说是个经济问题，但又不纯粹是个经济问题，它涉及政治、经济、文化等多个方面。因此，分析和考察农村老年保障问题不能仅仅局限于经济领域，应该放在更为全面的分析框架中来进行。否则，很难真正弄清制约农民老年保障质量的真实因素，更难以找到适合我国农村社会和文化传统的老年社会政策。

事实上，农民养老问题的解决需要多方面的资源，既包括经济资源，也包括大量的非经济资源。基于此，北京大学王思斌教授提出了社会保障的大资源概念，他认为社会保障资源可以是资金、物品、服务、机会、关照和支持气氛。[1] 老年保障资源是一个较为宽泛的概念，大体分为物质资源和非物质资源两大类，主要包括资金、物品、设施、服务、机会、道义和情感支持等。而且，养老资源存在着某种程度的可替代性，即某种类型的资源供给与需求不平衡时，其他资源可以用来补充其不足或替代该种资源发挥保障功能。基于此，通过采取现实合理的社会政策行动，对老年人的精神需要予以充分的关注、引导和合理满足，建立老年精神保障机制显然具有合理性。它能弥补物质资源的相对不足，在一定程度上替代物质资源的保障功能，并增大现有物质资源的保障效用。显然，这在中国具有很强的现实意义。

从生活质量的角度看，由于生理机能衰退、退出工作岗位及家庭结构变化等社会环境因素变迁，可能造成老年人的不良心态和精神障碍，影响到老年人的身心健康和生活质量。要提高老年人生活质量，不仅要重视改善其物质生活条件，更要在人际关系、情感和精神方面为满足老年人的需求创造更好的条件。

---

① 王思斌：《中国社会保障体系的建构》，山西人民出版社 1999 年版，第 108—109 页。

好的物质条件是提高老年人生活质量的基础，但仅仅有物质条件还是不够的，还必须为他们创造良好的社会、精神和心理环境，以满足他们多方面的需要，增强其幸福感。因此，在着力解决老年人最基本的物质生活保障的同时，进一步明确其精神需求并通过社会政策行动来加以满足，已经成为转变养老观念，实现健康老龄化的重要内容。作为老年人保护网的老年保障体系，除了为老年人提供物质保障、日常生活照料外，还应该包括对老年人的精神需求及其情感表现予以关注、引导和合理满足的精神关怀体系。

第三，本课题研究对改善农村老年人的社会管理有一定的参考意义。

数量庞大的老年人口是不容忽视的社会力量，是影响社会运行和发展的重要变量，对这一特殊年龄群体的管理将成为社会治理的重要任务。老年人尽管大多数离开了生产领域，但他们并没有退出政治生活。丰富的社会活动经验、不断提高的文化水平、方便快捷的信息获取渠道、现实的利益诉求、充足的时间以及证明自身价值的表征，都昭示着老年人群体是社会政治生活和思想领域的重要力量。在社会结构变迁以及受此影响的利益和分配关系的调整中，由于"年老"而带来的脆弱性可能导致其物质利益的受损和精神利益的被忽视。而受损害和被忽视会使其作出思想甚至行为上的反应，这种反应的方向和力度只有控制在适度空间才是社会运行和发展所能接受的。换句话说，老年人群体的存在及其实现利益诉求是影响社会和谐与社会稳定的重要变量，已经成为老龄社会背景下社会管理的现实议题，也考验着社会管理者的政治智慧。如果老年人的精神需求不能得到社会的关怀和引导，他们的精神文化生活需求得不到有效满足，那么其精神生活就可能陷入无序状态，消极的、反面的甚至反动的东西就会趁机而入。有调查表明，在"法轮功"的修炼者中，老年人约占60%，[①]这是令人深思的。

由于各种原因，现行的老年物质保障不是很完善，在农村，这方面的问题更突出。如果再缺乏精神保障，就可能导致部分农村老年人压抑情绪的非制度化排泄，也可能会给社会和谐带来负面影响。因此，从社会管理的角度看，政府和社会要及时准确地掌握和了解老年人的精神需求和心理状态，并从制度层面上提供满足其精神需求的稳定机制。通过政府、社会、社区和家庭多元主体

①　许启贤：《法轮功修炼者中老年人约占六成》，《北京青年报》，1999 年 8 月 5 日。

的积极参与，帮助老年人营造一个充实、温馨的精神生活世界。而上述政策行动，有赖于对精神保障机制的内容、功能效用、建构原则以及面临的难题及解决方案等问题作出学理分析和理论研究。

二、研究文献回顾

（一）国外相关研究概述

西方学者从20世纪70年代就开始关注情感和心理支持对老年人健康和生活质量的影响。20世纪80年代初，西方一些较早进入老龄化社会的福利国家，如丹麦、瑞典等，就基于自己的教训告诫世人：要反对养老中的唯设施主义，在为老年人提供基本生活保障的同时，更要重视对其精神需求的满足。

老年人比任何年龄层的人都更容易出现急性或慢性的心理疾病。Post 指出，老年人中近20%—30%患有精神疾病。[1] 在公立及其他精神医疗机构中，大多数住院的新病人和长期滞留的病患都以老年人为多。[2] 20世纪70年代以来，在西方国家老年研究工作中大量使用功能多维评价方法。在研究者使用的老年人多维评价问卷中，基本都涵盖了精神和心理方面。如1975年杜克（Duke）中心创立的 OARS（Older American Resource and Services）功能多维评价问卷，包括经济状况、躯体健康、社会支持、精神健康和日常生活功能等五个方面，精神健康是其中的重要方面。1977年巴里·卡兰德（Barry Culland）发展的用于评价65岁以上老年人健康的综合评价量表，也包括了精神健康的内容。[3] 1975年美国老年信仰联盟（National Interfaith Coalition on Aging，NICA）证实了宗教和精神活动对于老年人获得幸福感的重要性。[4]

国外学者对老年心理健康研究范围较为广泛，在日常生活、家庭护理、临

---

①　Post，F，Psychological aspects of geriatrics。Pastgraduate Medical Journal 1968（44）：307 - 318.

②　Abraham Monk：《老人福利服务》，台湾·心理出版社2008年版，第247页。

③　齐铱：《中国内地和香港地区老年人生活状况和生活质量研究》，北京大学出版社1998年版，第15页。

④　凯瑟琳·麦金尼斯—迪特里克：《老年社会工作》，中国人民大学出版社2008年版，第233页。

床心理健康方面均有涉及，研究者的议题包括睡眠对老年人心理健康的影响、阅读写作能力与老年人心理健康的关系、疾病与老年人心理健康等。① 凯尼格（Koenig）、莱文（Levin）等学者则指出定期参与宗教活动的老人身体和精神健康状态都更好一些。②

还有学者讨论了社会支持对老年人心理健康和生活满意度的影响，林（Lin）等将社会支持分为情感性支持（如同情、关爱、理解等）和工具性支持（如家务、财务支持等），指出了情感性支持对健康和生活质量的影响。③ 卡斯尔（Cassell）指出，维持或增进老年人的生活质量除了借助经济、物质或工具性支持外，更重要的是有赖于社会情绪方面的支持。④ 西尔弗斯坦（Silverstein）则指出，情感支持比生活照料和经济支持更能促进老年人的精神健康。⑤ 而后两者旨在满足老人因健康和经济状况产生的需求，未必对生活满意度产生直接正面作用。⑥ 对注重个人隐私的老年人而言，过多的代际支持会带来精神损害。⑦ 社会学家沃恩·本特森的研究指出，与好友、亲属和邻居进行的随意性活动会在生活满足感方面起到积极作用。⑧ 还有研究指出，婚姻对老年人的心理状态有着积极的影响，婚姻美满对老年人来说尤为重要。加里·李发现，婚姻美满对老年人的信念有着积极影响，维持着夫妻间的基本关系。这对老年人保持良好的心理状态是至关重要的。⑨ 苏珊（Susan）的研究表明，精神创伤后

---

① 于淼、刘晓虹：《老年心理健康研究进展》，《解放军护理杂志》2008 年第 1 期。

② 麦金尼斯—迪特里克：《老年社会工作》，2008 年版，第 236 页。

③ 李建新：《社会支援与老年人口生活满意度的关系研究》，《中国人口科学》2004 年增刊。

④ 陈勃：《心理功能助长——应对人口老龄化的一条途径》，《社会科学》2002 年第 5 期。

⑤ 转引自张文娟、李树茁：《子女的代际支持行为对农村老年人生活满意度的影响研究》，《人口研究》2005 年第 5 期。

⑥ Dean, A., Kolody, B., Wood, P., and Ensel, W. M. The Effects of Types of Social Support from Adult Children on Depression in Elderly Persons. Journal of Community Psychology, 1989, 17: 341 – 355; Krause, N. and Liang, J., Stress, Social Support and Psychological Distress among the Chinese Elderly·Journal of Gerontology: Psychological Sciences, 1993, 48（6）: 282 – 291）.

⑦ Silverstein, M., Chen, X., and Heller, K., Too much of A Good Thing? Intergenrational Social Support and the Psychological Well – being of Older Parents, Journal of Marriage and the Family, 1996, 58: 970 – 982.

⑧ （美）贝·弗里丹：《生命之泉喷涌》，作家出版社 1997 年版，第 367—368 页。

⑨ （美）罗斯·埃什尔曼：《家庭导论》，中国社会科学出版社 1991 年版，第 566—567 页。

接受到积极的社会支持与创伤后更好的适应相关。凯瑟琳（Catherine）认为，感受到高水平的社会支持与积极的心理健康相联系。伊恩·布里斯特（Ian Brissette）和迈克尔（Michael. F. S）研究发现，社会网络的质量和结构对保持心理健康很重要。① 人格特征也是影响老年人心理健康的重要因素。迪默（Diener）的研究表明：外倾性会影响社会支持并因而影响正面情感；而神经质可能影响个体的应对方式，并因此影响负面情感。② 迪默的另一项研究认为，对幸福感有影响的诸多因素如年龄、婚姻状况、生活事件和人格特征等中，人格特征因素是主管幸福感的最可靠、最有力的预测指标之一。③

老年人的孤独感体验是老年人心理健康的重要方面，也因此成为学者们研究的重要主题。学者们对孤独感的研究主要集中在两个方面，一是孤独感概念的理解，二是孤独感的影响因素。日本学者青木邦夫认为，孤独感是社会互动作用不全而引起的不愉快的主观感受。就老年人而言，主要是由独居生活、社会孤立以及各种"丧失体验"而引起的。日本学者竹中星郎认为，老人孤独感的产生是被周围的人疏远，人际关系、生活圈子逐渐缩小而引起的。④ 威廉斯（Williams）则认为，孤独感包含着对亲密人际关系的需要，因而孤独感是指个体感到需要或对亲密的社会人际关系不满意时感受到的一种痛苦体验。⑤ 近年来，国外学者从社会支持、社会人际关系、生理健康、"丧失体验"、居住安排等方面对老年人孤独感作了多视角探讨。⑥

西方学者还就如何提高和改善老年人的心理功能进行了有益的探讨和实践。德国心理学家伯特斯（Baltes）提出了著名的 SOC 理论。他认为，老年人首先要勇于面对功能衰退的自然趋势，并通过选择（selection）、优化（optimization）和补偿（compensation）三种策略来巩固自身的心理功能。他举例说鲁宾斯坦（Rubinstein）在 80 岁高龄还能保持着极高的演奏水平，主要原因在于他运用了

---

① 陈立新、姚远：《社会支持对老年人心理健康影响研究》，《人口研究》2005 年第 4 期。
② Diener, E. Traits can be Powerful but are not Enough：Lesson from subjective well – being. Joural of Reserch in Personality, 1996, (30)：389 – 399.
③ 姚远、陈立新：《老年人人格特征对心理健康的影响研究》，《人口学刊》2005 年第 4 期。
④ 林明鲜、刘永策：《城乡人口老龄化与老龄问题研究》，山东人民出版社 2010 年版，第 202—203 页。
⑤ 同上，第 202 页。
⑥ 同上，第 204—205 页。

上述三种策略：一是平常只弹少数几个曲目（选择）；二是时常反复地练习这几个曲目（优化）；三是由于认识到年老导致演奏速度下降，而采取在快节奏的旋律到来之前放慢弹奏速率的方法（补偿）。另外，通过干预训练的方法来提高老年人心理素质的方法也引起了老龄工作者的关注。美国国立老龄化研究所等机构积极开展了专门针对老年人心理功能下降的干预训练研究。[1] 费希尔（Fischer）则总结出针对老年人精神工作的 5 个主题：①珍惜现在的重要性，"学习享受活着而不是做事的艺术"；②找到往事的意义，以此建构生命的意义；③直面自己的局限；④寻求和解和宽恕，修补裂痕和激活关系；⑤拓展个人爱和同情的圈子。[2]

（二）国内研究概述

中国古人对身心相互作用早有认识，尤其重视情绪对健康的影响。我国古籍中早有关于人在年老化过程中，感觉记忆、思维、情绪和性格等方面一系列变化的生动描述。在富有哲理的养生学中，关于修身养性、谐适心理、适应环境、延年益寿的思想与心理健康相吻合。[3] 这说明人们一直以来都注意到了老年人的精神生活和心理健康问题。

国内对老年人精神和心理问题的学术讨论，潘光旦先生应是最早的学者之一。早在 20 世纪 30 年代，潘光旦先生在《祖先和老人的地位》[4] 一文中，从老年人的经济供养和情绪（今天我们所说的精神）两方面分析了西方老年人的状况，他认为西方老人的经济养老问题要分两部分来看，"大率在自由职业和有资产的阶级里，这问题比较简单"。"在劳方和无资产的阶级里，这问题就严重多了"。对于老年人情绪而言不存在阶级和工作性质的分别，存在三条较为普遍的出路，其一是灵魂不灭的宗教信仰，这是西洋最流行的出路；其二是对于子孙的精神寄托；其三是统治权或管理权的把握。此外还有少数人可以把不朽的欲望放在德、功、言三不朽上。"在家庭制度畸形发展的中国第二、第三条路才

① 陈勃：《心理功能助长：应对人口老龄化的一条途径》，《社会科学》2002 年第 5 期。
② 麦金尼斯—迪特里克：《老年社会工作：生理、心理及社会方面的评估与干预》，中国人民大学出版社 2008 年版，第 234—235 页。
③ 吴振云：《我国的老年心理学研究》，《中国老年学杂志》1995 年第 5 期。
④ 潘光旦：《祖先和老人的地位》，载《华年》第 5 卷第 36、37 期，1936 年 9 月，后收入潘乃穆、张海焘主编：《寻求中国人位育之道》下册，国际文化出版公司，第 705—719 页。转引自陈功：《社会变迁中的养老和孝观念研究》，中国社会出版社 2009 年版，第 31—32 页。

显得特别有力量"。"比较不容易出毛病的还是第二条路"。"中国老人在情绪上是比较能得到适当的措置的，而其措置之方便是子息；其情形和西洋的恰好相反"。在潘光旦先生看来，由于子女的尽孝，中国老年人的精神慰藉问题得到了较好的解决。

潘光旦先生于1947年又发表了《论老人问题》，这被认为是我国社会学界第一次论及老年人问题的文章。① 在此文中，潘先生把"安老"的原则归纳为四点，其中一条原则是"安老工作应就老人的物质与心理需要兼筹并顾"。潘光旦先生把老年人问题分为两部分：经济与经济以外的生活。养老金制度可以在"国家与社会的严重负担之下"解决老年人的经济问题。英国学者试图以"安老设施"来解决问题的第二部分，却是"没有能搔着问题的痒处"。在潘先生看来，"所谓经济以外的老人生活，最主要的是他的情绪生活。情绪生活不止一方面，尤其主要的一方面是一种存活的愿望与死亡的恐惧所引起的情绪。""历来解决的途径不出两三条。一是个人功德事业不朽的信念，或对于'身后名'的企求，这也只有少数人能之，可以不论。二是在子孙身上得些寄托、得些慰藉，这些是很实在的。……三是灵魂永生的宗教信仰。大多数人所能领略的便是后面这两条解脱途径。以前的中国人在这两条路上都走得通，并且两条还变成了一条，'养生送死，生事死祭'一类的议论便是表示两条路早就接了轨。在中国，老人之所以未成问题者在此。"

潘先生认为，在英美等西方社会的"小家庭制度下，第二条路根本没有地位"。老年人唯一的解脱就是"宗教信仰允许给予的永生"。工业化国家的"社会公养"和养老金制度解决不了老年人最根本的问题即精神慰藉问题。而中国的家庭养老和依靠子女尽孝较好地在精神和信仰层次上让老年人问题得以解决，所以建议工业化国家对家庭制度作出调整。但潘先生没有料到，我国目前也面临着在建立和完善物质保障体系的同时，如何解决老年人精神慰藉和信仰层面的问题。

虽然在中国社会学界有潘光旦先生等学者较早涉及老年人的精神需求与精神生活问题，但整体说来，国内这方面的研究较国外明显有些滞后。前些年人们主要讨论的是经济供养和生活照料问题，对老年人的精神需求一直关注不够。

---

① 张恺悌、夏传玲：《老年社会学研究》，张琢主编：《当代中国社会学》，中国社会科学出版社1998年版，第311页。

尽管一直以来，人们都认为养老包括经济供养、生活照料和情感慰藉，其中情感慰藉涉及老年人的精神需求。但显然，情感慰藉强调的是家庭成员对老年人情感特别是亲情需求的满足。情感需求只是老年人精神需求的一部分而不是全部。

近年来，由于老年人精神需求和精神生活问题日渐突出，学界开始关注和讨论老年人的精神生活问题，产生了一系列的研究成果。

1. 对精神需求、精神赡养等有关概念的讨论

精神需求是人的需求的基本方面，这是没有争议的。但对于"什么是精神需求"，人们从不同的角度去理解、思考和表达，目前尚无定论。有学者从人与社会的关系角度出发，认为精神需求是人们因社会环境和条件的影响，对社会生活、社会秩序、社会安全等有关切身利益的重大问题所产生的精神方面的强烈需求。由于个人的身体素质与禀赋、具体的社会制度以及人们的社会角色等因素的影响，社会主义初级阶段的人们的精神需求表现为精神满足、精神消费和精神愉快三个层次。① 学者仲彬则提出，精神需求的形成是由于主体的主观心态与环境的不平衡，为了维持和恢复平衡的主观心态而产生的一种动态依赖关系和渴求状态，他将精神需求分为高低两个层次，低层次精神需求包括自尊需求和社交需求，高层次精神需求则包括成长需求和奉献需求。② 李大兴认为，精神需要主要是指主体进行能动创造活动，实现自我发展的需要，对文化成果享用的需要情感、愿望、要求得到满足的需要。③ 明艳则认为老年人精神需求是指内化于内心，为排遣消极情绪感受，实现欢乐、充实和尊严而产生的物质需求，具体包括情感需求、娱乐需求、求知需求、交往需求和价值需求。④

北京大学人口所穆光宗教授是国内较早关注老年人精神需求和精神赡养问题的学者。他认为，精神赡养的实质是满足老年人的精神需求，从广义上讲，"精神赡养"大致包括了对老年人的情感支持和心理慰藉，可以理解成孝心的具体表达。他认为，老年人精神需求包括了三个维度的"需求"，即自尊的需求、期待的需求和亲情的需求，与此对应的"满足"是人格的尊重、成就的安心和

---

① 张艳国：《论精神需求》，《天津社会科学》2000 年第 5 期。
② 仲彬：《发展社会主义市场经济与提高人的精神需求质量》，《南京政治学院学报》1999 年第 2 期。
③ 李大兴：《社会转型期人的精神需要问题探析》，《北京社会科学》2002 年第 4 期。
④ 明艳：《老年人精神需求"差序格局"》，《南方人口》2000 年第 2 期。

情感的慰藉。精神赡养需要通过宏观层面和微观层面，或者说家庭的精神赡养和社会的精神赡养来实现。①

2. 老年人心理健康状况和精神文化生活状况的调查与描述

1992 年，中国老龄科学研究中心等单位负责实施的"中国老年人供养体系调查"和 2000 年"中国城乡老年人口状况一次性抽样调查"、2006 年"中国城乡老年人口状况追踪调查"，以及北京大学、中国老龄科学研究中心联合进行的"中国老年健康长寿影响因素跟踪调查"（1998、2000、2002、2005）等几次大型调查，都包含有精神和心理方面的调查指标，搜集了宝贵的相关数据。

与此同时，国内很多学者作了一些区域性和特定人群精神文化生活和心理健康状况的实证调查。如孙常敏对上海市老年人余暇生活的主要形式和内容、老年人参与余暇活动的主要特征、老年教育与余暇生活质量提高的关系作了分析和研究。② 张卫东等调查了上海老年人的心理状况及精神文化生活，从生活满意度、情绪情感状态、抑郁症患病率、情感慰藉、心理支持、自尊感等方面描述了老年人的心理健康状况。从兴趣爱好、娱乐活动、社会参与、体育锻炼等方面考察了老年人的精神文化生活状况。③ 刘颂教授在南京市以随机抽样的方式调查了 1200 名老年人的精神文化生活状况。其研究发现，城市老年群体的精神需求主要表现在生活安全、社会尊重、行为意义三个方面。老年人精神生活的内容主要集中在看电视、阅览报纸、文体健身和知识学习四个方面，老年群体对自身精神生活质量的评价为基本满意。④ 王琪延、罗栋等基于对北京市老年人休闲生活的抽样调查数据，描绘了老年人日常休闲活动的日程安排，概述了老年人在体育、文娱兴趣、学习、公益及旅行游玩五大类休闲活动的参与情况，采用聚类分析方法将老年人口及其休闲行为作了分类，并进行了类间比较。⑤

左鹏、高李鹏等以北京某大学的离退休教师为研究对象，探讨了老年知识

---

① 穆光宗：《老龄人口的精神赡养问题》，《中国人民大学学报》2004 年第 4 期。
② 孙常敏：《城市老年人余暇生活研究——以上海城市老人为例》，《学术季刊》2000 年第 3 期。
③ 张卫东等：《上海老年人的心理状况及精神文化生活》，《中国老年学杂志》2002 年第 2 期。
④ 刘颂：《城市老年人精神需求状况的调查与研究》，《南京人口管理干部学院学报》2004 年第 1 期。
⑤ 王琪延、罗栋：《北京市老年人休闲生活研究》，《北京社会科学》2009 年第 4 期。

分子这一特殊老年群体的精神慰藉问题，从生理、心理、社会、经济等多方面分析了老年知识分子精神慰藉问题的成因。① 陈天勇等的研究显示，高学历老年人心理健康状况总体良好，这与他们注重人际交往、身体健康、夫妻关系和谐，富有生活情趣，适当参与一定工作有密切关系。②

空巢老人的心理健康和精神文化生活得到了学者们的较多关注。李德明等学者在北京海淀中关村地区对 452 位空巢老人心理健康状况作了实证研究，研究表明，孤独是"空巢综合征"中最严重的负性情绪之一，"绝对空巢老人"甚于"相对空巢老人"，而独居老人最为严重，缺少子女的亲情和精神慰藉是引发空巢老人心理健康问题的主要原因。③ 李德明等学者还对城市空巢与非空巢老年人生活与心理状况作了比较分析，研究结果显示，大多数老年人心理状况较好，但独居老人心情较差，超过四分之一的独居老人时常有孤独寂寞等负面心情；老年人的主观幸福感居中上水平，但独居老人的主观幸福感、与家人交流满意度较低。总体上看，独居和夫妻同住两种类型的空巢家庭的情况不尽相同，夫妻同住老人的生活和心理状况要好于独居老人。④ 汪莹、李安彬等研究发现，空巢老人心理健康水平显著低于普通老年人。在精神生活方面，空巢老年人中的单身老人不仅参加闲暇活动的活跃程度明显低于夫妇及其他家庭老人，而且与分居子女的交往也不如夫妇及其他家庭老人密切。虽然单身老人与邻居的来往比较频繁，但其从中所得到的精神安慰与心理满足程度并不高于其他老人，主观幸福感明显低于其他老年人。⑤

有学者还对高龄老人、女性老年人群体的心理状况进行了研究。徐勤的研究显示，高龄老人的心态变化及认知能力衰退显著，女性老人的心态不及男

---

① 左鹏、高李鹏：《精神慰藉与健康老龄化——以北京某大学离退休教师为例》，《西北人口》2004 年第 5 期。
② 陈天勇、李德明、李贵芸：《高学历老年人心理健康状况及其相关因素》，《中国心理卫生杂志》2003 年第 11 期。
③ 李德明、陈天勇、李贵芸：《空巢老人心理健康状况研究》，《中国老年学杂志》2003 年第 7 期。
④ 李德明、陈天勇、吴振云：《城市空巢与非空巢老人生活和心理状况的比较》，《中国老年学杂志》2006 年第 3 期。
⑤ 汪莹、李安彬、陈传峰：《空巢老年人社会支持与心理健康的相关研究》，《大庆师范学院学报》2007 年第 6 期；李安彬、严建雯、陈传峰：《空巢家庭老年人的心理问题与社会支持》，《海南师范大学学报》2007 年第 6 期。

性。① 李德明等学者的研究显示，我国大多数高龄老人的心理状况较好，人口学变量和社会支持等是影响高龄老人心理状况的重要因素，大多数高龄和低龄老人心理状况的评分在一般及以上，其中生活满意度的评分随增龄呈增高趋势，心理特点的评分随增龄明显下降。男性的心理特点评分高于女性，与配偶同住者高于无配偶同住者。② 女性老年人的生活满意度和情感体验的评分为"一般"和"较好"，总体低于男性老年人。其原因是女性老年人文盲率高导致其经济、社会和家庭地位较低，丧偶率高导致其独居率较高和来自配偶的支持较少，从而导致女性老年人主观幸福感的评分相对较低。③ 韦玮、冯学山等的研究显示，农村高龄老年人主观生活满意度较高，经济来源、自评健康及子女敬重情况是影响生活满意度的前三位因素。④

吴振云等学者还分析比较了不同养老方式老年人的心理状况，发现集中养老和居家养老这两类方式下的老年人具有心理健康水平随教育程度提高而改善及年龄差异不显著等类似特点。但居家养老者的心理健康状况要好于集中养老。

近年来，农村老年人的心理状况也引起了学者们的关注。李德明等利用北京大学 2002 年调查数据分析，认为农村老年人的主观幸福感（包括生活满意度和情感体验）较低，总体差于城镇老年人。⑤ 胡军生等在江西的调查发现，农村老年人主观幸福感低于城市老年人，且远低于国内有关研究的平均值。⑥ 河南的调查结果也显示，农村老年人心理健康水平较低，且有随年龄增长呈显著

---

① 徐勤：《高龄老人的心理状况分析》，《人口学刊》2001 年第 5 期。
② 李德明、陈天勇、吴振云：《中国高龄老人的心理状况及其影响因素》，《中国心理卫生杂志》2007 年第 9 期。
③ 李德明、陈天勇、吴振云：《中国女性老年人的主观幸福感及其影响因素》，《中国老年学杂志》2007 年第 8 期。
④ 韦玮、冯学山等：《上海奉贤区农村高龄老人生活满意度及影响因素分析》，《中国老年学杂志》2007 年第 21 期。
⑤ 李德明、陈天勇、吴振云：《中国农村老年人的生活质量和主观幸福感》，《中国老年学杂志》2007 年第 12 期。
⑥ 胡军生、肖健、白素英：《农村老年人主观幸福感研究》，《中国老年学杂志》2006 年第 3 期。

下降趋势。① 王玲凤等在浙江②、贾慧英在辽宁③、刘超等在安徽④、邱莲在广东⑤的相关调查结论都基本一致。

另外，有学者还研究了农村留守老年人的生活满意度和心理健康问题。有研究指出，在现阶段，农村外出的子女为留守父母提供的经济支持弥补了其他帮助的不足，给老年人的生活满意度带来"正的效应"，留守老人自身身体状况以及情感方面的需求会显著影响其生活满意度。⑥ 但也有研究指出，子女外出对留守老人的心理状况造成了影响，留守老年人孤独感平均分为（42.84 ± 8.76）分，高于刘志荣等对省会城市老年人测试的孤独评分均数（37.85 ± 9.99）分。留守老年人年龄越高，孤独感评分越高。⑦

3. 老年人心理健康测量及影响因素分析

吴振云教授认为，心理健康是指心理活动和心理状态的正常，包括心理过程和个体心理特征的正常。⑧ 老年心理健康的理论框架应包括五个主要方面：性格健全、开朗快乐；情绪稳定、善于调适；社会适应良好，能应对应激事件；有一定的交往能力，人际关系和谐；认知功能基本正常。⑨ 吴振云等基于心理现象涵盖心理过程和个性心理特征的判断，从性格、情绪、适应能力、人际关系、认知能力五个方面，编制了适用于中国老年人的心理健康问卷。文献研究表明，国内学者主要采用心理量表测量和问卷调查法，适当配合访谈法研究老年人的心理状况。所用的测量工具除了吴振云等编制的"老年心理健康问卷"外，还包括由德罗格茨（Derogatis）编制的症状自评量表（SCL－90）、纽芬兰

---

① 邢华燕等：《河南农村老年人心理健康状况》，《中国老年学杂志》2005 年第 5 期。

② 王玲凤、傅根跃：《农村老年人心理健康状况的调查分析》，《宁国临床心理学杂志》2003 年第 2 期。

③ 贾慧英、王建英：《农村老年人心理健康状况分析》，《中国公共卫生》2007 年第 6 期。

④ 刘超、李会：《我国农村老年人心理健康状况及对策建议研究》，《现代农业》2008 年第 10 期。

⑤ 邱莲：《农村老年人心理健康状况调查》，《中国老年学杂志》2003 年第 8 期。

⑥ 王澎湖、林伟、李一男：《农村留守老人生活满意度状况考察》，《南京人口管理干部学院学报》2007 年第 1 期。

⑦ 吴振强、崔光辉、张秀军等：《留守老年人孤独状况及影响因素分析》，《中国公共卫生》2009 年第 8 期。

⑧ 吴振云：《老年心理健康的内涵、评估和科研概况》，《中国老年学杂志》2003 年第 12 期。

⑨ 吴振云、许淑莲、李娟：《老年心理健康问卷的编制》，《中国临床心理学杂志》2002 年第 1 期。

主观幸福度量表、由英国科普兰（Copeland）JRM 领导的小组发表的老年心理状态表（Geriatric Mental State Schedule，GMS）以及抑郁自评量表（SDS）、焦虑自评量表（SAS）、汉密顿抑郁量表（HAMD）、汉密顿焦虑量表（HAMA）、社会支持评定量表（SSRS）、艾森克个性问卷（EPQ）等。① 国外这些心理量表的测量学指标良好，但有的量表的内容与我国国情的适应性有待讨论。

老年心理健康受诸多因素影响，一般可归成客观因素和主观因素。② 客观因素主要包括老年人口学特征（年龄、性别、文化程度、职业婚姻）和健康状况、患病数、生活事件数以及其他社会因素（如家庭、经济等），而主观因素主要为各种满意度和幸福感。如生活满意度、健康满意度、夫妻关系和子女关系满意度，以及主观幸福感等。国内学者采用实证研究方法对老年心理健康的影响因素做了大量研究。

陈立新、姚远分析了人格特征、应对方式和社会支持对老年人心理健康的影响，他们认为，外向型性格有利于老年人的心理健康，神经质性格不利于老年人的心理健康。人格特征还通过应对方式间接影响老年人的心理健康。③ 社会支持对老年人心理健康具有主效应和缓冲作用。在轻度及以下心理压力情况下，较多邻居、同事、家人、经济和活动支持能显著改善男性老人的心理健康水平，较多朋友、同事和活动支持能显著改善女性老年人的心理健康状况，在中度及以上心理压力情况下，较多家人支持和较多安慰支持能分别显著改善男性老人和女性老人的心理健康状况。④ 老年人精神生活满意度与客观物质条件、健康状况等呈正相关，但与某些变量如年龄等又呈现复杂的相关关系。人际交往、集体活动参与状况等因素明显影响老年人精神生活的自评状况⑤。袁鸿江等人的研究表明，参加老年大学对老年人的心理健康和生活满意度有积极影响。⑥

---

① 黄三宝、冯江平：《老年心理健康研究现状》，《中国老年学杂志》2007 年第 23 期。
② 吴振云：《老年心理健康的内涵、评估和研究概况》，《中国老年学杂志》2003 年第 12 期。
③ 陈立新、姚远：《老年人心理健康影响因素的调查研究——从人格特征与应对方式二因素分析》，《市场与人口分析》2006 年第 2 期。
④ 陈立新、姚远：《社会支持对老年人心理健康影响的研究》，《人口研究》2005 年第 4 期。
⑤ 孙鹃娟：《北京市老年人精神生活满意度和幸福感及其影响因素》，《中国老年学杂志》2008 年第 3 期。
⑥ 袁鸿江、陈慧美、孙敏：《老年大学对丰富老年人文化生活提高老年人生活质量作用的研究》，《老年医学与保健》2003 年第 1 期。

书法和绘画练习在一定程度上能增进老年大学学生的心理健康。① 老年大学不仅向老年人传授知识和技能，更为重要的是为老年人提供了自我发展的机会、空间和社会支持，对老年人心理健康有着积极的影响。②

代际关系也是影响老年心理健康的重要因素。和谐团结的代际关系有利于老人的心理健康，提升老人自尊、自信，提升幸福感和满意度。反之，冲突、矛盾的代际关系会增加老人心理痛苦和孤单。③ 老年人接受子女的服务支持和给予子女的情感信息支持对老年人的自尊均有正向的预测作用。④ 接受成年子女的社会支持和对成年子女的孝顺期待，对老年人孤独感有显著的负向预测作用。老年人接受成年子女的支持行为越多，对成年子女的孝顺期待越高，老年人孤独感体验就越少，老年人的心理健康状况就越好。⑤ 亲情感对老年人的生活满意度极为重要，而老年人的孤独很大程度上可以通过亲情关怀来化解。⑥

总体来看，农村老年人心理健康水平比城市离退休老人差，是否丧偶、躯体是否健康、老人经济是否独立、子女是否孝顺是影响农村老年人心理健康水平的重要因素，受教育程度对农村老年人的心理健康状况基本没有影响。⑦ 农村老年人的年龄、性别与心理健康状况关系不大，而经济状况、有无配偶与老年人的心理健康水平密切相关。⑧ 而贾慧英、王建英等认为，农村老年人心理健康水平较低，可能与农村老年人文化水平低、认知功能障碍、生活方式缺乏科学性、生活条件相对较差等因素有关。⑨ 农村老年人心理问题检出率明显高于正常成人水平，主要影响因素有经济稳定性、健康状况、医疗费用支付、家

---

① 崔明、敖翔：《书法和绘画练习对老年大学学生心理健康的作用》，《四川精神卫生》2003 年第 2 期。

② 刘颂：《老年大学教育社会心理价值探索》，《南京人口管理干部学院学报》2000 年第 2 期。

③ 杨晶晶、郑涌：《代际关系：老年心理健康研究的新视角》，《中国老年学杂志》2010 年第 19 期。

④ 申继亮、张金颖、佟雁等：《老年人与成年子女间社会支持与老年人自尊的关系》，《中国心理卫生杂志》2003 年第 11 期。

⑤ 申继亮、周丽清、佟雁等：《亲子支持和孝顺期待对老年人孤独感的影响》，《中国临床心理学杂志》2003 年第 3 期。

⑥ 同钰莹：《亲情感对老年人生活满意度的影响》，《人口学刊》2000 年第 4 期。

⑦ 王玲凤、傅根跃：《农村老年人心理健康状况的调查分析》，《中国临床心理学杂志》2003 年第 2 期。

⑧ 邱莲：《农村老年人心理健康状况调查》，《中国老年学杂志》2003 年第 8 期。

⑨ 贾慧英、王建英：《农村老年人心理健康状况分析》，《中国公共卫生》2007 年第 6 期。

庭关系及负性生活事件。①

　　作为衡量个体生活质量的综合性心理指标，农村老年人的主观幸福感受到学者们关注。国内关于农村老年人主观幸福感影响因素的研究不多，主要集中在客观因素中的人口统计变量、社会支持、经济因素和自身健康等方面。② 国内关于年龄与农村老年人主观幸福感关系研究结论不一。宋晓飞等发现年龄越大，幸福感越差。③ 也有研究发现年龄与农村老年人的主观幸福感无显著差异。④ 在性别与农村老年人主观幸福感的关系上，大多数学者研究认为没有明显差异。⑤ 多数研究表明夫妻同住、文化程度高的农村老年人主观幸福感高于离婚或丧偶、分居、文化程度低的老年人。⑥ 社会支持网络对农村老年人的主观幸福感有重要影响。⑦ 多数研究认为，对农村老年人主观幸福感直接影响力最大的是经济因素。⑧ 另外，自身健康状况也与农村老年人的主观幸福感有密切联系，调查发现身体健康状况较差的老年人，其主观幸福感较差。⑨ 也有研

---

① 杨桂凤等：《秦皇岛农村老年人心理健康状况及相关因素调查》，《现代预防医学》2008年第24期。

② 王枫等：《农村老年人主观幸福感及其影响因素研究》，《中国卫生事业管理》2010年第5期。

③ 宋晓飞、徐凌忠、王兴洲：《威海市农民主观幸福感及影响因素分析》，《中国卫生事业管理》2007年第6期。

④ 罗扬眉：《湖南省老年人亲子支持与主观幸福感的相关研究》，《中国临床心理学杂志》2008年第2期；王健、孟庆跃等：《农村居民主观幸福感及其影响因素研究》，《中国卫生经济》2009年第3期。

⑤ 宋晓飞、徐凌忠、王兴洲：《威海市农民主观幸福感及影响因素分析》，《中国卫生事业管理》2007年第6期；罗扬眉：《湖南省老年人亲子支持与主观幸福感的相关研究》，《中国临床心理学杂志》2008年第2期；胡军生等：《农村老年人主观幸福感研究》，《中国老年学杂志》2006年第3期；梁渊、曾尔亢、吴植恩等：《农村高龄老人主观幸福感及其影响因素研究》，《中国老年学杂志》2004年第2期。

⑥ 李德明、陈天勇、吴振云：《中国农村老年人的生活质量与主观幸福感》，《中国老年学杂志》2007年第12期；宋晓飞、徐凌忠、王兴洲：《威海市农民主观幸福感及影响因素分析》，《中国卫生事业管理》2007年第6期。

⑦ 罗扬眉：《湖南省老年人亲子支持与主观幸福感的相关研究》，《中国临床心理学杂志》2008年第2期。

⑧ 王枫、况成云、王娟等：《农村老年人主观幸福感及其影响因素研究》，《中国卫生事业管理》2010年第5期。

⑨ 宋晓飞、徐凌忠、王兴洲：《威海市农民主观幸福感及影响因素分析》，《中国卫生事业管理》2007年第6期。

究认为慢性病患病对农村高龄老人主观幸福感的影响不具有统计学意义。①

4. 改善老年人心理健康和精神文化生活质量的对策措施

在国内相关研究中，很多学者从个人、家庭、社会等层面多角度提出了改善老年人精神文化生活质量的富有建设性的对策措施。刘颂提出要完善养老保障制度，逐步提高老年群体的经济收入；针对老年群体的兴趣爱好，大力发展休闲文化；积极推进社区建设，把人文关怀送到千家万户；对老年人加强信念教育，普及现代科学。② 高李鹏则指出，应从个人、家庭、社区、社会等多方面入手，满足老年人的精神需求，一要发挥老年人自身的主观能动性，树立科学的老年价值观；二要强化家庭在精神慰藉中的作用，营造良好的家庭氛围；三要健全社区服务体系，发挥社区在老年精神慰藉中的积极作用；四要建立弹性退休制度，开发老年人力资源。③ 穆光宗教授则指出，精神赡养既有在微观层面的精神赡养，也存在宏观层面的精神赡养，既包括家庭的精神赡养，也包括社会的精神赡养。在微观上要求儿女和孙辈能够对老年父母做到敬重孝顺。在宏观上要求全社会的年轻人尊重、礼让和关心老年人。社会应多为老年人提供活动场所，增加文化娱乐设施，发展老年教育。④ 周伟文提出，要营造有利于精神养老的社会文化环境，制定鼓励和促进家庭养老的社会政策，在时间及物质条件上保证家庭对老年人精神生活的照料和赡养，促进老年人社会参与，提升自我心理调节能力；加强老年精神健康服务人才建设和物质设施建设。⑤ 也有学者强调，要重视发挥家人、邻居、朋友等非正式支持体系在精神养老中的积极作用。⑥ 另外，心理学者提出了维护和促进老年人心理健康的预防和干预措施。

（三）对现有研究的评述

关于老年人精神需求与精神赡养问题的研究，国外学者起步较早，国内这方面的研究明显有些滞后。对于农村老年保障，改革开放以来，人们主要讨论

---

① 梁渊、曾尔亢、吴植恩等：《农村高龄老人主观幸福感及其影响因素研究》，《中国老年学杂志》2004 年第 2 期。
② 刘颂：《老年精神生活：一个亟待关注的社会问题》，《南京社会科学》2002 年第 4 期。
③ 高李鹏：《老年知识分子精神慰藉问题研究》，见《北京科技大学学报（社会科学版）》2001 年第 1 期。
④ 穆光宗：《老龄人口的精神赡养问题》，见《中国人民大学学报》2004 年第 4 期。
⑤ 周伟文：《老年人精神文化生活需求与公共政策选择》，《浙江学刊》2000 年第 3 期。
⑥ 姚远：《重视非正式支持，提高老年人生活质量》，《人口与经济》2002 年第 5 期。

的是最基本的经济供养问题，而老年人的精神需求与精神保障没能进入主题话语。近年来，由于这一问题日渐突出，人们开始关心和研究老年人的精神需求问题。其研究成果主要体现在三个方面：一是对老年人特别是城市老年人闲暇生活的描述和讨论。二是关于老年人特别是高龄老年人的心理健康问题的研究。三是关于农村老年人主观幸福感及其影响因素分析。这些研究成果为本课题全面系统地研究老年人精神需求及社会政策选择奠定了一定的基础，提供了具有启发性的参照系统。

应该看到，老年人的精神需求与精神文化生活虽然受到了学界的关注，但目前对这一问题，特别是农村老年人精神生活问题的研究还很不充分，仍然存在某些局限。这主要体现在：第一，对精神需求、精神赡养、情感慰藉相关概念缺乏必要的梳理和清晰界定，影响着学术对话和研究的深入，如人们大多将精神需求等同于情感需求，将精神保障（精神赡养）等同于情感慰藉；第二，伴生性研究较多，而专题性研究较少。多数学者只是在讨论相关问题时有所涉及，缺乏系统的专题研究；第三，初步的现状描述较多，而现象背后的深层分析还相对缺乏；第四，对相关问题的心理学研究较多，而从社会福利与社会政策的角度研究较少。因此，目前迫切需要从老年保障与老年福利的角度对农村老年人的精神需求和精神文化生活作专门的深入系统的研究，并将其纳入社会政策视野，提出系统科学、合理有效的社会政策主张。

三、研究方法和主要内容

1. 研究目标

从我国的现实来看，尽管政府和社会以及家庭在农村老年人精神文化生活方面做了大量工作，特别是家庭在满足老年人情感需求方面取得了很好的效果。但整体状况却不容乐观，农村老年人精神生活质量不高，精神需求没有得到很好的满足。

这种现实状况显然是有待改变的，而现在的问题是如何来实现这种改变。实现改变的整体思路当然是政府、社会、家庭和个人等各个层面共同行动。但行动之前必要的理论思考似乎是不能省略的。行动之前至少应弄清以下一些问题：农村老年人的精神文化生活的基本条件如何？老年人精神需求的内容和结构及强烈程度？老年人精神需求的发展趋势？老年人精神文化生活满意度？影响老年人精神需求的因素主要有哪些？老年人精神保障机制大体框架应包括哪些内容？各主体在其中的职能定位？等等。如果这些问题没有部分或基本解决，我们的行动将可能是盲目的。本课题研究的目标就是试图对上述问题作出初步的回答。

具体说来，本课题研究的目标是在实证调查的基础上，考察农村老年人精神需求和精神文化生活现状、影响农村老年人精神需求及满足的基本因素，提出构建既符合我国农村经济、社会、文化环境，又能适应农村老年人精神需要的现实合理的老年人精神文化生活保障机制的基本框架和操作模式，以促进农村老年人生活质量的提高和人的发展，促进社会的和谐稳定。本课题需要对有关问题作理论上的梳理和探索，但重点是提出建立农村老年精神关怀体系，改善老年人精神生活质量的社会政策主张。

2. 方法和资料

本课题研究以马克思主义人的全面发展理论和社会发展理论为指导，根据实证主义和人文主义相结合的方法论原则，综合运用社会学、人口学、心理学、哲学等多学科理论，对农村老年人的精神需求及精神保障进行系统深入的专题研究。

本研究的数据来源主要采用课题组于 2009 年 7—10 月在浙江农村的实地调查资料，同时也使用大规模全国性相关调查数据，如全国人口普查数据、1992年中国老龄科研中心"中国老年人供养体系调查"数据、2000 年中国老龄科研中心"中国城乡老年人口状况一次性抽样调查"数据、2006 年中国城乡老年人口状况追踪调查、2010 年浙江省调查数据，北京大学等 1998 年"中国高龄老人健康长寿调查"数据等。我们将同时使用两类数据并加以比较。

2009 年 7—10 月，课题组在浙江省农村地区进行了"农村老年人精神文化生活状况调查"，调查对象为 60 岁以上的农村老年人，调查内容涉及老年人的人口学特征、经济状况、家庭和子女情况、村庄状况、健康状况、精神文化生活等六大方面。本次调查采取分层多阶段抽样的方法，首先将浙江省各市按照GDP 总量排序划分出三个梯队，第一梯队为杭州市、温州市、宁波市和绍兴市；第二梯队为嘉兴市、台州市、金华市和湖州市；第三梯队为衢州市、丽水市和舟山市。在每一梯队中随机抽取一个市，抽取结果为宁波市、金华市和丽水市。然后按照街道、社区、家庭依次抽取下去。在上述三个市各投放样本 240 个，共发放问卷720份，回收有效问卷643份，有效回收率89.3%。

样本的人口统计学资料如下：

表1-1　样本的人口统计学资料

变量	指标	有效样本数（人）	百分比（%）
性别 （N=643）	男	320	49.77
	女	323	50.23
年龄 （N=643）	60—69岁	319	49.61
	70—79岁	234	36.39
	80岁以上	90	14.00
文化程度 （N=639）	没上过学	292	45.70
	私塾/小学	246	38.50
	初中	65	10.17
	中专/高中及以上	36	5.63
婚姻状况 （N=636）	有配偶同住	389	61.16
	有配偶分居	23	3.62
	丧偶	208	32.70
	离婚	11	1.73
	未婚	5	0.79
居住方式 （N=641）	独居	124	19.34
	配偶	263	41.03
	儿女	122	19.03
	配偶及儿女	123	19.19
	养老院或敬老院	9	1.40
子女数 （N=640）	没有	22	3.44
	1个	51	7.97
	2个	118	18.44
	3个	173	27.03
	4个及以上	276	43.13

注：表中各变量的有效样本数加总存在不一致情况，原因在于部分样本的问卷答案存在缺失值。

3. 主要内容

本课题研究的具体工作内容主要有三个方面：

（1）理论梳理和研究框架的建构。广泛收集国内外相关研究成果并作必要的理论分析和理论梳理，在此基础上形成自己的研究框架。具体包括：老年精神需求等相关概念的界定；老年人精神需求的结构和内容；农村老年人精神文化生活质量及其影响因素；农村老年人精神文化生活保障机制的建构原则和基本框架。

（2）实证研究。这一部分的主要内容是采用问卷调查等方法实地调查农村老年人的精神需求和精神文化生活状况。在此基础上，就经济状况、健康状况、年龄、文化素质、子女流动、设施场所、社区组织等因素对农村老年人精神需求结构和精神生活质量的影响做实证分析。

（3）对策研究。在理论分析和实证研究的基础上，根据农村老年人精神需求及其满足现状以及我国农村社会经济文化环境，提出构建农村老年精神保障机制的具体框架和操作模式，为政府完善农村老年保障体系提供参考建议。

根据以上研究内容，本课题研究报告分为七章。

第一章为导论。本章主要阐述研究背景和选题的意义。国内外有关老年人精神需求以及相关的问题研究的方向和重点，本研究的整体框架，研究采用的主要方法以及数据等。

第二章为老年人精神需要、精神生活与精神保障的理论阐释。尽管国内现有研究对精神需求、精神生活、精神赡养等有关概念普遍使用，但由于缺乏必要的梳理和界定，没有形成理论共识，因此影响着学术对话和研究的深入。基于此，本章将对精神需要、精神生活、老年精神保障等基本概念进行理论辨析，厘定其基本内涵和内在结构，进而对精神生活与农村老年人生活质量的内在关系，物质保障和精神保障的关系等议题作出理论阐释。为实证研究和对策分析奠定理论基础。

第三章为农村老年人精神需求与精神文化生活的现状描述。本章将对农村老年人的基本生存状况、精神需求状况、精神文化生活条件、精神需求满足情况及其主观评价等进行全面考察，分析农村老年人精神需求与精神文化生活的基本特点和存在的问题。

第四章为农村老年人精神文化生活的影响因素。农村老年人精神需求与精神文化生活质量是其背后的多种因素综合作用的结果，本章将重点分析老年人的经济状况、健康状况、文化素质、闲暇娱乐技能等自身因素，以及社会政策、社区设施、文化道德和家庭等外在环境因素对老年人精神文化生活质量的影响。同时，分析预测与此相关因素的发展趋势及其可能造成的影响。

第五章主要论述了建立农村老年精神保障机制的理论和现实依据，并重点讨论了农村老年精神保障机制的建构原则。老年精神保障机制应该是全面的、适当的和有效的，为此必须遵循一些基本原则，具体包括：全面性原则、差别性原则、多方参与原则、增权原则，适当性原则等。

第六、七章为农村老年人精神文化生活保障机制的基本框架。这部分以满足农村老年人正当合理的精神需要，提升精神生活质量为出发点，从社会政策的角度来建构农村老年人精神保障机制的基本框架。提出立足中国国情，采取综合性措施来满足和发展农村老年人的精神需求和精神生活，建立老年精神保障机制。老年精神保障机制应该是全面的、适当的和有效的，其具体内容包括价值建构机制、心理维护与促进机制、休闲娱乐机制、文化教育机制、社会参与机制和社会控导机制，它们相互关联，协同配合，共同构成了完备的老年人精神关怀体系。从社会政策主体的角度看，它不能单纯依靠政府的力量，必须动员政府、社区、家庭等多方力量的广泛参与，必须依赖于多元主体的协调配合。上述多元主体在农村老年精神保障体系中的责任分配，也是本部分讨论的重要议题。

第二章

老年人精神需要、精神生活与精神保障的理论阐释

养老问题，就其实质而言是老年人的需求与满足问题。老年人的需求是老年保障的逻辑起点，完善的老年保障体系应全面关注老年人的需求，而不仅仅只是关注其中的某些方面。物质保障虽然满足了老年人的部分需求，但却忽略了其他需求，甚至忽略了更为重要的精神需求。因此，全面分析老年人的需求，成为完善老年保障体系的一项重要的基础性工作。

对于老年人的物质和经济需要，社会福利制度给予了长期和优先的关注和回应，现有的老年保障制度大多是一种物质保障。但常识和生活经验告诉我们，老年人不仅需要物质生活和物质保障，也需要精神生活和精神保障。那么，什么是老年人的精神需要和精神生活，它们与物质需要和物质生活是什么关系？老年人的精神生活质量与哪些因素相关联？老年人精神保障的内涵及其与物质保障的关系如何？等等。本章试图回答这些问题，为后面的实证研究和对策分析奠定理论基础。

一、老年人精神需要及其特点

(一) 人的需要理论

社会福利制度是为了满足人类需要而存在的，对需要的研究是社会福利理论的核心内容。但需要却是一个充满争议的概念。[①] 需要议题是不同学科领域研究的共同主题，哲学、经济学、社会学、心理学等学科从自己的学科视角出

---

① 彭华民：《社会福利与需要满足》，社科文献出版社 2008 年版，第 3 页。

发研究需要，从多方面揭示着需要的特性，但也带来了对需要理解的模糊。需要到底是什么？这是一个难题。正如凯特理·莱德（Katrin Ledever）所说："怎样有效地界定需要，是关于需要研究的最富有挑战性和仍然未决的问题。"① 尽管如此，一直以来历代思想家们都试图作出回答，他们的研究给我们理解需要提供了丰富的思想资源。

英国学者 E. 玛斯尼（Eleanora Masini）认为："需要可以被抽象地界定为：在一种既定社会使人的生存和发展成为可能所要求的那些人的必要条件的反应。"② 斯皮克（Spicker）认为，需要一词主要包括这么几种意义：首先，需要反映了人们所经历的问题类型；其次，需要要求对这些问题作出一些特定类型的响应；最后，需要表达了问题和响应之间的关系。③ 需要是有机体对延续和发展它的生命所必需的客观条件的需求和反映。④ "有机体在生活所必需的一定条件中的任何需求，都表现在它对于这些条件的需求上，或者换句话说，表现在有机体的需要上。需要为一切活的机体所固有……有机体的需要表现为对于这些或那些影响有敏锐的感应性"。⑤ 可以看出，人的需要一般被理解为个体对内部环境和外部生活条件的需求。需要是人的基本特性，是人类活动和行为的动力源泉。

在需要理论中，马斯洛的需要层次理论是最受关注的一种。这种理论认为，人的本能和动机是需要产生的根源，而人的需要由低到高可以分为生理需要、安全需要、归属与爱的需要、尊重的需要、自我实现的需要五个层次。马斯洛认为，只有基本满足了低级需要后才会出现高层次需要的满足问题。⑥ 之后，阿尔德弗尔（C. P. Alderfer）提出了 ERG 理论，他将人的需要分为生存的需要、关系的需要和成长的需要。美国心理学家莫瑞（H. A. Murray）分析了需要的性质、作用和产生机制。莫瑞认为，需要的特点和作用表现在：第一，需要与需要之间相互关联。第二，需要作为力，能够影响并组织个人的知觉、统觉、思

---

① John Burton, Conflict：*Human Needs Theory*, The Macmillan Press Ltd, 1990：61.
② 转引自孙英：《幸福论》，人民出版社 2004 年版，第 6 页。
③ 转引自黄晨熹：《社会福利》，上海人民出版社 2009 年版，第 77 页。
④ 曹日昌：《普通心理学》（下册），人民教育出版社 1979 年版，第 42 页。
⑤ 斯米尔诺夫等：《心理学》，人民教育出版社 1957 年版，第 386 页。转引自孙英：《幸福论》，人民出版社 2004 年版，第 5 页。
⑥ 马斯洛：《动机与人格》，华夏出版社 1987 年版，第 1 页。

维、意向，以及影响人的整个心理和行为。第三，需要永远作为力推动着活动，它是个性结构中不可缺少的成分。第四，需要有不同的发展阶段。①

在人的需要问题上，马克思提出了"人的需要即人的本性"的著名论断。马克思在提到人的需要时指出：人的需要是与生俱来的人的"内在规定性"。马克思在《德意志意识形态》中写道，人在任何时候都不是孤立的个体，"由于他们的需要即他们的本性，以及他们求得满足的方式，把他们联系起来（两性关系、交换、分工），所以他们必然要发生相互关系"。② 需要是人的生命活动的表现，只要有生命活动的人，就有需要。需要并不是人所独有，但人的需要同其他生物需要不同，人的需要是一种主动的、自觉的、有意识的需要。人的需要具有社会性。"把人和社会连接起来的唯一纽带是天然必然性，是需要和私人利益"。③ 概括起来，马克思主义需要理论有三个最重要的观点：人的需要是人的本质；人的需要是社会需要，需要产生社会关系；生产决定需要，需要推动生产。④

人的需要具有多元特征。首先，人的需要具有社会性，人的需要是社会地生产出来的需要。与动物需要完全由生理结构和本能决定不同，人的需要虽然以其生理需要为基础，但主要是社会生产出来的。现实的人的需要都是与一定的社会环境条件相联系，社会个体的需要也是由其在现实社会结构中所处的经济政治地位，以及社会文化环境所决定。其次，人的需要具有客观性和普世性。⑤ 任何社会个体为了使自己的生存和发展成为可能，就必须满足某些必要条件，这些条件是共同的、普世的，也是客观的。再次，人的需要具有能动性。人的需要超越了动物的生理需求和本能欲求，而发展成为自觉层次的主观要求，这是由人的类本质和人的实践活动决定的。最后，人的需要具有发展性和历史性。人的需要不会永远停留在一个水平上，而是随着人的实践的发展而发展。"已经得到满足的第一个需要本身、满足需要的活动和已经获得的为满足需要用的工具又引起新的需要"。⑥ 生产力的发展是人的需要发展的基础。同时，人的

---

① 王思斌主编：《社会工作综合能力》，中国社会出版社 2010 年版，第 63 页。
② 《马克思恩格斯全集》第 3 卷，人民出版社 1960 年版，第 514 页。
③ 《马克思恩格斯全集》第 1 卷，人民出版社 1995 年版，第 439 页。
④ 王伟光：《论人的需要和需要范畴》，《北京社会科学》1999 年第 2 期。
⑤ 彭华民等：《西方社会福利理论前沿》，中国社会出版社 2009 年版，第 30 页。
⑥ 《马克思恩格斯全集》第 1 卷，人民出版社 1995 年版，第 79 页。

需要也是一个历史发展过程，人类历史的延续也包括了人的需要的历史延续。

人的需要是多样和丰富的。在需要的类型学上，学者们的观点同样是丰富多样的。马克思恩格斯从哲学的角度，把人的需要划分为生存需要、享受需要和发展需要；奥塔克·锡克从经济学的角度，把人的需要概括为物质需要、活动需要、关系需要、文化需要。马斯洛的需要层次理论其实也是一种类型学理论，他曾将其归为三大类：一是"低级需要""物质主义动机"，包括生理需要和安全需要；二是"中级需要""社会性动机"，包括归属和爱的需要以及自尊的需要；三是"高级需要""超越性动机"，包括认识和理解的欲望、审美需要、自我实现需要。①

国内也有学者对此作了有益的探索。王双桥将人的需要概括为生存需要、享受需要、情感需要、发展需要。② 生存需要是维持人的生命存在的自然需要，主要包括对物质生活资料的需要、对异性的需要和对安全的需要。享受的需要是在生存需要得到基本满足的基础上，旨在提高生活质量、改善生活条件的需要。情感需要就是人对积极、愉快情感的渴望和追求及对消极、忧郁情感的克除和消解。发展需要是人为了自身的完善和完美而产生的理性欲求的需要。发展需要内含马斯洛的"自我实现需要"和麦克里兰的"成就需要"。孙英将人的需要分为物质性需要、精神性需要和人际性需要三大类，其中物质性需要包括安全需要和生理需要，人际性需要包括自尊需要和归属与爱的需要，精神性需要包括自我实现需要、审美需要和认识与理解需要。③ 需要的分类是与分类的标准相关联的，标准不同，分类也不同。按主体分，可以分为个体需要、群体需要和社会需要；按人的本性分，可以分为自然需要、社会需要和精神需要；按需要指向的对象分，可以分为物质需要与精神需要；如此等等。

在社会福利领域，福利需要的分类也很多。如斯拉克（Slack）根据蒂特马斯的论点，将需要分为短期需要和长期需要，弗斯特（Foster）将需要分为供给者需要和需求者需要。④ 英国学者布莱德肖（Johathan Bradshaw）将福利需要归纳为规范性需要、感觉性需要、表达性需要和比较性需要，这一分类在社会福

① 孙英：《幸福论》，人民出版社 2004 年版，第 32 页。
② 王双桥：《论人的需要的上升规律》，《求索》2004 年第 6 期。
③ 孙英：《幸福论》，人民出版社 2004 年版，第 35 页。
④ 范斌：《福利社会学》，社会科学文献出版社 2006 年版，第 135 页。

利研究中有广泛影响。规范性需要（normative need）是由专业人员、行政人员和专家学者根据专业知识和特定情境的规定，加以衡量和确定的。一般适用于规范最低或基本的需要。感觉性需要（felt need）是个人根据感觉和经验所希望得到满足的需要。表达性需要（expressed need）是社会成员把自身感觉性需要用行动来展现，是将感觉性需要转变为行为的结果。比较性需要（comparative need）是指与具有相似特点的他人或群体比较后，发现获得的产品和服务少于其他人，因此而产生的需要。布莱德肖的需要分类尽管带有主观性质，但其实质却有社会的、文化的客观基础。①

联合国在解决贫困问题的过程中，把人类需要分为基本需要和非基本需要，基本需要的满足是解决贫困问题的社会政策目标。② 基本需要已成为福利理论和生活质量评价中的重要范畴。国际劳工组织最初提出了"基本需要发展战略"，目的是通过市场就业和经济发展途径满足人们的基本生存需要。尽管基本需要发展战略的内容范围比较广泛，除了基本生存需要外还包括教育等发展性内容，但其强调的是最低水平和解决绝对贫困问题。1972 年，芬兰学者 Erik Allardt 在一项"关于斯堪的纳维亚方法的比较研究"中提出了"基本需要理论"，区分了人类的三种基本需要：拥有（having）、爱（loving）与存在（being）。③拥有是指生存和避免不幸所需的物质生活条件。爱是指与人交往并获得社会身份和地位的需要。存在则是融入社会并与自然和谐相处的需要。而英国学者多亚尔（Len Doyal）和高夫（Ian Gough）基于柏拉图、亚里士多德有关人类理性的重要性的探讨，以及康德关于人的构成问题的观点的基础上，在对相对主义需要观进行分析之后，讨论了人的需要的客观性和普遍性问题，提出了健康和自主是具有普世性的人类需要。"由于身体的存活和个人自主是任何文化中、任何个人行为的前提条件，所以它们构成了最基本的人类需要——这些需要必须在一定程度上得到满足，行为者才能有效地参与他们的生活方式，以实现任何有价值的目标"。④ 多亚尔和高夫认为，基本需要满足以后社会成员才能在参与社会生活中避免受到伤害。基本需要的满足有其实现条件，由此衍生出了中间

---

① 范斌：《福利社会学》，社会科学文献出版社 2006 年版，第 136 页。
② 彭华民：《社会福利与需要满足》，社会科学文献出版社 2008 年版，第 21 页。
③ 褚雷、邢占军：《基本需要范畴下的生活质量评价研究》，《中共天津市委党校学报》2011 年第 4 期。
④ 多亚尔、高夫：《人的需要理论》，商务印书馆 2008 年版，第 69—70 页。

需要和社会前提条件。中间需要或基本满足物特征实际上是满足健康和自主所对应的物质条件投入，相当于次于健康和自主的需要目标。而社会前提条件指的是个人自主的社会层面内容，可以理解为满足社会长期生存和繁荣的必要条件和个人更高层次的社会参与需要。①

尽管人类基本需要具有普遍性和客观性，但在不同社会和不同历史时期，其实现内容和满足方式都会体现出地方性和历史性。如在绝大多数中国人心中，衣食住行生存需要和健康是普遍而客观的基本需要，但是自主地位并不太重要。② 因此，由于社会处境和文化传统的差异性，对于多亚尔和高夫基于西方社会经济文化环境建构的人的基本需要理论，我们应审慎对待，并考虑中国独特的文化环境因素。

（二）精神需要及其特点

前面我们论及了人的需要的丰富性和多样性，人们也可以对其作出各种类型学划分。综合来看，可以分为物质需要和精神需要。物质需要即人们对衣、食、住、行等物质生活资料的需要，也就是生理需要、肉体需要。而精神需要即人的心理和精神方面的需要，是人们对智力、道德、交往、审美、价值、创造等方面发展的反映，这种需要主要表现为求知欲、终极关怀、抱负和理想、自我实现等。物质需要是人与动物共同具有的，而只有人才具有精神需要。"人的精神需要就像人体需要维生素一样，没有意识、理性、意志等精神活动的生命就是缺乏人性的动物的生命"。③

精神是一个复杂而模糊的范畴。沃尔特·普林西（Walter Principe）指出："'精神'这个词有很多种不同的含义。"英国学者赖特（Andrew Wright）也说："'精神'是一个众所周知难以定义的词。"④ 尽管如此，自古以来，人们一直都在探索人的精神需要与精神生活。如果从学术研究具有明确的指向性来说，西方人对精神的研究早于中国人。据王坤庆先生的归纳，西方所说的"精神"包括四个方面的含义：一是与物质存在的客观性、自然性相对，精神（spirit）存

---

① 褚雷、邢占军：《基本需要范畴下的生活质量评价研究》，《中共天津市委党校学报》2011 年第 4 期。

② 刘继同：《社区就业与社区福利——劣势妇女需要观念与生活状况》，社会科学文献出版社 2003 年版，第 111 页。

③ 袁贵仁：《人的哲学》，工人出版社 1987 年版，第 102 页。

④ 王坤庆：《精神与教育》，华中师大出版社 2009 年版，第 15 页。

在指人的存在的主观性、社会性；二是与身体（body）相对，指人的灵魂和思想；三是与手工的、操作的（manual）相对应，指心智的、大脑的（mental）一种活动方式；四是指人当下的某种意向、愿望或打算。① 总体来看，人们一般倾向于将"精神"理解为人的非物质性方面的思想、情感、意识和信仰。

对人的精神需要的关注，可以追溯到古希腊。"奴斯"（nous）是古希腊时期重要的哲学范畴，其本意是智慧，可译为"心灵""理智"或"精神"。在当时泛指感觉、思想、意志等精神活动以及这些活动的主体。② 恩培多克勒将"奴斯"视为"以敏捷的思想闪射在整个宇宙上"的神，它的思想和法则支配着宇宙万物。③ 在柏拉图看来，"理念"（与"奴斯"同义）是世界的本原。欧洲中世纪时期，阿奎那等人将智慧、理性等心灵活动统为精神，并加以神化。在近代西方哲学家那里，"精神"成为哲学讨论的中心议题，以致将人等同于精神，精神成了人的本质。④ 到了德国古典哲学时期，对人的精神属性的研究更是成为哲学研究的首要主题，这一点在黑格尔那里尤为典型。黑格尔的精神哲学是他全部哲学体系的顶峰，是最高的学问。"人之所以为人，全凭他的思维在起作用"。⑤ 在黑格尔那里，不仅人拥有其精神属性，整个世界在本原上都是精神，"只有精神才是真实的"。⑥ 黑格尔把人类历史看成是"绝对精神"自我演化和发展的历史无疑是错误的，但肯定历史演进有人的精神生活内容，则是应当确认的观点。

马克思辩证地吸收了有关人的精神属性的观点，但也清楚地意识到黑格尔哲学的根本缺陷，把黑格尔的全部革命辩证法从观念世界转移到现实世界来。⑦ 抛弃了德国哲学"从意识出发，把意识看作是有生命的个人"的考察方法，坚持"从现实的、有生命的个人本身出发，把意识仅仅看作是他们的意识"。⑧ 从现实的人出发，来理解人的本质和属性，提出了科学的人的精神需要理论。

人的精神需要理论是与人性观相关联的。在马克思看来，"人的本质……在

---

① 王坤庆：《精神与教育》，华中师大出版社 2009 年版，第 29—30 页。
② 谭金田：《西方哲学词典》，山东人民出版社 1992 年版，第 223 页。
③ E. 策勒尔：《古希腊哲学史纲》，山东人民出版社 1996 年版，第 62—63 页。
④ 王坤庆：《现代教育哲学》，华中师大出版社 1996 年版，第 216—217 页。
⑤ 黑格尔：《小逻辑》，商务印书馆 1980 年版，第 38 页。
⑥ 威廉·魏施德：《通向哲学的后楼梯》，辽宁教育出版社 1998 年版，第 229 页。
⑦ 弗·梅林：《马克思传》，人民出版社 1965 年版，第 145 页。
⑧ 《马克思恩格斯选集》第 1 卷，人民出版社 1995 年版，第 73 页。

其现实性上，它是一切社会关系的总和。"① 由于人的社会关系的多样性，因而具有广泛体现其社会本质与发展内涵的多方面的需要。"在现实世界中，个人有许多需要"②，"人以其需要的无限性和广泛性区别于其他一切动物"。③ 人的需要按指向的对象分为物质需要和精神需要。精神需要指人特有的需要，是属人的需要，"只有精神才是人的真正本质。"④

人的精神需要是个体参与社会精神文化生活的需要，是人们对智力、道德、交往、审美、创造等方面发展的反映，是一种对观念对象的需求。是主体对自身精神感受的匮乏状态的反映。也就是说，精神需要直接反映了人们对社会精神文化产品的渴求，是主体维护自身精神利益的一种反映。同时，精神需要也反映出了人的一种情感依恋的心理需求。从具体内容看，精神需要一般包括认知需要、情感需要和价值需要。⑤

人的精神需要有着自身的特点。这主要表现为：

第一，客观普遍性。精神需要是人作为人的必然需要，是人类生活不可缺少的，因而是客观的、普遍的。人的精神需要源于人的存在本性。人不仅是一种肉体性存在，也是一种精神性存在，必然具有精神需要。精神需要的客观性还表现在人的精神需要的状态取决于人的社会本性，取决于人在社会结构中的地位，取决于人的客观生活条件。同时，精神需要也有其物质对象，要通过必要的物质手段才能得到满足。精神需要的普遍性指的是只要是人，都有精神需要，不分年龄、性别、阶层、民族……精神需要的客观性要求我们关注客观生活条件和精神需要的客观状态，力求准确把握人们的精神需要。精神需要的普遍性则要求我们关注包括老年人在内的全体社会成员的精神需要，并力求创造条件，使其得到合理满足。

第二，个体差异性。作为一种社会性需要，精神需要的形成、满足和发展都离不开社会，其价值依据也由社会来决定。但由于人的社会关系的错综复杂和个体实践的千差万别，形成了精神需要的个体差异性。不同年龄、性别、民族，不同阶层的人，其精神需要呈现出明显的个体差异性。如老年人的精神需

---

① 《马克思恩格斯选集》第1卷，人民出版社1995年版，第60页。
② 《马克思恩格斯全集》第3卷，人民出版社1960年版，第326页。
③ 《马克思恩格斯全集》第4卷，人民出版社1982年版，第130页。
④ 《马克思恩格斯全集》第3卷，人民出版社2002年版，第319页。
⑤ 袁贵仁：《价值引论》，北京师范大学出版社1991年版，第123页。

求就与其他年龄群体的精神需求存在显著差异。台湾学者韦政通认为"儿童期以被爱为主，青年期与中年期能爱与被爱同样重要，老年期则以能爱为主"。①这就要求我们充分关注人的精神需求的差异性，通过差异化的政策行动和制度安排，满足不同群体和社会阶层的精神需要。

第三，人的精神需要具有无限发展性。与历史规定性相伴随，人的精神需要表现出永不满足的无限发展性。② 再能吃的人，他的胃的容量也决定了其食量是有限的，人的生物构造决定了人的物质需要的有限性。而人的心理和精神特点决定了精神需要的无限发展性。

二、老年人精神需要的具体内容

（一）人的精神需要的一般内容

一般说来，人都具有一些普世性的基本需要，体现出需要问题的普遍性，但人与人的需要又呈现出差异性，体现出特殊性。作为一个特殊的年龄群体，老年人由于其生理、心理、社会等多方面的特殊性使其在需求方面也表现出其独特性。正如世界银行研究报告所表述的："孩子需要的是学校而老年人需要年金、医院和周密照顾。"③"同龄群体的特点是具有典型的生活际遇，比如'阶段效应''严重事件'等。生育高峰年份出生的人比平常年份出生的人会更多地应付'人满为患'的现象"。④ 由于老年人经历的社会经济文化环境与其他年龄群体不同，也必然会带来需要方面的差异。

人的精神需要包含丰富的内容。有学者依据人的精神由理性、情感、意志三个部分组成，认为人的精神需要包括认知需要、情感需要和意志需要。⑤ 也有学者认为人的精神需要包括三个层次：第一，人际关系的需要（尊重、友谊、爱情等）。第二，观赏娱乐的需要（审美等）。第三，学习创造的需要（知识、

---

① 韦政通：《伦理思想的突破》，中国人民大学出版社 2005 年版，第 85 页。
② 顾智明：《论精神需要》，《学术研究》1987 年第 5 期。
③ 世界银行：《防止老龄危机——保护老年人及促进增长的政策》，中国财经出版社 1996 年版，第 22 页。
④ 沃尔夫冈·查普夫：《现代化与社会转型》，社会科学文献出版社 1998 年版，第 148 页。
⑤ 袁贵仁：《价值学引论》，北京师范大学出版社 1991 年版，第 123 页。

才干、理想等），又称自我实现需要。① 王海英将人的精神需要归结为人际关系的需要、满足自我实现与价值认同的精神需要、奉献的需要三个层次。② 孙英将精神需要概括为认知与理解的需要、审美需要、自我实现需要。③ "当代中国人精神生活调查研究"课题组认为精神需要的内容包括审美的需要、求知的需要、怡情的需要、成德的需要、究极的需要。④ 也有人将精神需要分为精神生活的需要和精神生产的需要。精神生活的需要就是欣赏和消费精神产品的需要。精神生产的需要则是人们发挥自己的精神创造才能和潜力的需要。⑤

（二）老年人精神需要的内容

老年人的精神需要，是源于衰老和社会环境条件的变化而产生的主观心态失衡，是为维持和恢复主观心态平衡、实现充实、满足和尊严而引发的一种渴求状态。老年人的精神需求是一个多因素组成的系统，有其自身的内在结构，把握其内在结构和基本特征，对于建立老年精神保障机制显然是有价值的，也是必要的。⑥

对于老年人精神需要的结构和内容，学者们进行了有益的探讨。穆光宗教授认为，老年人的精神需要包括自尊的需要、期待的需要和亲情的需要。⑦ 自尊的需求，是指老年人有自主决策和得到尊重的需要。期待的需求，是指为人父母者对自己的儿女天然具有美好期待和衷心祝愿，即"望子成龙、望女成凤"的美好心愿。亲情的需求，是指老年人对家庭亲情、对天伦之乐的心理需求，希望子女通过美好的语言和行为表达出对自己的关怀和照顾。姚远教授则认为，老年人的精神需求可以分为精神文化生活的需求和情感交流的需求。前者是老年人与社会的交往，主要是社会参与。后者是老年人与家庭的交往，表现为亲情寄托和天伦之乐。⑧ 明艳则认为，老年人的精神需求分为三个层次，第一层

① 顾智明：《论精神需要》，《学术研究》1987 年第 5 期。
② 王海英：《论人的精神需要》，东北师范大学硕士学位论文 2005 年版，第 8—10 页。
③ 孙英：《论幸福》，人民出版社 2004 年版，第 35 页。
④ 童世骏等：《当代中国人精神生活研究》，经济科学出版社 2009 年版，第 11 页。
⑤ 张洪武：《论精神需要》，《大庆社会科学》1990 年第 4 期。
⑥ 周绍斌：《论老年人的精神需求及其社会政策意义》，《市场与人口分析》2005 年第 6 期。
⑦ 穆光宗：《老龄人口的精神赡养问题》，《中国人民大学学报》2004 年第 4 期。
⑧ 姚远：《非正式支持：应对北京老龄问题的重要方式》，《北京社会科学》2003 年第 4 期。

次是感情需求，包括归属需求和尊重需求。第二层次包括娱乐需求、求知需求和交往需求。第三层次是价值需求。① 刘颂则将其归为生活安全、社会尊重、行为意义等方面。②

我们认为，老年人的精神需要尽管存在较大的个体差异，任一般包括情感需要、文化娱乐需要、教育需要、政治需要和自我实现需要。下面分别予以具体阐述。

1. 情感需要

人类是地球上最具情感的动物。③ 情感需要是人的精神需要的重要组成部分，情感生活是人的生活的重要内容。情感是人类的生命精神和自由精神的体现，是主体以自身精神需求和人生价值体现为主要对象的一种自我感受、内心体验和情境评价。④

所谓情感需要，就是人对积极、愉快情感的渴望和追求，以及对消极、忧郁情感的克除和消解。⑤ 人的情感需要大致包括了马斯洛所说的归属需要、爱的需要和尊重需要。

正常人都有情感需要，"人非草木，孰能无情。"早在 2000 多年前，荀子在他的《正名篇》中就谈道"性之好、恶、喜、怒、哀、乐谓之情。"宋代的陈淳在《北溪字义》中，有一篇《论情》，专论情感。他认为："情者，性之动也。在心里未发动的是性，事物触着便发动出来是情……其大目则为喜、怒、哀、惧、爱、恶、欲七者。"⑥《礼记》记载："何谓人情？喜怒哀惧爱恶欲，七者，弗学而能。"尽管人类很早就认识和探讨人的情感，但要对情感下定义，却是一件非常困难的事情。连著名的情感社会学家特纳也如此感叹："不仅到现在我还没有清晰地定义情感，而且接下来我也不能提出一个普适的定义，之所以如此，是因为由于研究视角的不同，对情感的界定也不同。……从认知的角度

---

① 明艳：《老年人精神需求"差序格局"》，《南方人口》2000 年第 4 期。
② 刘颂：《城市老年人精神需求状况的调查与研究》，《南京人口管理干部学院学报》2004 年第 1 期。
③ 特纳：《人类情感——社会学理论》，东方出版社 2009 年版，第 7 页。
④ 朱尔曼：《情感是人类精神生命中的主体力量》，《南京林业大学学报（人文社会科学版）》2001 年第 1 期。
⑤ 王双桥：《论人的需要的上升规律》，《求索》2004 年第 6 期。
⑥ 转引自朱小曼：《情感是人类精神生命的主体力量》，《南京林业大学学报（人文社会科学版）》2001 年第 1 期。

看，情感是对自我以及环境中客体的有意识的感受。从文化的观点看，情感是人们对某种特定的生理唤醒状态的命名与词汇标签。"①

尽管情感由于其丰富和复杂难以定义，但情感需要作为一种人的精神需要却是一个普遍认同的客观存在。这种情感需要的满足状态会对人的身心健康及活动产生直接影响。我国中医理论就认为喜伤心、怒伤肝、忧伤肺、思伤脾、恐伤肾等。情感对人的生存和发展有着重要的意义和作用：其一，影响人的身体健康。积极乐观的情绪有益健康，消极、忧郁的情绪则有害健康。其二，情感作为人对主客体价值关系的感受和体验，在心理层次上对人的活动有着调节和定向作用。第三，情感对人体的各种能力有着激励或抑制作用，良好的心境使人态度积极、思维敏捷。第四，情感还会影响人际关系，好感能促进交流，形成相互接近、依恋的纽带，从而融合关系，反感、厌恶则导致人际关系恶化。② 可见，情感生活是个体身心健康和生活质量的重要影响因素，形成和发展人的正常情感，是人的重要的精神需要。

老年人同样有着情感需要。情感需要是老年人一种普遍强烈的精神需求。老年人外显的情感流露虽然没有年轻群体那么强烈和张扬，但他们同样具有非常丰富的情感世界。一方面，他们渴求有自己所爱的人，并把这些人作为自己情感的寄托和生命的支柱；另一方面，又渴求获得他人的爱，害怕孤独、寂寞，期望享受天伦之乐，期望得到他人的关怀和照顾。儿孙绕膝承欢，老伴相濡以沫是绝大多数老年人心中的"理想国"。老年人的这种情感需要主要通过来自子女的孝敬、配偶的关爱和亲属的关怀来获得满足。来自子女的嘘寒问暖和情感交流，能使老人感受到精神慰藉和亲情的满足，必然心情舒畅，精神愉快。很多研究表明，老年人最想从子女那里得到的不是金钱而是亲情。"许多老年人对接受孩子的爱和情感更感兴趣，也有许多老年人不愿为经济援助而冒伤害情感关系的危险"。③ 获得尊重是老年人情感需要的重要内容。随着年龄增大和社会角色的变迁，老年人特别期望获得他人的重视和尊敬，希望获得他人的认同和肯定。正如古希腊哲人所说："唯有对尊重的热爱永远不会衰老、过时。有人之

---

① 特纳：《人类情感——社会学理论》，东方出版社 2009 年版，第 2 页。
② 王双桥：《人的精神存在论》，《邵阳学院学报（社会科学版）》2003 年第 3 期。
③ 戴维·德克尔：《老年社会学》，天津人民出版社 1986 年版，第 256 页。

所以宁愿要尊重，就是因为能够温暖年老力衰之心者唯有尊严，而不是物质利益。"① 这说明，在全社会形成尊老爱老的社会氛围对老年人精神需求的满足具有重要的意义。

在传统社会，老年人的情感支持主要来源于家庭、亲戚、邻居、朋友，而家庭是老年人情感慰藉的最重要支持主体。但在现代社会，老年人情感支持来源却面临新的问题。子女数量的减少、子女的流动、孝道的流失、邻居关系的淡化、社会市场化等一系列因素，使老年人的情感支持遭遇困境。如何强化对老年人的情感支持，是当今社会面临的现实课题。

2. 文化娱乐需要

人是一种文化动物，文化是人的基本特性，是其区别于动物的重要标志。兰德曼认为，"每个人类个体想要成为人类个体，就必须成为超个体文化的参与者。"② 人的文化特性决定了人都具有文化生活需要。文化娱乐需求是人们对各类文化、娱乐、休闲等活动和产品的需要，这些活动和产品主要包括阅读、视听活动、唱歌、跳舞、作诗、绘画等文艺活动，棋牌、麻将等游戏活动，还有旅游、锻炼等健身体育活动。这些活动主要以休闲娱乐为特征。国外有学者将休闲活动分为六类：大众媒体（看电视、读报纸）、社会活动（访友、聚会）、户外活动（散步、园艺）、体育活动（健身、高尔夫）、文化活动（跳舞、去剧院）、个人爱好（收藏等）。③

老年人退出职业岗位以后，闲暇时间大大增加，文化娱乐需求更为强烈。"当一个工人退休时，他（她）们通常能把更多的注意力和时间放到闲暇活动中去"。④ 充实健康的文化娱乐活动是老年人体验生活、实现人生价值的重要方式，对老年人生活质量有重要影响。"对于一个正在变老的人，活动变得尤为重要，因为其健康和福利都有赖于继续参加活动"。⑤ 老年人通过参加文化娱乐活动有助于摆脱由于制度性职业角色丧失引起的情绪困扰，老年人通过文化娱乐

---

① 莫特玛·阿德勒、查尔斯·范多伦：《西方思想宝库》，中国广播电视出版社 1991 年版，第 60 页。
② M. 兰德曼：《哲学人类学》，贵州人民出版社 2006 年版，第 208 页。
③ 转引自宋瑞：《休闲与生活质量的量化考察：国外研究进展及启示》，《旅游学刊》2006 年第 12 期。
④ 戴维·德克尔：《老年社会学》，天津人民出版社 1986 年版，第 159 页。
⑤ 同上，第 162 页。

活动可以忘掉孤独，摆脱寂寞，增进身心健康。老人们可以在休闲娱乐中享受人生乐趣，陶冶情操，使晚年生活充实而丰富。如果没有健康多样的活动来填充大量的闲暇时间，老年人的生活将是单调灰暗的。

老有所乐，需要通过多层次、多类型的文化娱乐活动来实现。大量研究证明，各种文化娱乐休闲活动对老年人生活都有着正向的促进作用。西根塔勒（Siegenthaler）和沃恩（Vaughanx）研究发现老年人参与休闲活动对生活质量有程度不同的提高。① 而这其中休闲的态度和心态尤为重要，卢塞尔（Russell）研究发现，对老年人生活质量而言，休闲满意度比休闲参与状况更加重要。② 老年人参加体育活动对改善健康状况效果明显，而良好的健康状况使老年人更愿意与家人、朋友快乐，从而获得更好的生活满意度和幸福感。③ 参加书法绘画活动能调节老年人的心理状态，培养人的乐观情绪。研究显示，参加书画练习的老年人的心理性、社会性及躯体性应激程度明显低于非参加者，整体心理健康水平优于非参加者。④

农村老年人闲暇时间丰富，加上农村人际交往相对密切，这为农村老年人的文化娱乐需要的满足提供了有利条件。但由于文化水平及生活经历的限制，农村老年人兴趣爱好单一，加上客观设施条件的匮乏，老年人的文化娱乐活动内容单调，主要集中在看电视、聊天、打牌搓麻将，侧重于那些花钱少对场地设施要求不高、不太需要技巧的娱乐活动。权威调查显示，在调查的 16 项文体活动中，老年人经常参与的比例不足半数的高达 14 项。对于诸如打球、书画、旅游、唱歌跳舞、学电脑等需要文化、技术、经济条件的活动，农村老年人的参与率均不足 10.0%，如书画、球类运动、太极拳等的参与率不到 0.5%，电脑上网更是 0%。⑤ 总体上看，我国农村老年人的闲暇娱乐活动体现出单一、低

---

① 转引自宋瑞：《休闲与生活质量关系的量化考察：国外研究进展及启示》，《旅游学刊》2006 年第 12 期。

② Russell R X. Recreation and quality of life in old age：a causal analysis the Journal of Applied Gerontology，1990（9）.

③ C. Hautier，M. Bonnefoy. Training for? Older adults. Annales de Readaptation et Medecine Physique，2007（6）：475 – 479.

④ 高健等：《书法绘画练习对老年人心理健康和生活质量的影响》，《中国健康心理学杂志》2010 年第 3 期。

⑤ 张恺悌主编：《中国城乡老年人社会活动和精神心理状况研究》，中国社会出版社 2009 年版，第 132—133 页。

质、被动的特点，文化娱乐需要没有得到很好的满足，为农村老年人营建丰富多彩的文化娱乐活动，是政府和社会的责任，也是实现健康老龄化的根本要求。

3. 人际交往需要

人际交往需要是指人们之间相互联系、互通有无的关系以及对此类活动的内在需求。人际交往需要是人与人之间相互依存性的确证和体现。① 人是需要交往的，正如罗杰斯所说，人"最深切的需要之一就是与人亲近和交往"。② 人们在交往中可以获得接纳和肯定，可以获得力量和温暖，离开了与亲友、同事的交往，就会孤独、失落甚至引发疾病。难怪当代美国心理学家奥托如此感叹："把一个人与世隔绝，是现在能够采用的最严厉的刑法。"③ 马克思恩格斯指出："一个人的发展取决于和他直接或间接进行交往的其他一切人的发展。"④ 人际交往是人的普遍性需求，也是人的一种存在方式。一个人在其现实生活中，总要与他人发生联系和互动，在与他人的交流和互动中，获得他人的关心、友爱与宣泄，获得生活的充实和自我发展，在与他人的交流与互动中，排除孤独、苦闷、封闭和空虚。

老年人同样有交往的需要，其程度往往较为强烈。年老之后，随着身体机能衰退和活动能力的退化，其交往的空间从社会退回到家庭和社区。随着职业角色转换成家庭角色，其交往的对象也大为减少。由于大多赋闲在家，离开了熟悉的工作群体，或因行动不便，交往圈子明显缩小，倍感无聊和失落。他们渴望走出去，与朋友交流，又希望在各种活动中结交新朋友，形成新的人际交往圈子。换句话说，伴随年老与退休，老年人原有的交往系统被打破，他们迫切需要建立新的交往对象，适应新的交往环境，重构新的交往系统。时下大量涌现的老年秧歌队、老年健身队、老年街舞、老年书画班、各种形式的老年活动组织，正是老年人人际交往需要的现实反映。老年活动场所、老年服务设施、老年活动组织，共同成就了各种老年文化群体和新的交往空间，它们成为老年人的兴趣寓所、心理诊所和精神家园。

人际交往的重要表征是人际关系。老年人的晚年生活空间主要是家庭和社

---

① 王双桥：《论人的需要》，《邵阳学院学报（社会科学版）》2004 年第 11 期。
② 马斯洛：《人的潜能和价值》，华夏出版社 1981 年版，第 327 页。
③ 马斯洛：《人的潜能和价值》，华夏出版社 1981 年版，第 394 页。
④ 马克思恩格斯：《德意志意识形态》（节选本），人民出版社 2003 年版，第 99 页。

区，因此家庭关系是否和睦，社区人际关系是否融洽，对其精神生活有很大影响。和谐的人际关系，会使老人感到温暖、友善、轻松、愉快。反之，如果人际关系紧张，老年人就会感到猜疑、冲突、冷漠、隔阂，进而导致焦虑、压抑、忧伤、颓丧等负面情绪。

农村老年人的生活环境，是一个相对传统的"熟人社会"，人际交往较为频繁，人际关系较为和谐。但随着社会经济环境的变迁，城镇化和工业化的推进，人口流动越来越频繁，大量年轻的农村人口流向城市。这种社会变迁给老年人的人际交往带来了不小的负面影响，人际关系日趋松散。尽管农村老年人大都拥有较大的亲属关系网络，但还有部分老年人在亲属关系上处于缺少状态。调查显示，11.2%的农村老年人没有经常能见面的亲属，12.9%的没有谈心里话的亲属，13.7%的没有在需要时能帮上忙的亲属。[1] 在家庭之外，有部分农村老年人同样缺乏人际交往和人际支持。调查显示，39.2%的农村老年人没有经常能联系的朋友，40.9%的没有谈心里话的朋友，44.1%的农村老年人没有帮得上忙的朋友。[2]

4. 求知与教育需要

亚里士多德在其哲学名著《形而上学》中头一句就说："求知是人类的本性。"[3] 人类天生就有好奇心，这种好奇心驱使人们探索未知世界，推动了人类认识的发展。所谓求知，就是人对世界的知识性和理性的追求，它与认知的内涵是一致的。[4] 求知的重要形式是学习，有学者认为，"属于精神生活范畴的这种学习，不同于那种为了掌握某种谋生技能的带有明显功利目的的活动，它纯粹出于兴趣或爱好并能从中得到心灵的愉悦。""作为精神需要的求知是一种自我启蒙，是照亮自己的内心，既非向人炫耀，亦非迫于压力或受到诱惑"[5] 强调求知是一种自由的精神活动，而非出于功利的牵制。当然，这是一种理想的境界，要将二者彼此区分有时是很难的事情，从根本上说，人类认知外部世界的动力最终来源于实践的需要，来源于改造世界的需要。

求知与教育需要是人类的高层次精神需要。人都具有"好奇心，对于知识、

---

① 伍小兰：《我国农村老年人口福利状况研究》，中国社会出版社 2009 年版，第 91 页。
② 同上，第 92 页。
③ 亚里士多德：《形而上学》，商务印书馆 1995 年版，第 1 页。
④ 王双桥：《论人的需要》，《邵阳学院学报（社会科学版）》2004 年第 1 期。
⑤ 童世骏：《当代中国人精神生活研究》，经济科学出版社 2009 年版，第 13 页。

真理和智慧的追求以及理解宇宙之谜的一成不变的欲望"。"满足认知冲动使人主观上感到满意，并且产生终极体验"，"对于智者来说，更是自我实现的表达方式"。① 求知和教育需要是人的普遍性和基本性需要，一般包括"求真""向善"和"爱美"三个方面。求知与教育需要与人的成长和发展紧密相连。② 知识和教育的获得意味着个体的知识经验、可行能力、道德人格等方面得到发展，为提高个人福祉和公共福利创造条件。反之，如果知识和教育需求得不到满足，则意味着能力、理想、道德人格的全面匮乏，意味着社会功能的丧失，其个人发展就会停滞。

罗尔斯认为，每个人都具有成长的需要，具有发展自己的理性能力的需要，这一需要的满足旨在提高人的精神能力，包括道德能力和理性能力，包括形成自我人格力量的能力，这种基本需要与个人是否追求生活福祉的实现密切相关。③ 而求知与教育是实现人格发展和能力提升的有效途径，甚至是唯一途径。健全成长与发展是人的正当权利，因此，求知与教育需要是一种普遍正当的需要，也是应当满足的需要。

求知与教育需要既是一个普遍性需要，也是一个终身性需要。正如保罗·郎格朗所言，"人格的发展是通过人的一生来完成的"，"教育，不能停止在儿童期和青年期，只要人还活着，就应该是继续的"。④ 自 20 世纪 60 年代终身教育思想提出以来，终身教育、终身学习的理念得到了普遍认同和广泛实践。"新的教育精神使个人成为他自己文化进步的主人和创造者"，因此，"每一个人必须终身不断学习"。⑤ 世界终身学习会议指出：终身学习是 21 世纪的生存概念，它是通过一个不断的支持过程来发挥人类的潜能，它激励并使人们有权利去获得他们的终身所需要的全部知识、价值、技能和理解，并在任何任务、情况和环境中有信心、有创造地愉快地应用它们。⑥

---

① 马斯洛：《动机与人格》，华夏出版社 1987 年版，第 54—57 页。
② 金生鈜：《论人的教育需要》，《中国人民大学教育学刊》2011 年第 2 期。
③ 罗尔斯：《道德哲学史讲义》，上海三联书店 2003 年版，第 317 页。
④ 转引自高志敏：《终身教育、终身学习与学习化社会》，华东师范大学出版社 2005 年版，第 5 页。
⑤ 联合国教科文组织：《学会生存——教育世界的今天和明天》，教育科学出版社 1996 年版，第 201、223 页。
⑥ 转引自高志敏：《终身教育、终身学习与学习化社会》，华东师范大学出版社 2005 年版，第 11 页。

老年人求知与教育的需要不仅源于人格与精神发展的需要，也源于现实生活的要求。进入老年阶段以后，伴随社会角色的改变，其收入水平、社会地位、人际关系等诸多方面都发生了变化。这就意味着，老年人必须适应客观环境和主观条件的变化，学习新的角色规范和生活技能，重建新的生活方式，获得社会再适应能力。总的来说，老年人通过求知和教育需要的满足，可以获得包括知识、技能、态度、兴趣与价值观，促进自我发展，提升生活质量。

5. 政治需要

古希腊哲学家亚里士多德曾指出，人是政治的动物，政治是人类最重要的活动。老年人尽管很多离开了生产领域，但他们并没有退出政治生活，他们仍然有着较强的政治参与意识和参与动机。政治需要是老年人的基本需要。

老年人之所以有着较为强烈的政治参与意识与动机，主要源于以下因素：第一，老年人自身的需要驱动其参与政治生活。老年人有其物质需要和精神需要，满足其基本需要是其生活的基本条件和目的，而其生活需要的满足往往又与制度、规范和政策相关，通过政治参与可以影响政策和制度。第二，政治参与的内驱力蕴藏在人们的利益关系中。而老年人有其自身的利益，利益产生于需要，但不等于需要。需要是单纯的主体需求，而利益是主客体的统一，是需要主体在一定社会条件下，通过一定的社会关系和社会实践得以满足的需要。老年人是一个利益群体，存在着有别于其他年龄群体的物质利益和非物质利益，有着他们自身的利益诉求。第三，社会挫折和剥夺感也是驱动老年人政治参与的重要因素。老年人是社会上的少数群体，与其他劣势群体一样，很容易在就业、政治参与问题上遭受歧视，也是贫困率高发群体，他们忍受年龄歧视与社会偏见。① 当正当利益得不到满足和保护，遭遇歧视和不公正对待，老年人便会产生强烈的社会挫折感和失落感，进而转化为政治参与的内驱力，指向政府政策以争取各种利益。当需求得不到满足，利益受到损害，老年人也会组织起来通过政治渠道和手段来求得解决。

人到了老年阶段，是社会阅历最丰富的阶段，对社会生活和政治生活中各种现象和问题的认识也较为深刻。丰富的政治生活经验，不断提高的教育文化水平，充足的时间以及证明自身价值的冲动，使他们具备产生政治影响力的条

---

① 伊恩·罗伯逊：《社会学》（上册），商务印书馆 1990 年版，第 140—141 页。

件。老年人参与政治生活，无论对个人还是社会都有着积极的意义。明太祖朱元璋认为："古之老者，虽不任以政。至于咨询谋谟，则老者阅历多见闻广，达于人情，周于物礼。""文王用吕尚而兴，穆公不听謇议而败，伏生虽老犹足传经。"① 老年人用一辈子的时间积累了丰富的人生经验，他们的意见、建议对社会决策和社区治理都有着重要的价值。

从政治学的角度看，参与政治生活是老年人的基本权利。恩格斯指出："一切人，或至少是一个国家的一切公民，或一个社会的一切成员，都应当有平等的政治地位和社会地位。"② 平等的政治参与权是平等政治地位和社会地位的重要体现。但由于各种主客观原因，老年人获得政治信息和参与政治生活的渠道不是很通畅，影响了其政治权利的实现。对此，社会管理者应引起足够的重视。在人口老龄化社会里，老年人群体是不容忽视的政治力量，应关注老年人的政治需要，引导老年人正确发挥其政治优势。这不仅是对老年人群体政治权利的尊重，也是维持社会和谐稳定的需要，它需要社会管理者的政治智慧。

6. 自我实现需要

自我实现需要，也就是成就需要、发展需要，是指人的实践倾向，即通过人的实践活动把自身的本质力量在外界实现出来的倾向。③ 这是人类最能体现其特质的精神需要。马克思指出，自由自觉的活动是人的本质需要。"动物和自己的生命活动是直接同一的，动物不把自己同自己的生命活动区别开来。它就是自己的生命活动。人则使自己的生命活动本身变成自己意志的和意识的对象。他具有有意识的生命活动"。④ 正是这种有意识的生命活动即实践使人成为一种超越性存在。这种自由的有意识的活动，既满足了直接的自身需要，又超越了这种直接需要。人在这种自由的有意识的活动中发展了自己，生成了自己，展示了和确证了自己的本质力量。人正是在这种自由的有意识的活动中实现了人的全面性。正如马克思所言，"富有的人同时就是需要有完整的人的生命表现的人，在这样的人身上，他自己的实现表现为内在的必然性、表现为需要"。⑤

---

① 《明太祖实录》（四）第178卷，转引自刘喜珍：《老龄伦理研究》，中国社会科学出版社2009年版，第122页。
② 《马克思恩格斯选集》第3卷，人民出版社1995年版，第444页。
③ 顾智明：《论精神需要》，《学术研究》1987年第5期。
④ 马克思：《1844年经济学哲学手稿》，人民出版社1985年版，第53页。
⑤ 同上，第86页。

老年人尽管出现了生理、心理和社会方面的程度不同的衰老和退化，但他们同样有着追求老有所为、老有所用、老有所成的愿望。他们虽然卸下了工作重担，但依然期望自己生活得有意义，期望自己对他人和社会有价值。这种需要体现了老年人对人生境界、人格尊严和自我价值的追求。自我价值的实现能使人长时地在精神上感到喜悦、满足和幸福，体会到生活的美好。这就是美国著名心理学家马斯洛所说的"高峰体验"。有人曾说，一个人寿命的长短，并非取决于当事人生理上的"年轮"多少，而是应该取决于当事人高峰体验的次数。高峰体验越多，他实现的自身价值就越大。① 美国学者哈维格斯特提出的"活动理论"也认为，老年人应该积极参与社会，只有参与，才能使老年人重新认识自我，保持生命的活力。"对于一个正在变老的人，活动变得尤为重要，因为其健康和社会福利都有赖于继续参与活动"，"年老的人应该寻求活动角色。如果一个人尚能参加活动，他（她）就会取得一个积极的自我形象，生活的满足感就更大"。②

老年人的自我实现需求是值得重视的，它与社会发展目标是一致的。2002年世界卫生组织提出的"积极老龄化"政策框架也体现了老年人的参与和自我实现的价值原则。但现实中相当多的老年人的这种自我实现需要在很大程度上被忽视了，丰富的老年人力资源被闲置和浪费。这不但影响老年人需要的满足，也阻碍了社会发展和老龄问题的根本解决。《联合国第二届世界老龄大会政治宣言》曾明确指出："老年人的潜力是未来社会发展的强有力的基础，社会依靠老年人的技能、经验和智慧，不但能首先改善他们自己的条件，而且还能积极参与全社会条件的改善。"③ 因此，无论出于个体还是出于社会，都应重视老年人的自我实现需要。

三、精神生活与老年人生活质量

老年保障或者老年福利，甚至所有与老年人关联的社会政策的理论与实践，

---

① 　仲彬：《市场经济条件下人的精神需求层次探析》，《学海》1998 年第 4 期。
② 　戴维·德克尔：《老年社会学》，天津人民出版社 1986 年版，第 162 页。
③ 　刘喜珍：《老龄伦理研究》，中国社会科学出版社 2009 年版，第 111—112 页。

最终目标应该是促进老年人的发展，提高老年人的生活质量。2002 年在西班牙马德里召开的第二届世界老龄大会明确指出，会议"旨在为提高老年人生活质量的政策和计划的准则提出一个机会"。2000 年在意大利召开的国际老年学学会 50 周年纪念会上，会议提出："老年科学研究的最终目的是提高生活质量，包括进行老年心理研究、护理研究、开办普及老年学知识讲座等，这些研究最终目的都是为了提高老年人的生活、生命质量。"① 仅仅延长生命而不提高生活质量是没有意义的。老年人的生活质量问题将成为老龄化社会的最关键主题。

我们之所以讨论老年人的精神生活与精神保障问题，其目的在于在目前难以快速提升物质生活条件的背景下，探索提高老年人生活质量的可能途径。那么，什么是老年人的生活质量，如何理解精神生活及精神生活质量、精神生活与老年人生活质量是什么关系？这些都是我们必须回答的问题。

（一）生活质量概念的演变与理论发展

1. 生活质量研究的历史发展

生活质量研究从 20 世纪 60 年代以来，受到了来自经济学、社会学、人口学、哲学、心理学等相关学科的广泛关注。但如果溯源的话，最早关注人们生活质量的是经济学学科，生活质量研究发轫于英国福利经济学派。② 以霍布森（J. A. Hobson）和庇古（A. G. Pinou）为代表的英国经济学家讨论和阐述了与改善和提高生活质量较为接近的"福利"问题。1920 年庇古在其出版的《福利经济学》一书中提出，要通过增加国民收入总量和均等化分配国民收入来谋求"最大多数人的最大幸福"。随后许多经济学家特别是 40 年代以后的"新福利经济学派"提出运用社会力量，改善国民物质和文化生活设施，实现人们生活上的"感觉的满足"。

最初提出生活质量概念的学者是美国经济学家加尔布雷斯（J. K. Calbraith），他在其 1958 年出版的《丰裕社会》一书中指出，国民生产总值只是一种经济价值，经济价值之外还有其他社会价值，即文化价值。如果把经济的价值和文化的价值综合起来用一个价值指标来表示，就是所谓的"生活质量"。60 年代，美国经济学家罗斯托（W. W. Rostow）将"生活质量"概念纳入其理论框架进行深入研究，形成了相对完整的理论。他在《政治和成长阶段》

① 孙鹃娟：《中国老年人生活质量研究》，知识产权出版社 2007 年版，第 1 页。
② 夏海勇：《生活质量研究：检视与评价》，《市场与人口分析》2002 年第 期。

一书中，把"追求生活质量阶段"当作经济成长的最后一个阶段。罗斯托认为，与其他五个阶段不同，追求生活质量阶段的主导部门是"质量部门"而不是生产部门，"质量部门"包括教育、卫生保健、文化娱乐、旅游、社会福利等服务部门。而这些"质量部门"不是指提供有形的物质产品，而主要是提供以提高居民生活质量为目的的劳务。他认为这个新的主导部门应该成为人类发展的新的里程碑，因为人们第一次以生活质量的增进程度而不是物质产品的数量多少为标志衡量社会成就。① 萨缪尔森（P. A. Samuelson）有感于西方经济增长并不都能带来福利增长的事实，提出了"经济净福利"以取代国民生产总值。在他看来，生活质量不仅包括自然方面的内容，也包括诸如社会文化服务与治安状况等社会方面的内容。

西方学者对生活质量的研究与 20 世纪 60 年代开始兴起的"社会指标运动"密切相关。② 1966 年，美国哈佛大学雷蒙德·鲍尔（Raymond Bauer）教授主编出版了《社会指标》一书，首次提出了"社会指标"概念并论述了各种观测和预见社会变迁的方法。该书的出版引起了强烈的社会反响，西方世界掀起了一场现代社会指标运动，联合国统计署等国际组织在其实际应用方面也开展了大量工作，使社会指标研究与应用成为一股世界性潮流。③

在理论探讨的同时，人们逐渐将关注重点转到测量和评估生活质量的指标体系。④ 1976 年，美国学者坎贝尔（A. Campbell）等人出版了《美国人的生活质量：感觉、估价、满足》，建立了一套感觉指标模型来研究美国社会的生活质量。⑤ 20 世纪 70 年代以来，对生活质量的研究呈现出国际化趋势，这一时期的研究既有像莫里斯、福雷斯特等人侧重于生活质量客观指标的研究，也有如坎贝尔、林南等人的主观生活质量研究。如果说之前人们更多关注宏观层面的社会生活质量研究，那么到了 20 世纪 80 年代，个体层面生活质量研究开始逐渐兴起。⑥

---

① 夏海勇：《生活质量研究：检视与评价》，《市场与人口分析》2002 年第 1 期。

② 陆汉文：《生活质量研究的两种取向》，《西北人口》2008 年第 5 期。

③ 朱庆芳、吴寒光：《社会指标体系》，中国社会科学出版社 2001 年版，第 11—12 页。

④ 林南等：《生活质量的结构与指标》，《社会学研究》1987 年第 6 期。

⑤ A. Campbell, Converse. Ph and Rodgers. W. , The Quality of American Life, New York：Russell Sage Foundation, 1976.

⑥ 孙鹃娟：《中国老年人生活质量研究》，知识产权出版社 2007 年版，第 20 页。

20 世纪 90 年代以来，生活质量研究继续得到深化。随着社会发展观的发展以及人的全面发展理念的确立，生活质量研究的视野愈益宽阔，环境与生态问题、贫困与不平等等社会问题都受到关注，出现了联合国开发计划署的"人类发展指数"（HDI）和世界卫生组织的"生活质量量表"等。其中世界卫生组织的"生活质量量表"是根据个人的价值观和文化以及他们的目标、期望和所关心的问题对自己在生活中的地位的感受，包括身体健康、心理健康、独立性、社会关系、环境和精神六大方面进行评估。① 另外，法国、德国学者共同研究构建了欧盟生活质量指标体系。该体系的指标主要包括四个方面：客观生活条件包括住房、社会关系、生活指标、收入、健康、教育等；主观生活质量包括各领域的满意度、一般生活满意度等；（感知的）社会质量，包括社会冲突、人际信任，公共物品获取的程度；背景变量，包括年龄、性别、社区类型、婚姻状况、职业等。在微观层次，有学者认为生活质量应该用人的能力来衡量，并将提高人的能力（capability）、选择（choice）、贡献（contribution）作为生活质量提高的目标。②

20 世纪 80 年代以来，国内开始了关于社会指标的研究，同时也出现了对生活质量的研究。③ 1983 年，中国国家统计局首次提出了《社会统计指标体系》，1985 年林南等利用天津千户居民调查资料，开始了城市居民生活质量的实证研究。类似的研究还有 1995 年风笑天在武汉进行的居民生活质量调查，1987—1990 年北京大学卢淑华等根据北京、西安、扬州三地的调查结果，探讨城市居民生活质量主客观指标的结构、参照标准对主观生活质量指标的影响，形成了三级主客观作用机制的生活质量模型。④ 1991 年联合国人口基金援华的 P04 项目中设有"中国人口生活质量比较研究"课题，其成果《中国人口生活质量研究》较系统地就生活质量的理论问题，中国人口教育、健康、经济等诸多领域进行了深入研究。其后，各类生活质量调查及相关理论探讨不断增多，产生了大量有价值的成果。

---

① 曾毅、顾大男：《老年人生活质量研究的国际动态》，《中国人口科学》2002 年第 5 期。
② 转引自孙鹃娟：《中国老年人生活质量研究》，知识产权出版社 2007 年版，第 21 页。
③ 林南、卢汉龙：《社会指标与生活质量的结构模型探讨》，《中国社会科学》1989 年第 4 期。
④ 卢淑华、韦鲁英：《生活质量主客观指标作用机制研究》，《中国社会科学》1992 年第 1 期。

2. 生活质量的定义及内涵

生活质量是一个复杂的概念和研究领域。不同的学科有不同的视角，"心理学的理论强调满足需要；经济学的理论强调资源的合理分配，每种理论均按各自对个人和社会的观点展开论述"。① 由于学科背景和价值取向的差异，国内外学者对生活质量存在不同的理解。

德国著名生活质量研究者 Noll 按照生活质量研究的理念和框架侧重点不同，将生活质量研究分为个体生活质量（Individual Quality of Life）和社会生活质量（Societal Quality of Life）两个层次。个体生活质量是社会个体层面的生活状况和感受，社会层面的生活质量是指集体或社会层面生活质量的状况。许多国际组织和政府部门推出的人类发展指数、社会指标体系大多是对宏观层面社会生活质量的测量。

而对于生活质量的理解，国内外学者的观点尽管丰富多样，但大致可以归为三类：

（1）客观派。从人们生活的客观条件来理解生活质量，即客观生活质量。认为生活质量取决于人们生活的客观环境，把生活质量的关注重点放在客观指标上。源于北欧的"斯堪的纳维亚模式"就是这一取向。如英国福利制度研究就将生活质量定义为个人对资源的支配。社会福利就是个人拥有对资源的支配权，能够控制资源并且有意识地将其直接用于提高生活水平。这些资源包括收入、资产、教育、知识、社会关系和社会网络等。② 瑞典社会学家则用"描述性"的指标说明个人的生活条件状况，将生活质量等同于生活水平，罗斯托也从生活条件角度理解生活质量，他认为生活质量概念包括自然和社会两方面内容。自然方面即居民生活环境的美化与净化，社会方面指教育、卫生保健、交通、社会风尚与治安等条件的改善。③

国内早期的很多生活质量定义多是从客观生活条件来理解。经济学家厉以宁把生活质量界定为："反映人们生活和福利状况的一种标志，它包括自然和社会两方面的内容。生活质量的自然方面是指人们生活环境的美化、净化等；生活质量的社会方面是指社会文化、教育、卫生、交通、生活服务状况、社会风

---

①　K. 苏斯耐、G. A. 费舍：《生活质量的社会学研究》，《国外社会科学》1987 年第 10 期。

②　周长城等：《社会发展与生活质量》，社会科学文献出版社 2001 年版，第 115 页。

③　高峰：《生活质量与小康社会》，苏州大学出版社 2003 年版，第 25 页。

尚和社会秩序等。"① 朱国宏认为："生活质量是一定的经济发展阶段上人口生活条件的综合状况。换言之，生活质量就是生活条件的综合反映。"②

（2）主观派。主观派将生活质量与主观生活福利、幸福感、生活满意度联系起来，强调人们的需求与主观体验到的幸福之间的密切关系。与斯堪的纳维亚模式相对的美国式生活质量概念属于这一取向。主观派认为福利应根据个人自己评价的需要的满意度来定义，具体说来，主观生活质量可以分为认知层面的"满意度"和情感层面的"幸福感"。在国外（特别是美国）大多学者倾向于用人们的主观感受来衡量、评价生活质量。如加尔布雷思认为，生活质量是指人们生活的舒适、便利程度以及精神上所得到的享受和乐趣。次贝尔将生活质量定义为"生活幸福的总体感受"。③ 美国社会学家林南教授将生活质量定义为"对于生活及其各个方面的评价和总结"。④ 主观派以人们的主观感受来制定生活质量，把生活满意度和幸福感作为评价的关键因素。

（3）综合派。综合派将主观和客观两种理解结合起来进行考察，认为生活质量是反映生活状态的综合性概念，是由反映人们生活状况的客观条件和人们对生活状况的主观感受两部分组成。阿拉德（Allardt）提出的基本需要模式和德国的生活质量概念是这一取向的代表。⑤ 阿拉德认为，斯堪的纳维亚"资源"模式的生活质量概念局限性很大，因而提出了一个整合主观和客观两方面的新的生活质量概念，其生活质量是一个反映物质需要、爱的需要和自我存在需要的综合概念，其具体指标涵盖了客观和主观两方面内容。而德国学者扎弗（Zapf）提出的综合的生活质量概念，通过具体的生活领域将客观生活质量（如工作条件、健康状况、社会关系等）和主观生活质量（如对客观生活条件的评估以及主观体验等）两方面的内涵结合起来，形成幸福、不协调、适应、被剥夺四种生活质量评价结果。⑥

在生活质量的研究上一直存在主客观之争，实际上二者之间并不存在根本

---

① 厉以宁：《社会主义政治经济学》，商务印书馆 1986 年版，第 523 页。
② 冯立天：《中国人口生活质量研究》，北京经济学院出版社 1992 年版，第 4 页。
③ 高峰：《生活质量与小康社会》，苏州大学出版社 2003 年版，第 26 页。
④ 林南：《生活质量的结构与指标》，《社会学研究》1987 年第 6 期。
⑤ 邢占军：《公共政策导向的生活质量评价研究》，山东大学出版社 2011 年版，第 3 页。
⑥ H. H. Noll, Towards a European system of social indicators: Theoretical framework and system architecture social Indicators Research, 2002（58）.

冲突，只是侧重点的差异。无论是主观指标还是客观指标都能在一定程度上反映人的生活质量，但又都不能全面反映生活质量。单用主观指标或单用客观指标都难以全面地了解和测量生活质量的真实状况，各种具体的客观生活质量指标在解释人们主观的"满意度"方面是无能为力的。① 因此，生活质量概念应涵盖主观和客观两个维度，而且随着经济的发展和物质生活水平的提高，主观生活质量将会越来越受到关注和重视。从主观与客观相结合的角度综合理解和界定生活质量成为一种主流。生活质量就是社会提供人们生活的充分程度和人们生活需求的满足程度，是建立在一定的物质条件基础上，社会成员对自身及其环境的感受和评价。② 生活质量是人的良好存在质量，它是指生活在特定环境中的人们所享有的客观福利和主观福利，体现为人们所处的生存与发展状态以及人们对自身生存发展状态的主观体验，是人的生命质量与生存环境质量的有机统一。③

（二）精神生活与精神生活质量

精神生活是人类生活的一个领域，一种样态，是人类独特的存在方式。精神生活与物质生活共同构成了人类生活的统一体。一个人的精神生活状态，也即精神生活质量，是整体生活质量的重要体现。

1. 精神生活及内容

人的精神生活，源于人的精神性。人既是一种物质的、肉体的存在，有物质生活，人也是一种精神性存在，有精神生活。人区别于动物的根本属性在于其精神性，正因为如此，精神生活成为人的本质存在方式，精神生活使人脱离动物界，它是一个属人的世界。那么，什么是精神生活呢？

要清晰地界定精神生活，是一件相当困难的事情。由于精神是以心理或意识的主观存在方式深藏于人的头脑，难以客观测量，从而使精神问题神秘而复杂。加上精神的无形和宽泛，不同时代，不同的人对精神生活有着各自的理解。

在中国传统文化中，精神生活主要关心的是人生、人事，重视人的内在精神境界的追求，其显著特色是重视人的道德生活。④ 而在西方，除了古希腊时

---

① 风笑天等：《城市居民家庭生活质量：指标及其结构》，《社会学研究》2000 年第 4 期。
② 参见陈义平：《关于生活质量评估的再思考》，《社会学研究》1999 年第 1 期；周长城等：《主观生活质量：指标构建及其评价》，社会科学文献出版社 2008 年版，第 13 页。
③ 邢占军：《公共政策导向的生活质量评价研究》，山东大学出版社 2011 年版，第 25 页。
④ 廖小琴：《精神生活的内涵与衡量尺度》，《理论与改革》2005 年第 5 期。

期崇尚理性、追求道德人格和至善精神外，西方文化中的精神生活多半指的是宗教生活。"在近两千年里，基督教会在西方的精神生活中拥有垄断地位"，"在整个欧洲中世纪，教会是精神活动的中心，牧师是所有精神事务的主导者。宗教与精神生活不可分割地联系在一起。"① 而在我国，尽管人们也把宗教生活纳入精神生活的范畴，但显然没有视其为核心，而把文化消费活动和情绪感受状态当作精神生活更为重要的内容。

在马克思恩格斯的人学思想中，包含大量人的精神性和精神生活的论述。他们将人的精神生活与人的本质的生成与发展联系起来，认为人的精神生活是"通过人为了人并对人的本质的真正占有"的一种生存方式。人的本质的生成与发展过程就是人的精神生活过程，人的精神生活把人和动物区分开来。"社会生活在本质上是实践的"，② 精神生活通过实践产生和发展。"通过社会生产，不仅可能保证一切社会成员富足的和一天比一天充裕的物质生活，而且还可能保证他们的体力和智力获得充分自由的发展和运用"。③

随着精神生活在社会发展和人的发展中的地位日趋重要，人的精神生活受到了越来越多的关注，学者们对精神生活给予了多种定义。有学者从精神生活的内容来定义，如黄楠森教授认为，"人的精神生活包括人的全部心理活动，作为人的生活的一部分，特指为了满足个人精神需要的种种活动"。④ 有学者从精神生产和精神享受的角度，认为"所谓精神生活，是指人们为了生存和发展而进行的精神生产和精神享受的活动，是以物质生活为基础并相对应的生活"。⑤ 还有学者认为不能将精神生活等同于精神活动，他们认为，精神生活是主体为满足自身精神需要的、有精神投入和精神交流的、并对主体自身的精神状态与精神建构带来直接影响的、包括精神文化的创造与消费在内的一切活动。其中，有精神文化投入和精神文化交流是精神生活的根本特征和内在要求。⑥ 还有学者从"生活的本质是自由自觉的活动"这一理论前提出发，将精神生活界定为

---

① 大卫·艾尔金斯：《超越宗教——在传统宗教之外构建个人精神生活》，上海人民出版社 2007 年版，第 5 页。
② 《马克思恩格斯选集》（第 1 卷），人民出版社 1995 年版，第 60 页。
③ 《马克思恩格斯选集》（第 4 卷），人民出版社 1995 年版，第 357 页。
④ 黄楠森：《人学原理》，广西人民出版社 2000 年版，第 71 页。
⑤ 张彦、郑永廷：《论当代精神生活的基本特征》，《现代哲学》2011 年第 6 期。
⑥ 张同基、包哲兴：《精神生活：一个属人的世界》，《宁夏社会科学》1996 年第 6 期。

"与一定的物质生活相适应，人们为了获得独特的各种精神需求而进行的自由自觉的文化层次或意识形态层次上的活动"。① 《当代中国人精神生活调查研究》课题组也将精神生活理解为"一种自觉到精神需要并尽力加以满足的人类行为"。②

尽管人们对精神生活的表述呈现出多样性，但其实大体都强调了精神生活的一些共性的东西。第一，精神生活是人的独特的存在方式，是一个属人的世界，动物没有精神生活；第二，精神生活与人的精神需要相联系，正是因为人有精神需要才会有精神生活，人满足精神需要的过程和活动就是精神生活；第三，精神生活高于物质生活；第四，精神生活是人的自觉自由的活动，精神生活最能体现人的主体性特征。基于以上理解，可以将精神生活界定为：一定社会历史条件下的现实个人在一定的物质生活基础上以其所拥有、选择、追求、创造的精神资源满足和超越自身精神需要的精神活动及其状态，是现实个人的本质的存在方式。③

精神生活的内容是丰富多彩的。王南湜认为，就其基本样式而言，可以分为理论生活、道德生活和艺术生活。④ 许启贤、程京认为，精神生活的内容主要包括学习创造活动、精神文化交往活动和观赏娱乐活动。⑤ 后来安启民进行了扩充，认为精神生活主要包括精神生产活动、宣传教育活动、学习活动、精神交往活动、消遣观赏活动、文艺体育娱乐活动。⑥ 童世骏等认为，精神生活可以区分为心理生活、文化生活和心灵生活三个类型或层次，其中心灵生活是核心，心理生活和文化生活是载体和形式。⑦ 张慧君等则认为，精神生活包括精神生产、精神传播和精神消费三个方面。精神生产包括个人和群体的心理和意识，产生政治法律思想、道德、艺术、宗教、哲学等社会意识形式。精神传播包括人们之间的精神交往和代际之间的精神传承。而精神消费是指精神生产

---

① 张慧君等：《马克思主义视阈中的精神生活与全面建设小康社会》，长春出版社 2011 年版，第 43 页。
② 童世骏等：《当代中国人精神生活研究》，经济科学出版社 2009 年版，第 10 页。
③ 廖小琴：《精神生活质量指标体系研究》，《学术交流》2005 年第 12 期。
④ 王南湜：《简论人类精神生活》，《求是学刊》1992 年第 4 期。
⑤ 许启贤、程京：《精神生活方式管见》，《教学与研究》1985 年第 5 期。
⑥ 安启民：《简论社会精神生活》，《江汉论坛》1987 年第 31 期。
⑦ 童世骏：《当代中国人精神生活研究》，经济科学出版社 2009 年版，第 10 页。

的产品对精神需求的满足。① 综合起来看，我们认为，精神生活是一个内容丰富的系统，主要包括知识生活、情感生活、道德生活、政治生活、价值生活，具体精神生活样式或精神活动方式包括精神生产活动、学习活动、精神交往活动、政治活动、消遣观赏活动、文体娱乐活动、宗教活动等。

　　精神生活与物质生活是相互关联的。物质生活是精神生活的前提和基础，是精神生活发展的条件和保证。"'精神'从一开始就很倒霉，受到'物质'的纠缠"。② "人们首先必须吃、喝、住、穿，然后才能从事政治、科学、艺术、宗教等等"。③ "物质生活的生产方式制约着整个社会生活、政治生活和精神生活的过程"。④ 精神生活总是在一定物质生活条件下的精神生活，社会个体的精神生活是在满足了基本的物质生活需要的前提下，受到一定的物质条件制约下的精神生活。对于老年人来说，如果其基本的物质生活得不到保障，如果其基本的健康保障得不到落实，如果精神文化生活的基本物质设施条件不能满足，那么其精神文化生活必然是贫乏和低质的。因此，精神生活依赖于物质生活。另一方面，精神生活反作用于物质生活，精神生活能为物质生活提供动力和智力支持，能对物质生活起到激发和提升作用，也就是说，人的物质生活和精神生活是相互作用、相互补充，是辩证统一的。

　　精神生活依赖和受制于物质生活，但这并不意味着它对物质生活的亦步亦趋，而是有其自身的相对独立性，精神生活的水平和质量并不会随着物质生活水平的提高而成正比例提升。精神生活可能滞后于也可能超越客观的物质生活条件。

　　以上分析表明，物质生活和精神生活是有区别的，精神生活有其相对独立性，但二者之间的界限是相对而模糊的。人的物质生活和精神生活从一开始就是内在联系着的。⑤ "人和绵羊不同的地方只是在于：他的意识代替了他的本能，或者说他的本能是被意识到了的本能。"⑥ "人们的物质生活需要，往往同

---

① 张慧君等：《马克思主义视阈中的精神生活与全面建设小康社会》，长春出版社 2011 年版，第 43—44 页。
② 《马克思恩格斯选集》（第 1 卷），人民出版社 1995 年版，第 81 页。
③ 《马克思恩格斯选集》（第 3 卷），人民出版社 1995 年版，第 776 页。
④ 《马克思恩格斯选集》（第 2 卷），人民出版社 1995 年版，第 32 页。
⑤ 童世骏等：《当代中国人的精神生活研究》，经济科学出版社 2009 年版。
⑥ 《马克思恩格斯选集》（第 1 卷），人民出版社 1995 年版，第 82 页。

时表现为人的精神生活需要，反之亦然。因此，物质需要和精神需要的区分，一般来说只是一种合理的抽象"。① 现实生活中，物质生活和精神生活是相互渗透的，物质生活在很多时候不仅仅是满足人的自然生理需要，而是人的精神生活的载体或外在形式。像电脑、电视机、音响、照相机等，与其说是物质生活消费品，不如说是精神生活消费品。正如托尔斯特赫所说，人的需要任何时候也不会仅仅表现为物质需要，……通常人需要的不单纯是食物的有用性质，还要求食物的人类形式——食用性之外还具有一定的审美品格；而人们追求美、知识绝不是纯粹的思想需要，没有丝毫的物质利益，这种追求时常是人们改造周围环境和改善自己生活物质条件的最重要的手段和工具。②

总的说来，物质生活和精神生活是人的生活的两个部分，二者相互作用、相互促进，共同构成了人的现实生活。物质生活是基础和条件，而精神生活有其自身的内在逻辑和发展规律，它能对物质生活起着选择和导向作用，引导着物质生活的方面，它是一种依赖于和受制于物质生活的更高级更复杂的生活样态。随着人类的发展和社会进步，精神需要较之物质需要将更为强烈和重要，精神生活的层次和社会对人的精神生活的关注程度将成为影响人的生活质量和社会发展的关键所在。基于同样的道理，我们也可以说，一个社会的老年保障水平的高低和老年人的生活质量，在很大程度上已经不再纯粹取决于物质生活水平的高低，而在于社会对老年人精神生活和生命价值的关注程度。

2. 精神生活质量及测量

与物质生活存在水平高低和质量优劣一样，精神生活同样存在质量的维度。那么什么是精神生活质量？用什么指标来测量呢？这显然不是可有可无的问题。

精神生活质量及其测量，是一个非常复杂的问题。从理论研究来看，尽管这是一个相对薄弱的领域，但还是有学者作了有益的探讨。廖小琴认为，精神生活质量是指在一定社会的物质生活条件下，人的精神生活特性满足个人的精神生活需求，以实现个人精神发展的程度及其自我感受。③ 她主张采取精神生活特性、精神生活需求、精神发展程度和精神感受作为衡量指标。后来，她又

---

① 李德顺：《价值论》，中国人民大学出版社 1987 年版，第 167 页。
② 托尔斯特赫：《精神文化》（中译本），转引自：张同基、包哲兴：《精神生活：一个属人的世界》，宁夏社会科学出版社 1996 年版，第 6 页。
③ 廖小琴：《精神生活质量指标体系研究》，《学术交流》2005 年第 12 期。

进一步对精神生活质量从质和量两方面用描述性的语言来说明。从质的方面看，先进的、积极的、主动的、长远的、自觉的、现代的精神生活就是优质的精神生活，而落后的、消极的、被动的、眼前的、自发的、传统的精神生活，就是较劣质的精神生活。从量的标志看，精神生活的广度和深度、科学价值观的认可程度、精神生活层次的高低等可以揭示精神生活的质量状况。① 邢占军认为，精神文化生活质量是各种精神活动和产品的保障状况以及对人的文化生活需求的满足程度，反映了居民的精神文化福利状况。② 他从教育、闲暇活动（包括居民参与的各种艺术、体育和娱乐性的活动）两个领域构建了包含 8 个指标的评价体系。刘渝林在其《养老质量测评》一书中认为，老年人精神文化生活主要是指老年人口的情趣、娱乐、休闲等精神需求的情况。三张通过文化水平、业余爱好广泛度和社会文化交往水平三个方面来测量。③ 邢占军的观点主张主要侧重于宏观层面的社会精神文化生活质量，不太适合于群体和个体层面的测量。而刘渝林尽管是专门针对老年人这一特殊群体，但其对精神文化生活的界定显得过于狭窄，其测量指标也相对简单，难以全面反映老年人的精神文化生活状况。廖小琴的观点比较全面而系统，但由于她是讨论一般社会成员精神生活质量的普遍测量指标，并不适合直接套用于老年人这一特殊年龄群体。

如前所述，我们认为老年人的精神生活需要包括情感需要、文化娱乐需要、人际交往需要、教育需要、政治需要等多方面，老年人的精神生活就是满足上述精神需要的过程和活动。老年人的精神生活既涉及场所、设施、经费等物质条件，又涉及主体的文化水平、精神文化能力等主观方面，因此，我们认为，对精神文化生活质量的评价应该是主观评价和客观评价的统一，既要对精神文化生活的客观物质条件作出评价，又要有老年人精神文化生活满意度的主观评价。

（三）精神生活与老年人生活质量

如前所述，生活质量是一个综合性概念，既包括客观方面的生活条件，也

---

① 廖小琴：《精神生活质量的衡量标准再探讨》，《探索》2007 年第 2 期。

② 邢占军等：《公共政策导向的生活质量评价研究》，山东大学出版社 2011 年版，第 210 页。

③ 刘渝林：《养老质量测评》，商务印书馆 2007 年版，第 56、第 103 页。

包括主观方面的感受和评价，是反映个体生存状态的综合指标。老年人口生活质量与其他年龄人口生活质量相比，在内涵、外延、指标体系、评价原则上是基本相同的。老年人生活质的高低也决定于生活条件的优劣程度和个人对生活的满意程度。个人生活的满意程度包括对物质生活的满意程度和对精神生活的满意程度。当然，作为一个特殊的年龄群体，老年人口生活质量也有其特殊性，它集中体现在老年人口的健康生活质量上。①

与其他年龄人口相比，老年人口生活质量既有共性，也有个性。其特殊性和复杂性造成了对老年人生活质量理解的多样性。叶南客、唐仲勋认为，老年人生活质量主要包括三个大的方面：一是老年人物质、精神生活的状态特征；二是老年人的价值实现和幸福感；三是老年人生活条件和环境质量。② 李建民侧重从客观生活条件方面来理解老年人生活质量，他认为老年人生活质量包括物质生活水平、社会和公共服务水平、人文和社会环境质量、自然环境质量。③

在 2002 年 6 月北京召开的提高老年人生活质量对策研讨会上，台恩普、张恺悌等人认为，老年人生活质量是人们对自己身心健康，融入社会诸多方面美满程度的感受和评价尺度，它涵盖了物质方面的客观内容和精神方面的主观因素，涉及老年人的物质生活、精神生活、居住环境、健康水平、社会参与和社会安全等方面。王树新将老年人口生活质量理解为"微观的老年个人或家庭在物质与精神文化需求方面的综合满足程度与所处的环境状况"。④ 全国老龄工作委员会在《提高老年人生活质量行动建议》中提出，老年人的生活质量是指在一定条件下老年人在物质生活、精神生活、健康状况和生活环境等方面的客观状态及老年人自我感受的总和。⑤

我国著名的老年学家邬沧萍教授则将老年人生活质量界定为老年人对自己的物质生活、精神文化生活、身心健康（或称生命质量）、自身素质、享有的权利和权益以及生存（生活）环境等方面的客观状况和主观感受所作的总评价。⑥

---

① 刘榆林：《养老质量测评》，商务印书馆 2007 年版，第 46 页。

② 叶南客、唐仲勋：《老年人生活质量初探》，《人口研究》1989 年第 6 期。

③ 李建民：《提高老年人生活质量与政府责任》，《上海老龄科学》2001 年第 3 期。

④ 王树新、高杏华：《评价老年人口生活质量的主要因素指标及原则》《老龄问题研究》2002 年第 9 期。

⑤ 转移自孙鹃娟：《中国老年人生活质量研究》，知识产权出版社 2007 年版，第 45—46 页。

⑥ 邬沧萍：《提高对老年人生活质量的科学认识》，《人口研究》2002 年第 5 期。

这一定义对生活质量的内容作了扩展，将自身素质、享有的权利和权益纳入其中。

分析上述对老年人生活质量的各种表述可以发现，学者们的观点总体是一致的，都认为老年人生活质量包括老年人客观生活条件的优劣和老年人对生活状况的主观评价两方面。区别主要体现在对生活质量具体内容归纳，但大都涉及物质生活、精神文化生活、健康生活、生存环境等方面，也就是说，人们对老年人生活质量的理解，从测量方法的角度看，大都赞同主观和客观的统一，而在生活质量涉及的内容或具体领域方面则体现出一定的差异性。从普通和一般的意义上理解，里奇·林等人认为，生活质量的主要内容包括身体福利、物质福利、情感福利、社交福利、发展和活动方面的福利。[1] 更进一步概括，可以将老年人的生活质量归纳为健康生活质量、物质生活质量和精神生活质量。而健康生活质量事实上也可以纳入物质生活质量的范畴。尽管要将物质生活和精神生活截然分开是十分困难的事情，但里奇·林等人所说的情感福利、社交福利、发展和活动方面的福利显然属于精神生活质量的范畴。精神生活质量是老年人生活质量的重要组成部分。对此，先哲们多有论述，德谟克利特说："幸福与不幸居于灵魂之中。"[2] 亚里士多德说："幸福为心灵的活动。"[3] 罗斯说："幸福是一种感情状态，它与快乐的不同仅仅在于它的永久、深刻和宁静。"当代西方学者理查德·克劳特也认为，"幸福是心灵的某种状态"。[4]

既然老年人生活质量包括健康生活质量、物质生活质量和精神生活质量三个部分或三个领域，那么老年人生活质量的改善和提升就必须在这三方面或三个具体领域加强投资和努力。一直以来，为老年人提供物质生活资料和健康服务是政府和家庭关注的重点，随着经济的发展和社会的进步，特别是近年来推行新型农村合作医疗和新型农村养老保险等农村社会保障事业的发展，农村老年人的物质生活和健康服务等生存需求得到了基本满足，从中国的现实状况看，"未富先老"的客观情境决定着大幅度提高农村老年人的物质生活水平，改善其物质生活质量不太现实，存在明显的资源约束。因此，在不断提高和改善农村

---

① 转引自韦璞：《农村老年人社会资本对生活质量的影响》，经济科学出版社 2009 年版，第 70 页。

② 周辅成编：《西方伦理学名著选辑》（上卷），商务印书馆 1987 年版，第 79 页。

③ 同上，第 288 页。

④ 转引自孙英：《幸福论》人民出版社 2004 年版，第 57 页。

老年人物质生活质量和健康生活质量的同时，重点关注其精神需求，提高精神生活质量，是改善其整体生活质量的合理选择，通过采取有效的社会政策行动，建立老年精神保障机制，为老年人的精神生活提供制度、组织、资金、设施等全面的资源支持，能在一定程度上超越"未富先老"情境下物质生活质量难以快速提升的困境，有效提升农村老年人生活质量，增强其生活满意度和幸福感。

对于农村老年人来说，由于经济发展水平不高、社会保障制度不完善，导致收入难以完全满足人们物质生活方面的需要，经济收入的提升对生活质量改善有重要影响。但由于农村老年人对物质生活水平普遍要求不高，在基本生活需求得到保障以后，物质生活需求强度会逐渐下降，而精神生活的地位则越来越重要。1975 年美国老年信仰联盟曾强调精神和宗教在老人生活中的特殊重要性，该组织证实了宗教和个人精神生活对于老人获得精神幸福感的重要性，认为精神要素（对自我的超越、对意义的求索和与他人的联结感）在许多方面是老人面临的主要心理和社会挑战。[1] 宗教和精神能协助老人在面对伴随年老而来的挑战时保持生命的延续感和凝聚力。老人的信仰可以帮助他构建一个意义系统，这个系统基于与一个比自己更强大的力量的关系，能让他获得自我价值感。[2]

老年人的生活质量与幸福感是多因素综合作用的结果，经济收入、婚姻、健康、教育、心理与人格等。其中经济与幸福的关系一直是人们关注的重点。尽管大量研究表明经济收入与主观幸福感有一定的相关性，收入能促进幸福感的增强。这一方面可能是经济因素的直接影响，另一方面可能是经济发展具有超越物质生活的广泛效果，能促进非物质领域的满足。但经济收入与幸福感的关系并不是简单的线性关系，收入与幸福感之间存在着中介变量。[3] 尽管现代社会价值模式认为成功和快乐取决于财富，但科学研究表明，过度的财富与物质欲望会导致幸福感降低以及心理病态。[4] 卡斯纳（Kasser）和瑞安（Ryan）

---

[1]　凯瑟琳·麦金尼斯—迪特里克：《老年社会工作》，中国人民大学出版社 2008 年版，第 233—234 页。

[2]　Marcoen, A., Spirituality and personal well – being in old age. Aging and Society, 1994, 14: 521 – 536.

[3]　艾德里安·弗恩海姆、迈克尔·阿盖尔：《金钱心理学》，新华出版社 2001 年版，第 8 页。

[4]　Kasser T, Ryan RM., A dark side of the American dream: Correlates of financial success as central life aspiration. Journal of Personality and Social Psychology, 1993, 65: 410 – 422.

认为，过多注重物质利益并不能满足基本的心理需要，一旦超越了贫穷水平（生计与安全），财富增加对幸福感的影响就会减少，而基本心理需要满足将更直接地强化幸福感，而亲密关系、人格成长、社会感觉与基本心理需要具有密切关系。① 有研究显示，发达国家居民收入与主观幸福感之间的相关性很低，其对个体主观幸福感差异的解释比例不足 2%。而较为贫穷的国家个人收入与主观幸福感相关性更强一些。② 总体来说，经济收入对个体主观幸福感尽管有着密切的关系，但其作用是有限的。因此，大幅提高老年人生活质量和幸福感的可能途径和作为空间应该是非经济领域，也就是精神生活领域。

情感、交往、休闲、文化娱乐、教育等精神文化因素是影响老年人生活质量和幸福感的更为重要的因素，其作用强度和范围大大超越了经济收入等物质因素。情感需要的满足状态对人的身心健康及活动有着直接的影响，积极快乐的正向情绪是给人带来享受的重要来源，快乐体验能增进人际间社会性联系，增强人的自信和能力，快乐能释放紧张情绪，避免焦虑、忧郁等不良心理。正如威斯曼所认为，快乐者更自信、乐观；享受更亲密、诚实和相互激励的人际关系；工作表现为连续性、目的性和有意义。③ 老年人有着丰富的情感世界和强烈的情感需求，在老年人的社会支持体系中，情感支持对其总体幸福感、生活满意度以及积极情感有着较强的预测作用，情感支持更能促进老年人精神健康。④ 而各种文化娱乐休闲活动对老年人生活质量也有着积极的作用。文化欣赏、旅游观光、体育健身、网络漫游、艺术创造等形式多样的娱乐休闲能使老人获得精神满足，保持健康的精神状态，导致精神的愉悦和自我的提升。作为精神生活的重要部分，人际交往和人际关系也是影响老年人生活质量的重要因素。经常与他人聚会，无论是参与宗教服务、志愿组织，还是招待朋友，都能使你感到比增加收入更"幸福"，求知与教育作为一种高层次的精神生活，可以促进老年人获得知识、技能、态度、兴趣与价值观，获得个人权益与自我发展，获得生命质量的改善。此外，老年人的政治参与和社会活动，也有助于其获得自主感和价值感，激发生命活力，极大提升生活质量和幸福感。总之，精神生

---

① 转引自苗元江：《心理学视野中的幸福》，天津人民出版社 2009 年版，第 42 页。
② 邢占军、刘相：《城市幸福感》，社会科学文献出版社 2008 年版，第 63 页。
③ 转引自孟昭兰：《人类情绪》，上海人民出版社 1989 年版，第 198 页。
④ 张羽、邢占军：《社会支持与主观幸福感关系研究综述》，《心理科学》2007 年第 6 期。

活是老年人生活的核心内容和关键议题，改善老年人精神生活状况，对促进老年人的生存与发展以及生活质量的整体提升具有重要的意义。

四、精神保障是老年保障的重要内容

社会福利制度是为了满足人类需要而存在的，对于老年人的物质和经济需要，社会福利制度给予了长期的关注和回应，而对老年人的精神需要和精神生活则关注不多。事实上，精神保障是老年保障的不可或缺的重要组成部分，对老年人的整体生活质量具有关键性影响。

（一）精神保障的概念与内容

1. 精神保障的概念

"保障"一般是指起保护、防卫作用的事物和制度安排。老年保障是对由于衰老而处于相对弱势的老年人口提供社会保护，从而使其免于受到伤害。老年保障是一个复杂的系统，它是对在一定社会关系中的老年人口的生活支持系统，是政府、社会、家庭等多元主体为老年人的生存和发展提供的各种保障措施的总和。

尽管有学者指出，作为国民生活保障系统，社会保障概念客观上包括经济保障、服务保障和精神保障三个层次。经济保障是从经济上保障国民生活，通过现金给付或援助的方式来实现；服务保障是满足国民对有关生活服务的需求；而精神保障属于文化、伦理、心理慰藉方面的保障，是更高层次的保障。[1] 但整体来看，我国学术界一般所说的社会保障大多理解为一种旨在增加收入安全的制度安排。[2] 因此，我们所说的老年保障是与作为社会保障核心内容的社会养老保险存在差异的。老年保障是整个社会为老年人生存和发展提供的各种支持的总和，它是一个完整全面的支持体系，而社会养老保险显然只是一种收入维持。作为一种全面的支持关怀系统，老年保障的逻辑起点是老年人的需求，老年人需求的多样性决定了老年保障内容的全面性。一般说来，老年保障的内

---

[1]　郑功成：《社会保障学——理念、制度、实践与思辨》，商务印书馆 2000 年版，第 11—12 页。

[2]　尚晓援：《"社会福利"与"社会保障"再认识》，《中国社会科学》2001 年第 3 期。

容包括经济供养、日常生活照料和精神慰藉以及相关的制度、法律、道德文化等多方面内容。关于经济供养和生活照料，学界和政府、理论和实践都作了较多的关注，但精神保障或精神赡养则被相对忽视。

那么，什么是精神保障？它与情感慰藉、精神赡养是什么关系？精神保障的具体内容有哪些？等等，这些都是有待清晰的议题。尽管学者们有诸多讨论，但客观说来，学术界对这些问题的认识是丰富而模糊的。精神保障是对应于物质保障的一个范畴，如果说物质保障是保障社会成员的正常的物质生活，那么精神保障则是为社会成员的精神生活提供支持与保护。精神保障是国家、社会群体和个人为保证其社会成员在精神方面的需要而设置的若干内容和项目的总和。① 我们认为，老年精神保障，也就是精神赡养，其实质是满足老年人的精神需要，是政府、社会和家庭用各种方式（物质的、精神的）去满足老年人的合理正当的精神需求，使老年人保持持续完好的精神状态的支持措施的总称，这些支持措施包括制度、组织、资金、设施、人员以及社会文化环境等诸多方面。

概括起来看，老年精神保障应包括如下要点：①保障主体包括政府、社会、家庭等多元主体，而不仅仅是家庭；②保障的内容是为老年人的精神需求满足和精神生活提供支持和保护，支持是指提供有关的物质和精神条件与环境，而保护是为了老年人精神权益免于受到伤害；③保障的手段和方式既包括以物质扶助为载体的保障方式，也包括单一意义上的纯粹的精神保障方式；④保障的水平是满足老年人合理正当的精神需要，即社会福利视角下的适度的精神需要，而不限于满足情感需要；⑤保障资源既包括资金、设施、人员等物质性资源，也包括道德、文化等非物质性资源；⑥保障的目的是使老年人保持持续良好的精神状态，提高老年人的精神生活质量。

2. 精神保障的内容

由于对老年人精神需要的具体内容和要素结构的认识不同，导致人们对精神保障或精神赡养的内容观点各异。一种常见的现象是将精神保障或精神赡养等同于情感慰藉或亲情需要的满足，以为子女"常回家看看"就能解决问题。情感需求是老年人的基本的精神需求，但不是其精神需求的全部。老年人的这

---

① 姚纳斯、沈汝发：《社会精神保障体制研究》，《学术论坛》2002 年第 6 期。

种情感需求主要通过来自子女的孝敬、配偶的关爱和亲属的关怀来获得满足，家庭、亲戚、邻居、朋友是老年人情感支持的主要来源，其中家庭是老年人情感慰藉的最重要支持主体。而老年人精神需求除了情感需求之外，还包括更为广泛的内容，如文化娱乐需求、人际交往需求、求知与教育需求、政治需求、自我实现需求等，因此，精神保障或精神赡养是一个超越情感慰藉的更为全面而完备的精神生活支持保障机制，需要动员多元主体的共同努力，无法依靠家庭单一主体来完成。

　　精神保障或精神赡养显然超越了情感慰藉，但到底包括哪些具体内容，还需要进一步厘清。国内较早关注精神赡养的学者穆光宗认为，老年人的精神需求包括自尊、期待、情感等三个维度的需求，与此对应的精神赡养也就包括人格尊重、成就安心和情感慰藉。① 这一观点显然比"情感慰藉"的狭义理解更为合理，涵盖了自尊、自主、亲情、期待等老年人的精神需求，但相对于老年人精神需求的丰富性而言仍嫌狭窄。我们主张从更为宽泛的意义上来理解老年人的精神需求与精神生活，因而精神保障的内容也就更为全面，主要包括价值建构机制、心理促进机制、休闲娱乐机制、社会参与机制、文化教育机制、社会控导机制。对此，我们后面将作专门讨论。

　　3. 精神保障和物质保障的关系

　　作为一个完整全面的生活支持体系，老年保障包括经济保障、生活照料和精神慰藉，也有学者归纳为经济保障、医疗保障、服务保障和精神保障。② 无论是"三分法"还是"四分法"，都可以归为"物质保障"和"精神保障"，经济保障、医疗保障、生活照料（服务保障）都可以概括为物质保障。物质保障满足老年人的物质方面的需求，为老年人的物质生活需要提供支持和保护，以维持其生命的自然性状的存在与延续。精神保障则是为了满足老年人的精神方面的需求，改善老年人的精神生活状况，帮助老年人营造一个充实、温馨的精神生活世界。

　　人的精神需求和精神生活与人的物质需求和物质生活是相互联系的。一般说来，物质生活是精神生活的基础。《管子》云："仓廪实则知礼节，衣食足则知荣辱。"孟子也说："今也制民之产，仰不足以事父母，俯不足以畜妻子；乐

---

　　① 穆光宗：《老龄人口的精神赡养问题》，《中国人民大学学报》2004 年第 4 期。
　　② 龙玉其：《人口老龄化与中国老年保障体系的构建》，《长白学刊》2012 年第 5 期。

岁终身苦，凶年不免于死亡。此唯救死而恐不赡，奚暇治礼义哉?"① 上述观点都承认物质生活的优先性。物质需求的满足能推动和促进精神需求和精神生活的发展和提升，但不能替代精神需求和精神生活。孟子曾说过，饱食暖衣，逸居而无教，则近于禽兽。也就是说，物质生活是提高精神生活的必要条件，而非充分条件，优越的物质生活条件并不必然带来高质量的精神生活，健全的生活应该是物质生活和精神生活的协调与均衡。对于老年人来说，老年保障不仅要着眼于改善老年人的物质生活条件，在为老年人提供物质保障和日常生活照料的同时，更要在人际关系、休闲娱乐、文化教育、情感慰藉、社会参与等精神生活方面为老年人创造更好的条件，为他们创造宽松、和谐、温馨的社会精神和心理环境。②

物质保障和精神保障是相互关联的，二者共同构成了完整的老年保障体系。物质生活是精神生活的前提和基础，是精神生活发展的条件和保障。精神生活总是在一定物质生活条件下的精神生活，老年人的精神生活一般是在其基本的物质生活需要得到满足的前提下，受到一定物质条件制约的精神生活。因此，从老年人的生活保障体系看，物质保障是基础，如果缺乏基本的物质生活条件保障，老年人的精神文化生活保障就缺乏前提和基础，缺乏物质保障前提下的所谓精神保障是低效甚至是无效的。物质保障的好坏直接关系到精神保障的效果，一个缺乏物质保障的老人很难说是快乐和幸福的。

正如精神生活依赖和受制于物质生活一样，精神保障在一定程度上依赖和受制于物质保障，但这并不意味着它对物质保障亦步亦趋，而是有其独特的发展规律和发展逻辑。精神保障的水平和质量与物质保障并不是简单的线性关系，精神保障可能滞后于也可能超前于物质保障的水平和质量。从生活质量的角度看，精神保障不但可以直接满足老年人的精神需求，促进老年人精神生活质量的改善，同时还能增大物质保障的效应，甚至在一定程度上替代物质资源的保障功能。精神保障所带来的生活质量效用是物质保障难以达到的。从这个意义上说，精神赡养和精神保障不但是不可或缺的，而且对于整个老年保障体系的运转和效用是至关重要的。

---

① 《孟子·梁惠王上》。
② 周绍斌：《从物质保障到精神保障——老年保障的新趋势》，《福建论坛》2007 年第 7 期。

（二）农村老年精神保障的基本目标

农村老年精神保障的目标可以从个体层面和社会层面两方面来理解。个体层面的目标在于促进老年人的个体发展和生活质量的改善。而社会层面的目标则是促进社会和谐与社会发展，实现积极老龄化。

1. 个体层面的目标

老年保障的根本目标在于改善和提高老年人的生活质量，促进老年人的生存与发展，这是所有老年社会政策的出发点和归宿。生活质量是一个全面评价生活优劣的概念，它涵盖了物质生活和精神生活两方面的内容。要提高老年人的生活质量，必须在两方面下功夫。也就是说，老年保障体系不仅要关注其物质生活条件的改善，也要对老年人的情感和精神生活给予充分的关怀，为他们创造宽松、和谐、温馨的社会、精神和心理环境，增强其生活满意度和幸福感。

一直以来，老年人的经济供养和健康服务受到了政府和家庭的普遍重视。随着经济的发展和社会的进步，近年来农村社会保障事业有了长足的发展，农村老年人的物质生活和健康服务等生存需求得到了基本满足。2009 年 9 月，国务院出台了《关于开展新型农村社会养老保险试点的指导意见》。从 2012 年 7 月 1 日开始，国务院决定在全国所有区县实施新农保和城居保制度全覆盖计划，符合条件的老人领取养老金。截至 2012 年年底，全国所有县级行政区全部开展了新农保和城居保覆盖工作，13075 万城乡老年居民按月领取养老金。[1] 可以说，经过政府、社会和家庭的努力，农村老年人在物质赡养上有了长足的发展。但从现实来看，"未富先老"的客观情境决定着在短期内大幅度提高和改善农村老年人物质生活质量不太现实，有着经济、社会、文化等多方面障碍，存在明显的资源约束。这种现实逻辑决定着要提升和改善农村老年人整体生活质量的合理选择只能是在不断提高和改善其物质生活条件和健康生活质量的同时，重点关注其精神需求，提高其精神生活质量。建立老年精神保障机制，采用合理有效的社会政策行动，为老年人的精神生活提供制度、组织、资金、设施等全面的资源支持，有效提升农村老年人的生活质量。

随着人类的发展和社会进步，精神需要较之物质需要更为强烈和重要，精

---

[1] 吴玉韶主编：《中国老龄事业发展报告（2013）》，社会科学文献出版社 2013 年版，第 76—77 页。

神生活的层次和社会对人的精神生活的关注程度将成为影响人的生命质量的关键所在。对于农村老年人来说，由于生活经历和文化观念的原因，农村老年人对物质生活水平普遍要求不高，随着基本生活条件得到保障以后，物质生活需求强度会下降，而精神生活的地位则日趋重要。也就是说，从社会发展和福利发展的趋势看，一个社会的老年保障水平的高低和老年人的生活质量在很大程度上已经主要不是取决于物质生活保障水平的高低，而在于社会对老年人精神生活和生命价值的关注程度。

从个体发展的角度看，完善的精神保障制度和精神生活支持体系可以促进老年人自身的身心和谐。人的全面发展可以有诸多表现，但归结起来，无非就是身心和谐与协调发展。也就是说物质需求的满足、精神生活的丰富和生理健康的维护都是不可或缺的。没有物质需求的满足，人的发展缺少了基本的条件和基础，而没有了精神素养的提高和精神生活的充实，人的生活就会陷入片面和盲目。德谟克利特曾经说过："幸福与不幸居于灵魂之中。"[1]理查德·克劳特也认为，"幸福是心灵的某种状态"，[2] 个体的发展程度在根本意义上取决于精神和心灵的发展程度。正如罗尔斯所言，每个人都具有成长的需要，具有发展理性能力的需要，这一需要的满足旨在提高人的精神能力。[3] 而人的精神能力的提升和人的发展有赖于社会为其提供良好的精神生活条件和支持体系。

老年精神保障的制度目标在于，通过一系列的制度安排和路径设计，为老年人的精神需求的满足和精神生活的改善提供良好的外部条件与资源，激发老年人内在的生命潜能与发展动力。具体说来，通过价值建构机制协助老年人构建生命的意义系统，使老年人在面对随衰老而来的挑战时保持生命的延续感和凝聚力，维持自我价值感。文化教育机制则直接指向老年人的知识经验、可行能力和道德人格等方面得到发展。通过制度化的、连续的支持过程激励老年人适应环境变化，重建新的生活方式，学习新的角色规范和生活技能，获得知识、技能、态度、兴趣和价值观，达到自我发展。而休闲娱乐机制通过旅游、体育、聊天、艺术欣赏等多种形式的活动，增进人际间的社会性联系，释放紧张情绪，

---

① 周辅成：《西方伦理学名著选集》（上卷），商务印书馆 1987 年版，第 79 页。
② 转引自孙英：《幸福论》，人民出版社 2004 年版，第 57 页。
③ 罗尔斯：《道德哲学史讲义》，上海三联书店 2003 年版，第 317 页。

避免焦虑、忧郁等不良心理，获得精神的愉悦和自我的提升。而社会参与机制则着眼于为老年人参与社会提供平台、机会和制度化途径。通过激发和引导老年人参与社会，使老年人重新认识自我，保持生命活力，获得生命的自主感和价值感。

2. 社会层面的目标①

老年精神保障制度在社会层面的目标可以表述为促进社会和谐与社会发展，实现积极老龄化。

社会和谐与社会发展是一种理想的社会状态，也是人类追求的永恒目标。和谐社会是全体人民各尽所能、各得其所而又和谐相处的社会。从广义上理解，和谐社会指的是整体社会系统内部要素和要素之间、子系统与子系统之间以及社会整体与外在环境之间保持一种动态的协调状态。从实践层面看，构建社会主义和谐社会是一项复杂的系统工程，需要经济和谐、政治和谐、文化和谐、社会和谐等各领域的和谐及其相互协调与配合。与政治、经济、文化相对应的社会层面的和谐则是指社会各群众、各阶层能和谐相处，保持一种平等、互惠的良性互动，整个社会能够实现公正与发展的统一。

尽管和谐社会是一个内容丰富的综合性概念，但人与人之间关系的和谐显然是其基本方面和外在表现。从这一视角看，和谐社会是一个"各尽所能、各得其所"的以人为本的社会。在这样的社会里，社会的整体利益与个人利益、社会群体间和阶层间的利益以及代际间的利益能够协调与和谐。在这样的社会里，公平与正义得到确认和强调，社会各阶层、各群体的利益受到普遍而平等的关注和保护。可以说，现代和谐社会是建立在各阶层、各群体的福利状态共同改善的基础之上的，是建立在公平和正义基础之上的。

代际和谐与代际公正是和谐社会的重要内容和目标。中国已经进入老龄型社会，老年人口的绝对数量越来越多，公正对待老年人问题逐渐凸显。迪尔凯姆在《社会分工论》中曾说，"无论是老年人还是小孩，生命都是平等的"，老年人为社会的发展与进步贡献了自己的力量，由于年老以及伴随的衰退使其成为最为脆弱的年龄群体，其自身生理、心理和社会特点决定着其抵御自然和社会风险的能力较弱，需要社会保护和社会关怀。全面关注老年人物质需求和精

---

① 周绍斌：《构建和谐社会与老年人精神保障》，《西北人口》2005 年第 6 期。

神需求的完备的老年保障体系成为这一理论逻辑的现实要求。

从代际关系的角度看，代际公正是代际和谐的核心和基础。人类社会发展在本质上是一个代际合作的过程，没有合作，社会就不可能延续。① 从这个意义上说，每一代人都有自己的义务和责任。这就是贝克尔所讲的"社会合同"，② 代际公正是通过履行代际间的"社会合同"来实现的，政府和社会为老年人提供包括物质保障和精神保障的老年人生活支持体系本质上是履行和兑现"社会合同"，有助于代际和谐和社会稳定。

从社会管理的角度看，老年精神保障机制及时准确地掌握和了解老年人的精神需求和心理状态，并从制度层面提供满足其精神需求的物质条件、机会与平台，避免老年群体压抑性情绪的非制度化发泄，从而将老年群体的社会管理与老年人的需求满足及自身发展结合起来，实现稳定与发展的双重效应。

从社会发展的角度看，老年精神保障能促进社会物质文明、政治文明和精神文明的全面发展。首先，开办老年教育，开展丰富多彩的老年文化娱乐活动，组织和引导老年人积极参与社会，激发老年人的积极性，可以为经济建设和物质文明的发展提供人力资源和智力支撑。这也符合"积极老龄化"的目标潮流。"积极老龄化"强调老年人积极面对老年生活，融入社会，参与社会发展。它让人们认识到自己在一生中的体力、社会以及精神方面的潜能，并按照自己的需求、愿望和能力去参与社会活动，而且当他们需要帮助时获得充分的保护、保障和照料。③ 其次，老年精神保障机制关注老年人的政治参与需求，为老年人提供通畅的政治参与渠道，并对老年人口的政治生活和政治活动进行适当的引导和控制，使老年人口的政治优势产生积极的社会作用，有助于政治民主化和政治文明的发展。最后，老年精神保障机制对精神文明的发展能产生直接的推动作用。通过建立包括价值建构、文化娱乐、心理健康、社会控导在内的精神关怀体系，可以丰富老年人的精神生活，提升老年人的文化素养和思想道德素质，促进全社会的精神文化的健康发展。

作为社会主体的重要组成部分，老年群体为社会的发展和进步作出了贡献，并将继续发挥积极的作用。从发展动力的角度看，社会发展离不开老年人的参

---

① 吴忠民：《社会公正论》，山东人民出版社 2004 年版，第 219 页。
② 加里·斯坦利·贝克尔：《家庭论》，商务印书馆 1998 年版，第 397 页。
③ 世界卫生组织：《积极老龄化政策框架》，华龄出版社 2003 年版，第 9 页。

与。从分享发展成果的角度看，社会不应该忘记老年人。联合国提出的"建立一个不分年龄、人人共享的社会"思想，是人类应对老龄化社会的新思维。在长寿社会和高龄社会，老年人有共享社会发展成果的权利。他们有权享有基本的物质生活保障，同样有权享有精神生活保障。建立满足包括老年人在内的全体社会成员的多层次、多样性的精神保障体系，是社会发展的重要任务和目标，也是推进社会发展的条件。

第三章

农村老年人精神需求与精神文化生活现状

在农村人口老龄化形势日趋加剧的大背景之下，学术界主要从物质需求、物质生活和物质保障等方面对农村老年保障议题展开了学术研究，取得了诸多重大进展，政府部门对农村老年人口的关注也主要集中在物质和身体层面，强调物质保障和身体保障的重要地位。正是由于人们对农村老年人的物质需求给予了更充分的关注，反过来也给精神需求的探索留下了广阔的学术空间①。相比之下，学术界对农村老年人精神需求、精神生活和精神保障的关注不仅理论阐释有待进一步深化，而且相应的实证研究也尚处于初步的探索性阶段。在上一章理论阐释的基础上，本章将利用浙江省农村老年人的问卷调查数据及相关统计资料，对农村老年人基本生存状况、精神需求满足情况和精神文化生活现状进行系统的实证分析。

一、农村老年人的基本生存状况

探讨农村老年人的精神需求与精神文化生活，并不能忽略老年人的物质生活等外部条件，老年人的精神世界并不是孤立存在的，物质生活无疑会对精神文化生活产生影响。对老年人生活质量的研究显示，生活质量是一个多维度的概念，既包括主观感受也离不开客观事实，二者缺一不可，收入、居住、家庭、邻里、社区、社会环境等外部条件都是影响老年人生活质量的重要因素②，也是理解老年人精神需求的客观指标。

---

① 郭湛：《反思物质需求：无限还是有限》，《中国人民大学学报》2000 年第 4 期。
② 曾毅、顾大男：《老年人生活质量研究的国际动态》，《中国人口科学》2002 年第 5 期。

（一）经济状况

经济需求是人的基本需求，是影响个人生活质量的基本因素，其他需求的满足多以经济条件为基础，没有经济条件作为支撑和工具，老年人的基本生存和良性发展将难以保证。

1. 农村老年人的收入来源

中国社会科学院人口研究所于 1987 年进行的全国 60 岁以上老年人口抽样调查，可以看作是国内最早的老年人经济生活来源的大规模调查。调查发现，老年人口的供养情况存在城乡差异，城市老年人的供养方式以离退休金所占比例最高，大约占据 50%，其次是子女供给和配偶供给，三项相加约占 90%；农村则大不相同，经济供养靠子女的占 67.5%，成为农村老年人的最主要供养来源，靠老年人自身劳动收入的占 26.2%，靠配偶供给的约占 5%，三项总计占98%[1]。调查还揭示出，农村老年人的收入来源呈现出明显的阶段性特征，低龄老人或有劳动能力的老年人经济上相对独立，依靠劳动收入生活的比例较高，高龄老人或丧失劳动能力的老年人主要依靠子女和配偶供养。

国家统计局 1994 年全国人口抽样调查专门设置了老年人主要经济来源的问题，调查显示，农村老年人依靠子女或其他亲属供给为主要经济来源居第一位，占 64.23%，以自身劳动收入为主要经济来源的位居第二，占 29.18%，以退休金为主要经济来源的仅占 4.39%[2]。主要经济来源还体现出明显的性别差异，男性老年人以劳动收入为主要经济来源的比例高于女性，大多数女性老年人以子女或其他亲属供给为主要经济来源。10 年之后，国家统计局的人口抽样调查进一步深化了对农村老年人收入来源的认识，数据显示，2004 年农村老年人的生活来源仍然集中在子女或其他亲属供给（59.6%）和老年人自身劳动所得（30.5%）两大支柱方面，这种构成比例与 1994 年的调查结果基本一致。2004的数据同样体现出明显的性别差异，男性老年人以劳动收入为主要生活来源的比例为 40.1%，远远高于女性的 21.1%；而男性老年人依靠子女或其他亲属供给的比例为 46.2%，则远远低于女性老年人的 72.7%，这说明农村女性老年人

---

① 田雪原：《中国老年人口宏观——1987 年全国 60 岁以上老年人口抽样调查分析》，《中国人口科学》1988 年第 5 期。
② 杜鹏、武超：《中国老年人的主要经济来源分析》，《人口研究》1998 年第 4 期。

经济自给的能力非常弱，难以脱离开家庭成员的经济援助①。

2010 年第六次人口普查与以上几次调查相比，依然展现出家庭其他成员供养和劳动收入在农村老年人主要生活来源构成中不可撼动的核心地位，只是比例上发生了一定变化，分别为 47.74% 和 41.18%，以离退休金养老金为主要生活来源的比重依然非常低，仅占 4.6%，最低生活保障金也只占到 4.48%。分性别来看，女性依靠子女或其他亲属供养的比例依然大大高于男性，前者为59.93%，后者为 35.13%；而依靠劳动收入则恰好相反，女性为 32.14%，男性则为 50.53%（参见表 3 – 1）。

表 3 – 1　全国分性别农村老年人口的主要生活来源构成（2010 年）　单位：人

主要生活来源	60 岁及以上人口					
	合计	百分比（%）	男	百分比（%）	女	百分比（%）
家庭其他成员供养	4816425	47.74	1741501	35.13	3074924	59.93
劳动收入	4154038	41.18	2505206	50.53	1648832	32.14
离退休金养老金	463789	4.60	356578	7.19	107211	2.09
最低生活保障金	452284	4.48	254680	5.14	197604	3.85
财产性收入	18879	0.19	10606	0.21	8273	0.16
其他	182543	1.81	88884	1.79	93659	1.83
总计	10087958	100	4957455	100	5130503	100

资料来源：国务院人口普查办公室、国家统计局人口与就业统计司：《中国 2010 年人口普查资料》，见国家统计局网站，http：//www.stats.gov.cn/tjsj/pcsj/rkpc/6rp/index-ch.htm.

我们在浙江省农村的问卷调查显示出与 2010 年全国人口普查相似的规律性，农村老年人排在第一位的收入来源是自己的劳动所得的比例最高（37.48%），儿子供养是第一位收入来源的占 33.28%，但如果算上女儿提供，则子女供养总共占到 37.16%，几乎与自身劳动所得持平。社会养老保险的比例接近 20%，明显高出 2010 年的全国平均水平，这与浙江省经济发展水平较高，社会保障体系建构相对完善相关。分性别来看，男性依靠自身劳动所得获取第

① 杜鹏、武超：《1994—2004 年中国老年人主要生活来源的变化》，《人口研究》2006 年第 2 期。

一位收入来源的比例高于女性，前者为 41.61%，后者为 33.33%，反过来看，女性依靠子女获取第一位收入来源的比例明显高于男性。卡方检验结果也显示出，农村老年人第一位收入来源与性别不是各自独立的，相关程度较高（见表3-2）。

表3-2　分性别农村老年人口的第一位收入来源　　　　单位：人

被访者性别	自己劳动所得	儿子供养	领取的政府救济金	社会养老保险	女儿提供	其他	总计
男	129	83	11	68	11	8	310
	41.61%	26.77%	3.55%	21.94%	3.55%	2.58%	100%
女	103	123	11	50	13	9	309
	33.33%	39.81%	3.56%	16.18%	4.21%	2.91%	100%
总计	232	206	22	118	24	17	619
	37.48%	33.28%	3.55%	19.06%	3.88%	2.75%	100%

Pearson chi2（5）= 13.65　Pr = 0.0180

一般而言，老年人的收入来源主要包括家庭其他成员供养、劳动所得收入和离退休金养老金三大部分。根据埃里克森的人生发展阶段理论，老年期处于人生阶段的自我调整和回顾过往的时期。从身体条件、工作能力等角度来看，承担收入性工作已经不像成年早期和成年中期那样成为构成老年人日常生活的重心，老年人应该从工作岗位上退休下来，劳动所得作为收入来源的主要形式已经发生改变，离退休金养老金应该成为老年人的主要收入来源。但在我国农村，老年人并不能获取离退休金，而农村社会养老保险即养老金的保障体系尚未完全建立起来，因此，农村老年人并没有严格的退休界限，通常只能继续依靠自身劳动所得维持日常生活，而源于身体自然衰老引起的劳动能力下降，还必须依靠家庭其他成员的供养才能保证拥有足够的经济支持。

2. 农村老年人的收入水平

收入来源反映的是收入的获得途径和方式，收入水平则反映出收入的绝对数值和高低。收入水平直接影响着农村老年人的晚年生活，不管是基本物质生活的满足，还是精神文化生活的获取，都离不开经济收入这一基本变量。源于身体衰老导致的劳动能力下降或丧失，使农村老年人依靠自身劳动所得维持收入的效益逐渐递减，加之缺乏离退休金养老金的保障，子女供养的方式变得异常重要。这种变化直接导致农村老年人收入普遍低于城市老年人，也成为影响农村老年人幸福感和生活满意度的最直接变量。

中国老龄科研中心于2006年进行的老年人口追踪调查，能够比较清晰地反映出我国农村老年人口收入水平的总体状况。2006年，我国农村老年人平均年现金收入为2722元，支出为2691元，支出与收入基本持平，没有结余，大大低于同期城市老年人平均年收入11963元。其中最主要的区别在于城镇老年人享有退休金待遇，城镇社会养老保障（包括退休金和养老金等）的覆盖率已经高达78%，月平均退休金达到了990元，而农村不仅社会养老保障覆盖率低，享受水平也非常低。我们的调查显示，浙江省农村老年人口的平均现金收入为3018元，其中，男性老年人口为3241元，女性老年人口为2801元，女性明显低于男性。卡方检验显示，性别与收入水平具有较为显著的相关性（见表3-3）。调查显示，约有58%的农村老年人目前享受政府或集体的养老金或者养老补贴，总体上来看，农村老年人的养老保障覆盖率还有很大的提升空间。

表3-3　分性别农村老年人口的收入水平　　　　　　单位：人

被访者性别	1000元以下	1000—2000	2000—3000	3000—4000	4000—5000	5000元上	总计
男	44	48	45	26	108	42	313
	14.06%	15.34%	14.38%	8.310%	34.50%	13.42%	100%
女	60	62	64	14	93	26	319
	18.81%	19.44%	20.06%	4.39%	29.15%	8.15%	100%
总计	104	110	109	40	201	68	632
	16.46%	17.41%	17.25%	6.33%	31.80%	10.76%	100%

Pearson chi2 (5) = 15.98　Pr = 0.007

一般而言，是否从事生产性社会劳动对农村老年人的经济收入水平有重要影响。2010年城乡老年人口状况追踪调查显示，农村有44.3%的老年人还在从事农业生产，务工和做生意的占8.6%，这意味着这部分老年人还有较为稳定的收入来源。我们的调查在总体上得出一致的结论，有劳动收入的农村老年人约占53%，男性比女性尚有劳动收入的比例稍高，前者占到54.57%，后者为

50.62%，性别差异并不显著（见表3-4）。

表3-4　农村老年人自身是否有劳动收入　　　　　　　单位：人

被访者性别	有	没有	总计
男	173	144	317
	54.57%	45.43%	100%
女	163	159	322
	50.62%	49.38%	100%
总计	336	303	639
	52.58%	47.42%	100%

Pearson chi2（1）=1.001　　Pr=0.317

3. 经济状况的主观评价

大体上，老年人的收入水平和消费支出较为平稳，出现大幅度波动的情况相对较少，所以其对经济状况的主观评价应该是比较客观的。通常情况下，收入水平与经济状况的主观感受二者之间存在着密切相关性，收入水平越高，其主观经济感受可能越好。而老年人的收入水平相对较低，则其经济状况的主观感受应该不会很高。但调查显示，农村老年人对经济状况的主观评价普遍较高。2000年和2010年全国城乡老年人口状况调查展现出了农村老年人口对经济状况主观感受的变化趋势，2000年农村老年人认为收入大致够用的比例为46.7%，2010年这一比例上升为52.8%。我们的调查也显示出农村老年人对经济状况的主观感受较好，认为每月钱相当充裕和大致够用的农村老年人的比例为78.60%，男性和女性的比例相当，分别为80.13%和77.09%，男性稍高（参见表3-5）。分年龄段来看，60—70岁年龄组老年人认为每月钱相当充裕和大致够用的占78.20%，70—80岁年龄组与80岁以上年龄组这一比例分别为77.35%和78.60%（参见表3-6）。通过卡方检验可以看出，性别与经济状况的主观感受之间相关性并不十分显著，而年龄组与经济状况的主观感受之间则存在比较显著的相关性，高年组老年人的主观感受好于低年组老年人。但不管是按性别还是按年龄组，认为经济相当充裕的比例并不高。

表 3 - 5　农村老年人分性别对"每个月钱是否够花"的主观感受　单位：人

被访者性别	相当充裕而有余	大致够用	稍有一点困难	相当困难	总计
男	102	152	54	9	317
	32.18%	47.95%	17.03%	2.84%	100%
女	75	174	66	8	323
	23.22%	53.87%	20.43%	2.48%	100%
总计	177	326	120	17	640
	27.66%	50.94%	18.75%	2.66%	100%

Pearsonchi2（3）　= 6.806　Pr = 0.0780

表 3 - 6　农村老年人分年龄段对"每个月钱是否够花"的主观感受　单位：人

年龄分组	相当充裕而有余	大致够用	稍有一点困难	相当困难	总计
60—70 岁	96	153	65	4	318
	30.19%	48.11%	20.44%	1.26%	100%
70—80 岁	50	131	45	8	234
	21.37%	55.98%	19.23%	3.42%	100%
80 岁以上	31	42	10	5	88
	35.23%	47.73%	11.36%	5.68%	100%
总计	177	326	120	17	640
	27.66%	50.94%	18.75%	2.66%	100%

Pearsonchi2（6）　= 16.71　Pr = 0.0100

在经济状况的满意程度方面，农村老年人对自身经济状况感到满意的比例为 55.47%，不满意的比例为 15.47%，其中男性满意的比例略高于女性，前者为 56.78%，后者为 54.18%，男性感到不满意的比例为 14.20%，女性则为 16.72%。值得注意的是，回答"说不清"的比例非常高，接近 30%（参见表 3 - 7）。在被问及对今后的经济状况是否担心时，37.13% 的农村老年人表现出了对经济状况的担心，不太担心和毫不担心的比例为 62.87%，男性与女性的比例大致相当（参见表 3 - 8）。卡方检验也显示出性别与满意程度和担心程度之间并没有显著相关性。

表 3 - 7　农村老年人对经济状况的满意程度　　　　单位：人

被访者性别	满意	不满意	说不清	总计
男	180	45	92	317
	56. 78%	14. 20%	29. 02%	100%
女	175	54	94	323
	54. 18%	16. 72%	29. 10%	100%
总计	355	99	186	640
	55. 47%	15. 47%	29. 06%	100%

Pearsonchi2（2）= 0. 854　Pr = 0. 652

表 3 - 8　农村老年人对经济状况的担心程度　　　　单位：人

被访者性别	很担心	比较担心	有点担心	不太担心	毫不担心	总计
男	11	26	72	151	58	318
	3. 46%	8. 18%	22. 64%	47. 48%	18. 24%	100%
女	11	33	85	149	45	323
	3. 410%	10. 22%	26. 32%	46. 13%	13. 93%	100%
总计	22	59	157	300	103	641
	3. 43%	9. 20%	24. 49%	46. 80%	16. 07%	100%

Pearsonchi2（4）= 3. 522　Pr = 0. 475

　　虽然调查结果显示出农村老年人对经济状况的满意率相对较高，但并不意味着农村老年人的实际经济条件已经很好。现实的情况是，当前农村老年人的经济收入水平普遍偏低，许多老年人还处于贫困线水平，缺乏应有的养老社会保障。之所以对经济状况的满意度较高，其原因可能主要在于老年人的消费习惯相对传统，受外界消费主义的影响较小，从而容易满足对物质的需求，才会出现农村老年人收入水平不高而对经济状况满意度较高的局面。因此，拓宽收入来源渠道，提高收入水平，加强经济保障，依然是当前农村老年人工作的重要议题。

（二）居住状况

研究表明，居住状况对老年人的生活质量和生活满意度有着显著影响①。居住状况主要包括两方面内容，一方面是居住在一起的成员及其相互关系所形成的家庭结构或居住方式，另一方面是居住所需的物质条件，包括住房条件、基本生活设施等。

1. 农村老年人的居住方式

农村老年人的居住方式，本质上涉及其与配偶和子女关系组成的家庭结构，不同家庭结构下的农村老年人的经济需求、生活照料需求和精神需求会有显著差异。2006 年中国城乡老年人口状况追踪调查显示，农村老年人一代户的比例为 38.3%，其中夫妻户为 29%，独居户为 9.3%，剩余 61.7% 的老年人同子女等其他家庭成员住在一起，这一比例明显高于城市。2010 年的追踪调查显示，农村老年人一代户的比例呈上升趋势，达到了 45.6%。课题组在浙江的调查显示，农村老年人一代户的比例为 60.37%，高于全国水平，其中独居户为 19.34%，夫妻户为 41.03%。分性别来看，女性独居的比例要高于男性，前者为 21.5%，后者为 17.19%，这与女性老年人的丧偶率高于男性密切相关（参见表 3－9）。卡方检验也显示，性别与农村老年人的居住方式存在显著相关性。从表 3－9 还可以看出，农村老年人在养老院和敬老院居住的比例非常低，这在一定程度上反映出当前农村养老的主体方式依然是传统的家庭养老，社会养老的作用并不显著，要想建构以家庭养老为核心、以社会养老为补充的新型农村养老体制，依然任重而道远。

表 3－9 农村老年人的居住方式 单位：人

被访者性别	独居	配偶	儿女	配偶及儿女	养老院或敬老院	总计
男	55	150	37	71	7	320
	17.19%	46.88%	11.56%	22.19%	2.190%	100%
女	69	113	85	52	2	321
	21.50%	35.20%	26.48%	16.20%	0.62%	100%

---

① 曾宪新：《居住方式及其意愿对老年人生活满意度的影响研究》，《人口与经济》2011 年第 5 期。

被访者性别	独居	配偶	儿女	配偶及儿女	养老院或敬老院	总计
	124	263	122	123	9	641
	19.34%	41.03%	19.03%	19.19%	1.40%	100%

Pearsonchi2（4）=31.38　Pr=0.000

农村老年人拥有3个以上子女的比例非常高，达到了70.16%，没有子女的比例为3.44%（参见表3-10），但是，有子女却并不与子女一起居住的比例较大。调查得知，大多数分居子女与老年人相距并不太远，住在同一个村委会乃至同一个村民小组的比例很高。这种"就近分散"居住的方式便于子女与老年人的沟通联系，有利于子女对老年人提供应有的照顾，但是，"不在同一屋檐下"的家庭结构，还是会对老年人的日常生活照料和精神慰藉产生负面效应，这种负面影响对高龄老年人和残疾老年人尤为突出。独居空巢老年人口的增多，是居住方式变化、人口迁移以及住房商品化等多元因素共同影响的结果，这对养老保障和服务提出了新的课题。

表 3-10　农村老年人的子女数　　　　　　　　　单位：人

被访者性别	没有	1个	2个	3个	4个以上	总计
男	16	26	68	88	119	317
	5.05%	8.20%	21.45%	27.76%	37.54%	100%
女	6	25	50	85	157	323
	1.86%	7.74%	15.48%	26.32%	48.61%	100%
总计	22	51	118	173	276	640
	3.44%	7.97%	18.44%	27.03%	43.13%	100%

Pearsonchi2（4）=12.54　Pr=0.0140

2. 农村老年人的住房状况

住房是人类日常生活的基本条件，伴随着生理的渐趋老化，老年人的日常生活半径逐渐缩小，通常以住房为圆心而展开，因此，住房条件和状况对老年人而言就格外重要。总体上看，农村老年人的住房面积比较宽敞，且拥有自身产权的比例较高。2006年城乡老年人口状况追踪调查显示，农村老年人口现居住的房屋产权属于自己或配偶的比例为56%，对住房状况不满意的比例约为15.%。2010年的数据有较大变化，农村老年人拥有自身产权住房的比例为71.2%，产权属于子女的为26.5%，租私房的为0.4%，租公房的为0.2%。

对农村老年人而言，除了房屋面积和产权影响其日常生活质量之外，是否拥有单独居住的空间也是重要的衡量指标。一方面，老年人的生理条件决定了其需要安静、安全的生活空间，独立空间能够最大限度减少外部干扰，保障老年人日常生活的舒适性和私密性；另一方面，独立空间能够一定程度上体现出老年人的家庭地位以及家庭成员对老年人的关心与尊重。调查显示，农村老年人拥有单独居住房间的比例为83.41%，其中男性82.80%，女性84.01%，二者比例相当，性别与是否拥有单独居住的房间之间的相关性并不显著。值得关注的是，大约还有17%的农村老年人没有独立房间（参见表3–11），这部分老年人的居住空间可能对其日常生活和精神状况会产生诸多负面影响。

表3–11　农村老年人单独居住情况　　　　　　　　单位：人

被访者性别	有	没有	总计
男	260	54	314
	82.80%	17.20%	100
女	268	51	319
	84.01%	15.99%	100%
总计	528	105	633
	83.41%	16.59%	100%

Pearson chi2（1）=0.167　Pr=0.682

3. 生活设施

居住方式、住房情况等可以看作是影响老年人居住状况的宏观因素，而基本生活设施则体现出居住状况的微观方面。休闲生活是老年人日常行为的重心，因此，以电话、电视、电脑、DVD等家庭电器为代表的现代生活设施能够在某种程度上反映出老年人晚年生活的质量。随着农村经济发展水平的提高以及国家家电下乡等扩大内需的消费政策的大力推动，家用电器在农村老年人口中的普及率快速提高。调查显示，浙江农村老年人彩电拥有率已接近90%，且基本都使用有线电视（86%，参见表3–13），电话拥有率突破了80%。电脑这一需要更多现代性知识予以操控的产品的拥有率达到了 25%，这部分老年人基本都能简单使用家庭网络获取外界信息（参见表 3 - 14）。在调查中也发现了许多老年人家用电器使用方面的烦恼，例如随着家用电器越来越智能化，有不少老年人尽管有较好的消费能力，却苦于难以操控而不得不放弃使用或者将家用电器闲置起来，这与老年人的知识更新速度慢、受教育水平较低以及身体机能老化有很大关系。

表 3 - 12　农村老年人家庭拥有家用电器情况　　　　单位：人

被访者性别	彩电	洗衣机	电话	DVD	电脑
男	293	174	262	124	77
	92.72%	55.41%	83.17%	40.66%	25.16%
女	281	161	249	117	77
	87.27%	50.47%	77.57%	36.79%	24.29%
总计	574	335	511	241	154
	89.97%	52.92%	80.35%	38.68%	24.72%

表 3 - 13　农村老年人家庭有线电视使用情况　　　　单位：人

被访者性别	有	没有	总计
男	273	45	318
	85.85%	14.15%	100%
女	277	44	321
	86.29%	13.71%	100%
总计	550	89	639
	86.07%	13.93%	100%

Pearson chi2（1）= 0.0262　Pr = 0.871

表 3 - 14　农村老年人家庭网络使用情况　　　　单位：人

被访者性别	能够	不能够	总计
男	74	244	318
	23.27%	76.73%	100%

被访者性别	能够	不能够	总计
女	77	243	320
	24.06%	75.94%	100%
总计	151	487	638
	23.67%	76.33%	100%

Pearson chi2（1）= 0.0554　Pr = 0.814

（三）婚姻家庭关系

1. 婚姻状况

婚姻通常是男性和女性在法律规范或社会习俗指引之下结成夫妻、组成家庭的一项社会制度。老年人的婚姻状况有其特殊性，由于丧偶从而变为独居老年人成为老年阶段的一种基本婚姻模式。研究显示，不同婚姻状况的老年人的生活满意度具有明显差异①，婚姻状况对老年人精神世界产生着重要影响。调查显示，农村老年人有配偶的比例为64.78%，但其中有约3.6%处于分居状态，另外丧偶的占32.7%，离婚和未婚的总计2.52%（参见表3－15）。卡方检验显示出年龄分组与婚姻状况具有显著相关性，年龄越高，老年人丧偶的比例越高（参见表3－16）。有学者研究了婚姻状况、配偶关系与老年人生活满意度之间的关系，认为配偶关系与老年人生活满意度之间存在显著相关性，配偶关系好的老年人生活满意度高②。因此，婚姻状况良好的老年人在精神需求满足方面可能会相对较好。

表3－15　农村老年人分男女的婚姻状况　　　单位：人

被访者性别	有配偶同住	有配偶分居	丧偶	离婚	未婚	总计
男	225	15	63	9	5	317
	70.98%	4.73%	19.87%	2.84%	1.58%	100%

---

① 高歌、高启杰：《农村老年人生活满意度及其影响因素分析——基于河南省叶县的调研数据》，《中国农村观察》2011年第3期。
② 冯晓黎等：《经济收入及婚姻家庭对老年人生活满意度影响》，《中国公共卫生》2005年第12期。

续表

被访者性别	有配偶同住	有配偶分居	丧偶	离婚	未婚	总计
女	164	8	145	2	0	319
	51.41%	2.51%	45.45%	0.63%	0%	100%
总计	389	23	208	11	5	636
	61.16%	3.62%	32.70%	1.73%	0.79%	100%

Pearsonchi2（4）=53.47   Pr=0.000

表3-16   农村老年人分年龄组的婚姻状况   单位：人

年龄分组	有配偶同住	有配偶分居	丧偶	离婚	未婚	总计
60—70岁	234	11	66	2	2	315
	74.29%	3.49%	20.95%	0.63%	0.63%	100%
70—80岁	128	8	86	9	1	232
	55.17%	3.45%	37.07%	3.88%	0.43%	100%
80岁以上	27	4	56	0	2	89
	30.34%	4.49%	62.92%	0	2.25%	100%
总计	389	23	208	11	5	636
	61.16%	3.62%	32.70%	1.73%	0.79%	100%

Pearsonchi2（8）=76.58   Pr=0.000

2. 家庭关系状况

家庭关系包括夫妻关系、代际关系等，家庭关系中除了和谐和美好，一定还蕴含着紧张和矛盾，从而影响个体生活质量和主观幸福感。阎云翔研究指出，农村社会的家庭结构变动尤其是老年人家庭的核心化表明中国农村的家庭赡养模式开始松动，代际之间的冲突和孝道的日趋衰落已经构成农村家庭的普遍现象，这主要源于宗族社会组织、家庭私有财产、社会舆论等支持传统孝道的机制已经丧失，孝道观念失去了支撑的社会和文化基础①。贺雪峰也持相似的观点，他认为中国传统时代的代际关系正逐渐被一种更趋理性化和缺少亲情友好

① 阎云翔：《私人生活的变革：一个中国村庄里的爱情、家庭与亲密关系（1949—1999）》，上海书店出版社，2006年版。

的相对平衡的代际关系所替代①。2006 年中国城乡老年人口状况追踪调查显示，农村老年人表示愿意同子女住在一起的比例为 54.5%，而城市仅为 37.2%；2010 年的追踪调查的比例分别为 53.6% 和 38.8%，几乎没有变化。我们在浙江省的调查设计了家庭和睦情况和老年人是否愿意与子女同住两个问题测量农村老年人的家庭关系状况。结果表明，总体上看，农村老年人的家庭和睦情况良好，有近 90% 的老年人认为自己的家庭是和睦的，男性稍高于女性（参见表3-17）。但家庭关系的良好并不代表老年人愿意与子女在一起生活，许多老年人还是希望自己独立生活，有相对独立的生活空间（参见表3-18）。这种期待似乎与人们主观上认为老年人应该更倾向于同子女生活在一起并不完全吻合，因此，与子女同住并不一定意味着其对老年人的精神生活满意度构成正向影响，部分原因可能在于代际关系中还蕴含着冲突和矛盾，这是老年人所不愿看到的。

表3-17　农村老年人的家庭和睦情况　　　　单位：人

被访者性别	是	否	总计
男	286	26	312
	91.67%	8.33%	100%
女	284	38	322
	88.20%	11.80%	100%
总计	570	64	634
	89.91%	10.09%	100%

Pearson chi2（1）= 2.100　Pr = 0.147

表3-18　农村老年人与子女同住的意愿　　　　单位：人

被访者性别	愿意	无所谓	不愿意	总计
男	155	106	48	309
	50.16%	34.30%	15.53%	100%
女	173	109	41	323
	53.56%	33.75%	12.69%	100%

①　贺雪峰：《农村家庭代际关系的变动及其影响》，《学海》2008 年第 4 期。

被访者性别	愿意	无所谓	不愿意	总计
总计	328	215	89	632
	51.90%	34.02%	14.08%	100%

Pearson chi2（2）= 1.271　Pr = 0.530

（四）邻里关系

农村老年人的邻里关系和邻里交往是其日常生活的重要内容。作为社会单元在空间地理的基本网络形态①，邻里关系可以看作是农村老年人生活质量的重要衡量指标。由于子女不能长期陪伴身边，老年人容易出现孤独感，而保持良好的邻里互动，是克服孤独感、提升生活满意度的有效方式。浙江的调查显示出，经常到邻居家串门的老年人占 47.21%，男性与女性没有明显的性别差异；偶尔串门的比例为 45.30%，性别差异也不明显；从不串门的比例为 7.5%，这部分老年人显然缺乏有效的邻里互动（参见表 3-19）。总体上而言，社会应该创造更多的交往空间和交往机会，促进农村老年人的邻里交往，这对于家庭结构变化之后"空巢"老人和独居老人的社会支持和精神慰藉尤为重要。

表 3-19　农村老年人的串门频率　　　　　　　　　　单位：人

被访者性别	经常	偶尔	从不	总计
男	146	136	31	313
	46.65%	43.45%	9.90%	100%
女	150	148	16	314
	47.77%	47.13%	5.10%	100%
总计	296	284	47	627
	47.21%	45.30%	7.50%	100%

Pearson chi2（2）= 5.347　Pr = 0.069

---

① 杨卡：《新城住区邻里交往问题研究——以南京市为例》，《重庆大学学报（社会科学版）》2010 年第 3 期。

（五）社区照料

1. 社区福利设施

社区福利设施指为居民提供基本福利服务的设施，包括社区服务中心、幼儿园、再就业培训中心、医疗卫生服务站、文体活动设施、公共活动场所等①。对于老年人而言，比较重要的社区福利设施有养老院、老人护理照料室、老年人活动室、图书室、健身产所和器材等。社区福利设施能够为老年人提供文化娱乐生活的场所和条件，是老年人享受精神文化生活的物质载体。2006 年全国城乡老年人口状况追踪调查显示，农村运动健身场地的覆盖率为 18.4%，大大低于城市的 64.5%。浙江省的情况明显好于全国平均水平，调查显示，老年人家附近有活动室的占 75.2%，有健身器材和设施的占到 58.56%，拥有图书室和老年大学的比例相对较低，分别为 24.8% 和 11.27%（参见表 3 – 20）。相对城市而言，农村老年人的社区福利设施覆盖率还需大力提升。

表 3 – 20　农村老年人的福利设施　　　　　单位：人

被访者性别	老年人活动室	老年大学	健身器材和设施	图书室
男性	251	41	196	90
	79.43%	13.18%	62.03%	28.85%
女性	228	30	177	66
	71.03%	9.40%	55.14%	20.82%
总计	479	71	373	156
	75.20%	11.27%	58.56%	24.80%

2. 社区老年组织

社区老年组织主要指由社区老年人自愿组织参与的民间群众团体，是草根性质的民间非正式组织，具有自我管理、自我服务、自我娱乐等特性，是老年人晚年日常生活的重要组织载体。社区老年组织拥有较为丰富的组织资源，除了能够开展老年人的公共事务、福利互助和权益维护之外，还具有非常强的社

---

① 陈伟东、张大维：《社区公共服务设施分类及其配置：城乡比较》，《华中师范大学学报（人文社会科学版）》2008 年第 1 期。

区公共文化娱乐生活的功能①，许多功能往往是村委会等正式组织所不能替代的。浙江的调查显示，老年人协会是农村普遍存在的老年组织形式，约77%的老年人村里有老年人协会；具有民间纠纷解决功能的民事调解小组也比较普遍，比例大约为39%；而老年人维权组织和红白喜事理事会则相对较少，比例在20%上下（参见表3-21）。

表3-21　农村老年人的社区组织　　　　　　　　单位：人

被访者性别	老年人协会	老年人维权组织	红白理事会	民事调解小组
男性	264	72	63	130
	84.08%	23.08%	20.45%	41.94%
女性	228	64	57	109
	71.03%	20.32%	18.27%	34.94%
总计	492	136	120	239
	77.48%	21.69%	19.35%	38.42%

3. 日常生活照料

从现有的调查研究来看，大部分农村老年人的日常生活能够自理。2006年中国城乡老年人口状况追踪调查显示，农村老年人生活可以实现完全自理的比例为79%，部分自理的为14.1%，而完全不能自理的比例为6.9%。认为自己的日常生活需要照料的比例为9.3%，其中79周岁以下的比例为7.5%，80岁以上为30.4%。2010年的追踪调查显示，农村完全失能的老年人口比例为7.8%，自理有困难的为18.6%，认为自身的日常生活需要照料的比例为14.4%，其中79周岁以下的比例为11%，80周岁及以上为39.9%。我们在浙江农村的调查显示，农村老年人需要上门家务、上门护理以及聊天解闷的比例基本维持在20%左右，男性与女性性别差异不显著（参见表3-22）。在日常照料的实际需求满足方面，这一比例分别为15.62%、10.48%和3.82%（参见表3-23）。

---

① 甘满堂：《乡村草根组织与社区公共生活——以福建乡村老年协会为考察中心》，《福建行政学院福建经济管理干部学院学报》2008年第1期。

表3-22 农村老年人分性别的照料需求 单位：人

被访者性别	需要上门家务吗	需要上门护理吗	需要聊天解闷吗
男性	70	65	67
	22.22%	20.57%	21.20%
女性	65	73	89
	20.50%	22.96%	27.99%
总计	135	138	156
	21.36%	21.77%	24.61%

表3-23 农村老年人分性别实际享有的照料服务 单位：人

被访者性别	是否有上门家务	是否有上门护理	是否有聊天解闷
男性	54	34	7
	17.09%	10.73%	2.22%
女性	45	32	17
	14.15%	10.22%	5.45%
总计	99	66	24
	15.62%	10.48%	3.82%

分年龄组来看，基本呈现出年龄组越高，日常照料需求越强的趋势，80岁以上老年人的照料需求明显高于60—70岁组（参见表3-24）。而分年龄组实际享有的照料服务差异并不明显，上门家务、上门护理和聊天解闷的比例分别为15%、10%和4%左右（参见表3-25），明显低于老年人对日常照料的需求，特别是高年龄组老年人的需求满足情况并不理想。

表3-24 农村老年人分年龄组的照料需求 单位：人

被访者性别	需要上门家务吗	需要上门护理吗	需要聊天解闷吗
60—70岁	41	44	59
	13.18%	14.06%	18.85%
70—80岁	70	63	67
	30.04%	27.04%	28.76%

被访者性别	需要上门家务吗	需要上门护理吗	需要聊天解闷吗
80 岁以上	24	31	30
	27.27%	35.23%	34.09%
总计	135	138	156
	21.36%	21.77%	24.61%

表 3-25　农村老年人分年龄组实际享有的照料服务　　　　单位：人

被访者性别	是否有上门家务	是否有上门护理	是否有聊天解闷
60—70 岁	49	30	11
	15.65%	9.74%	3.57%
70—80 岁	36	24	9
	15.45%	10.26%	3.85%
80 岁以上	14	12	4
	15.91%	13.64%	4.65%
总计	99	66	24
	15.62%	10.48%	3.82%

（六）社会环境

除了老年人生活的家庭、社区等微观环境外，社会大环境是影响老年人生活质量的背景性和宏观性变量。社会上尊老、敬老和爱老的氛围，能使老年人感受到无处不在的关怀和温暖，获得更广泛的社会支持。在日常生活中得到尊重的老年人，往往能够更加积极地面对生活。本研究对农村老年人是否感受到尊重进行了测量，这从一个侧面能够反映老年人面对的社会环境。数据显示，34.43%的农村老年人感觉现在人们尊重老年人，只有不到5%的老年人认为感受不到尊重，感受到尊重的老年人中，男性比女性要高出12个百分点，卡方检验显示，性别与农村老年人是否感受到尊重具有一定的统计相关性。

表 3 - 26　农村老年人的社会尊重感　　　　　单位：人

被访者性别	尊重	一般	不尊重	总计
男	129	176	14	319
	40.44%	55.17%	4.39%	100%
女	91	213	16	320
	28.44%	66.56%	5.00%	100%
总计	220	389	30	639
	34.43%	60.88%	4.69%	100%

Pearson chi2（2）= 10.21　Pr = 0.006

二、农村老年人精神需求与精神文化生活状况

（一）精神需求满足情况

老年人的精神需求通常包括情感需求、文化娱乐需求、人际交往需求、教育需求、政治需求和自我实现需求等六个方面，其满足情况直接关系到农村老年人生活质量的高低。

1. 情感需求

老年人的情感需求通常要通过子女的孝敬、配偶的关爱和亲属的关怀予以满足，一直以来，子女的精神慰藉都是关键因素。是否有子女、子女是否在身边、子女的生活状况、子女的孝顺程度等在一定程度上决定了农村老年人的情感需求满足情况。

浙江的调查显示，在同一村民小组范围内有子女的农村老年人的比例为77.1%，剩余22.9%的农村老年人子女不在身边（参见表 3 - 27）。较近地域范围内的子女能够及时、高频率地看望老人，提供有效的情感慰藉。当然，随着现代化通信手段的普及，农村老年人可以通过电话、电脑等与不在身边的子女保持联系，但面对面的交流和支持对老年人而言有时是最宝贵的，空间隔离对老年人情感慰藉的负面影响是显而易见的。

表 3 – 27　农村老年人身边拥有子女情况　　　　　单位：人

被访者性别	有	没有	总计
男	235	84	319
	73.67%	26.33%	100%
女	260	63	323
	80.50%	19.50%	100%
总计	495	147	642
	77.10%	22.90%	100%

Pearson chi2（1）=4.238　Pr=0.040

　　当然，子女是否在老年人身边只是为情感慰藉提供了基础性条件，最终能否在情感需求的满足方面起到积极效应，通常还取决于老年人与子女的互动方式以及子女的孝顺程度。调查显示，约30%的农村老年人经常会有子女陪其聊天说话，偶尔有和很少有的比例分别为45.81%和22.43%，从来没有的占1.74%（参见表3－28）。卡方检验显示，老年人性别与子女聊天频率之间不存在显著相关性。

表 3 – 28　农村老年人子女陪其说话聊天的频率　　　　　单位：人

被访者性别	经常	偶尔	很少	从不	总计
男	97	145	62	7	311
	31.19%	46.62%	19.94%	2.25%	100%
女	93	145	80	4	322
	28.88%	45.03%	24.84%	1.24%	100%
总计	190	290	142	11	633
	30.02%	45.81%	22.43%	1.74%	100%

Pearson chi2（3）=2.994　Pr=0.393

　　研究显示，在控制年龄、性别、受教育程度、婚姻状况以及收入水平等影响因素之后，孝顺期待对老年人孤独感的影响具有统计学意义[①]。孝顺能够在客观上增加老年人与子女之间的互动，减轻老年人的孤独感体验，有利于精神

---

① 刘靓等：《老年人孤独感与亲子支持、孝顺期待的关系研究》，《中国临床心理学杂志》2009年第5期。

需求的满足。我们从老年人自身的感受方面,分别对子女的孝顺程度和儿媳妇的孝顺程度进行了测量。结果显示,认为子女很孝顺和孝顺的比例分别为18.17%和59.56%,只有不到2%的老年人认为子女不孝顺,卡方检验显示性别与子女孝顺程度之间不存在显著相关性(参见表3-29)。儿媳妇的孝顺程度方面,很孝顺和孝顺的比例都要低于子女,分别为11.89%和52.77%,认为一般孝顺的比例明显高于子女,而不孝顺的比例上只是稍稍高于后者(参见表3-30)。

表3-29 农村老年人子女的孝顺程度　　　　　　　　单位:人

被访者性别	很孝顺	孝顺	一般	不孝顺	总计
男	66	182	61	3	312
	21.15%	58.33%	19.55%	0.96%	100%
女	49	195	69	8	321
	15.26%	60.75%	21.50%	2.49%	100
总计	115	377	130	11	633%
	18.17%	59.56%	20.54%	1.74%	100%

Pearson chi2 (3) = 5.599　Pr = 0.133

表3-30 农村老年人儿媳妇的孝顺程度　　　　　　　　单位:人

被访者性别	很孝顺	孝顺	一般	不孝顺	总计
男	41	157	95	7	300
	13.67%	52.33%	31.67%	2.33%	100%
女	32	167	107	8	314
	10.19%	53.18%	34.08%	2.55%	100%
总计	73	324	202	15	614
	11.89%	52.77%	32.90%	2.44%	100%

Pearson chi2 (3) = 1.879　Pr = 0.598

2. 文化娱乐需求

在众多影响农村老年人精神需求的因素之中,文化娱乐活动是一个不可忽视的重要方面。研究表明,闲暇活动与心理健康的关系非常密切,形成互为因果的关系形态①，从而对老年人的主观幸福感产生积极效应。应当看到，文化娱乐活动绝不仅仅有打发时间的功能，还是一种增进人际交往、促进个体身心健康发展的崭新体验。Bevil 指出，生活满意度高的老年人通常是那些积极参与各种文化娱乐活动的老年人，闲暇活动对老年人的身体和心理发展都十分有利②。

浙江调查显示，休闲时间里农村老年人最想做的事情除了聊天和睡觉休息之外，看电视、打牌、散步、体育活动、读书看报等都占有一定的比例，老年人对首要休闲方式的选择并不集中。这表明农村老年人的文化娱乐需求是广泛而多元的，虽然身体机能逐渐衰落，但老年人对丰富的文化娱乐生活依然十分向往。因此，在满足老年人的文化娱乐需求时，应多方位、多角度进行供给，不能奉行"一刀切"的普遍主义，而是要以老年人为本，因应个体性和特殊性需求展开个性化服务。

应当注意的是，农村老年人对电视表现出了较强的依赖。随着电视在农村普及程度的提高，在老年人所有的文化娱乐活动中，电视逐渐发挥出不可或缺的功能。调查显示，在农村老年人的休闲方式中，除了聊天和睡觉休息之外，最主要的休闲方式就是看电视，有 21.46 的老年人认为在空闲时间里最想做的事情是看电视（参见 3 – 31），45.79% 的农村老年人经常看电视，其中男性为 55.91%，女性为 35.76%，男性明显高于女性，很少看的比例仅为 17.49%。卡方检验显示，性别与看电视频率存在显著相关性。

表 3 – 31　农村老年人的休闲方式意愿　　　　　　单位：人

性别		看电视	聊天	睡觉休息	打牌	散步	体育活动	读书看报	总计
男		44	39	33	32	19	7	17	191
		23.04%	20.42%	17.28%	16.75%	9.95%	3.66%	8.90%	100%
女		47	68	65	25	18	8	2	233
		20.17%	29.18%	27.90%	10.73%	7.73%	3.43%	0.86%	100%
总计		91	107	98	57	37	15	19	424
		21.46%	25.24%	23.11%	13.44%	8.73%	3.54%	4.48%	100%

①　郭晋武：《老年人闲暇活动与健康》，《中国老年学杂志》1995 年第 3 期。

②　Bevil, Catherine A. Leisure activity, life satisfaction, and perceived health status in older a-dults. Gerontology &Geriatrics Education. Vol. 1993, 14（2）.

对电视节目的评价方面，37.08%的老年人认为电视节目好看，认为不好看的比例约为14%，卡方检验显示性别差异不显著。在电视节目的内容选择方面，戏曲的比例最高，占了47.26%，其次是新闻和电视剧，比例分别为21.31%和20.25%，喜欢体育和文化教育节目的比例最低，都仅为0.84%（参见表3－32）。

表3－32　农村老年人的电视节目倾向　　　　　　　　单位：人

性别	新闻	电视剧	综合文艺	体育节目	文化教育	戏曲	其他	总计
男	83	34	13	3	2	78	10	223
	37.22%	15.25%	5.83%	1.35%	0.90%	34.98%	4.48%	100%
女	18	62	11	1	2	146	11	251
	7.17%	24.70%	4.38%	0.40%	0.80%	58.17%	4.38%	100%
总计	101	96	24	4	4	224	21	474%
	21.31%	20.25%	5.06%	0.84%	0.84%	47.26%	4.43%	100

3. 人际交往需求

人是社会性生物，本质上看，任何人都有同他人交往的需求。在人际交往过程中，人们相互之间传递着资源、知识、情感等，从而构成了互相作用的社会关系网络[1]。人际交往使老年人与其他社会成员存在各种各样的物质、情感资源的交换，从而在保持良好的身心状态和提高生活满意度方面起到至关重要的效应。研究发现，老年人的社会互动和社会交往过程中最主要获得的是关爱、身份、信息以及非正式服务等资源[2]，这些资源都是提升老年人日常生活质量的关键因素。2006年中国城乡老年人口状况追踪调查显示，常感到孤独的农村老年人占30.9%，特别不喜欢结交朋友的老年人比例不降反升，从2000年的26.8%上升到29.9%，4.9%的农村老年人曾经甚至有过自杀的念头。

浙江的调查显示，经常与家庭成员以外的人交往的老年人占55.07%，女性的比例略高于男性，偶尔与家庭成员以外的人交往的比例为37.60%，还有

---

① 石静：《试以人际交往视角分析城市老年人对电视传媒的接触行为》，《东南传媒》2005年第9期。

② 林艳、陈章明：《社会互动与老年人生活满意度相关性研究》，《中国老年学杂志》2007年第12期。

7.33%的老年人很少同其他人交往（参见表3－33）。卡方检验显示，性别与农村老年人的人际交往频率的相关性不显著。在交往的关系程度方面，65.21%的农村老年人认为与别人关系相处得好，男性高出女性5个百分点；约有34%的老年人认为与他人关系一般，另有0.62%的老年人感觉人际关系不好（参见表3－34）。在人际关系程度方面，也没有体现出性别差异。为了更进一步了解老年人的人际交往情况，我们询问了老年人是否有诉说心事的对象，约有69%的老年人表示自己有诉说心事的对象，女性高于男性，前者为72%，后者为65%，31%的农村老年人没有诉说心事的对象。

表3－33　农村老年人的人际交往频率　　　　　　单位：人

被访者性别	经常	偶尔	很少	总计
男	169	123	27	319
	52.98%	38.56%	8.46%	100%
女	184	118	20	322
	57.14%	36.65%	6.21%	100%
总计	353	241	47	641
	55.07%	37.60%	7.33%	100%

Pearson chi2 （2）＝1.770　Pr＝0.413

表3－34　农村老年人的人际关系程度　　　　　　单位：人

被访者性别	好	一般	不好	总计
男	217	103	0	320
	67.81%	32.19%	0.00%	100%
女	201	116	4	321
	62.62%	36.14%	1.25%	100%
总计	418	219	4	641
	65.21%	34.17%	0.62%	100%

Pearson chi2 （2）＝5.383　Pr＝0.0680

应当看到，农村老年人人际交往方面还有很大的提升空间。当前，电视等媒体占据了农村老年人大量的闲暇时间，可谓实现了良好的"人机交流"，但机器毕竟不能替代人的功能，老年人的心灵、情感和倾诉诉求主要应当来自社会支持。老年人建立和拓展积极的人际关系，拥有良好的社交圈子和伙伴关系，才会产生愉悦的心理效应，从而有利于精神健康。

4. 教育需求

教育没有年龄限制，现代社会，老年人依然是受教育的重要群体，享有接受教育的机会和权利。老年教育作为实现积极老龄化的重要途径已经引起全社会的普遍关注①。世界老年大会通过的《国际老龄行动计划2002》特别强调，教育是老年人积极而充实的生活的重要基础，是促进老年人社会参与，实现老年人健康和福祉的基本条件②。研究显示，老年人接受教育不仅能够获得知识，更是老年人生活得更开心，获得更高生活满意度的有效途径③。因为，老年人在教育学习的过程中能够培养沟通与合作的能力，增强自信和自尊，促进人际交往和社会参与，发挥自身的智慧和才能，展现社会价值，改善身心健康，从而提升生活满意度和幸福感④。

我们在浙江的调查显示，71.21%的农村老年人表示愿意参与村里组织的老年人学习活动，其中男性明显高于女性，前者为78.68%，后者为63.75%。卡方检验显示，性别与老年人参与学习的意愿之间具有显著相关性（参见表3-35）。这表明大多数农村老年人具有较强的教育学习需求，不过，这种需求的满足能否成为现实，显然要受到老年人身心健康程度和文化程度的影响。

表3-35　农村老年人参与学习的意愿　　　　　　　　单位：人

被访者性别	愿意	不愿意	总计
男	251	68	319
	78.68%	21.32%	100%
女	204	116	320
	63.75%	36.25%	100%

① 王英、谭琳：《"非正规"老年教育与老年人社会参与》，《人口学刊》2009年第4期。
② 联合国：国际老龄行动计划2002. http://www. un. org /chinese /events /ageing /decl. html.
③ 林艳、陈章明：《社会互动与老年人生活满意度相关性研究》，《中国老年学杂志》2007年第12期。
④ 陈乃林、孙孔懿：《终身教育的一项紧迫课题——关于我国老年教育的若干思考》，《教育研究》1998年第3期。

被访者性别	愿意	不愿意	总计
总计	455	184	639
	71.21%	28.79%	100%

Pearson chi2（1）= 17.38　Pr = 0.000

调查显示，部分老年人对于学习持比较悲观的评价，55.87% 的老年人认为记忆力差，肯定学不好；43.46% 的老年人认为自己笨手笨脚，学习不好会被人笑话；37.70% 的老年人认为学习没用，不必浪费时间和精力；而另外有 42.63% 的老年人觉得没有必要去尝试新鲜事物（参见表 3 - 36）。这些情况表明老年人虽然具有较强的教育需求，但对待继续教育又存在明显的心理障碍，通常表现为对自身的身心状况不自信，害怕失败，不敢挑战，同时对自身接受教育的可能效果缺乏应有的积极认知。

表 3 - 36　农村老年人对参与学习的主观评价　　　　单位:%

主观评价指标	合理			不合理		
	男	女	合计	男	女	合计
老年人记忆力差，学习肯定学不好	49.53	62.19	55.87	50.47	37.81	44.13
老年人笨手笨脚，学习不好被人笑话	35.96	50.94	43.46	64.04	49.06	56.54
老年人学习也没什么用，何必浪费时间	25.63	49.69	37.70	74.37	50.31	62.30
人老了干什么都不行，何必费劲去尝试新事物	33.65	51.58	42.63	66.35	48.42	57.37

5. 政治需求

近年来，学术界对农民政治需求和政治参与的研究转向深入，研究农民的政治参与成为学术热点①。不过，农村老年人群体的政治需求和政治参与方面的研究却还相对滞后，学术界对农民的政治参与研究很少关注老年人这一特殊群体。政治参与权利是每个公民的基本权利，老年人的政治需求应该受到重视，

---

① 　王志强：《当前中国农民政治参与研究综述》，《中国农村观察》2004 年第 4 期。

政治需求是老年人一项重要的精神需求。老年人在长期的生活生产实践中，积累了丰富的政治、社会经验，可通过行使政治权利参与社会活动，亦能丰富晚年生活，提升个体生活满意度。农民的政治参与可分为制度性政治参与和非制度性政治参与，村委会选举、参加村民会议、与各级干部联系和接触等属于制度性政治参与，集体上访告状、依法抗争等则属于非制度性政治参与①。华中师范大学中国农村研究院 2011 年的《中国农民状况发展报告》显示，60 岁以上农民的参与投票率为 78.9%，参加村民会议的比例为 53.9%，在村民会议上提出过意见或建议的比例为 29.1%，对村务、财务、政务进行过监督的比例为 26.3%，农村老年人的政治参与度甚至高于青年农民。

本书主要从制度性政治参与的角度对当前农村老年人的政治需求和参与情况进行了测量。为此，调查设计了三个测量指标，分别为老年人群体利益相关的政治参与、村级层面的政治参与以及村级层面以外的政治参与。

（1）与老年人群体利益相关的政治参与

徐勇指出，支配和影响农民政治参与的动机主要是利益机制，这种利益既包括集体公利、小团体共利，也包括个体私利②。农村老年人的政治需求，其中一个重要的促发点应当是老年人群体自身的集体公利，比如寻求老年人群体遭遇的现实困难的制度性解决等。对浙江的调查显示，有近 50% 的农村老年人愿意代表村里的老年人向上级反映老年人的困难，从性别上看，男性明显多于女性，前者占 59%，后者为 40% 左右（参见表 3-37）。当被问及"如果有人组织向上级反映老年人困难，您愿意参加吗"，有 73.51% 的老年人表示愿意，性别上也是男性高于女性，前者为 80.63%，后者为 66.35%（参见表 3-38）。卡方检验显示，性别与代表老年人群体反映困难以及参与老年人群体反映困难都存在显著相关性，男性在与老年人群体利益相关的政治参与方面的意愿比女性更强。

---

① 郭正林：《当代中国农民政治参与的程度、动机及社会效应》，《社会学研究》2003 年第 3 期。

② 徐勇：《利益与体制：民主选举背后的变数分析》，载《徐勇自选集》，华东理工大学出版社 1999 年版，第 298—299 页。

表3－37　农村老年人代表老年人群体反映困难的意愿　　　单位：人

被访者性别	愿意	不愿意	总计
男	188	130	318
	59.12%	40.88%	100%
女	127	191	318
	39.94%	60.06%	100%
总计	315	321	636
	49.53%	50.47%	100%

Pearson chi2（1）＝23.40　Pr＝0.000

表3－38　农村老年人参与老年人群体反映困难的意愿　　　单位：人

被访者性别	愿意	不愿意	总计
男	258	62	320
	80.63%	19.38%	100%
女	211	107	318
	66.35%	33.65%	100%
总计	469	169	638
	73.51%	26.49%	100%

Pearson chi2（1）＝16.69　Pr＝0.000

（2）村级层面的政治参与

村域是农村老年人生活的基本场域单位，因此考察老年人在村级层面的政治参与将是十分必要的，其中主要包括参与村委会选举、对村务的关心程度等方面。浙江调查显示，曾经参加过村委会选举的老年人占58.29%，男性的比例高于女性，前者为65.62%，后者为50.95%，卡方检验显示，性别与是否参与村委会选举存在显著相关性（参见表3－39）。在对村务的关心程度方面，52.29%的农村老年人表示关心村里的村务公开情况，其中男性为64.89%，女性为39.49%，卡方检验同样显示出性别与是否关心村务公开情况存在显著相关性（参见表3－40）。

表 3 - 39 农村老年人参与村委会选举的经历 　　　　单位：人

被访者性别	参加过	没有	总计
男	208	109	317
	65.62%	34.38%	100%
女	161	155	316
	50.95%	49.05%	100%
总计	369	264	633
	58.29%	41.71%	100%

Pearson chi2 （1） = 14.00 Pr = 0.000

表 3 - 40 农村老年人对村务的关心程度 　　　　单位：人

被访者性别	关心	不关心	总计
男	207	112	319
	64.89%	35.11%	100%
女	124	190	314
	39.49%	60.51%	100%
总计	331	302	633
	52.29%	47.71%	100%

Pearson chi2 （1） = 40.92 Pr = 0.000

（3）村级层面以外的政治参与

除了村级层面之外，政府参与还应体现为更广泛的参与类型，本研究设计了"是否知晓现任中国总理"的问题，以考察农村老年人对国家层面的政治议题的关注程度。调查显示，有66.20%的农村老年人知道现任中国总理是谁，其中男性的比例为83.13%，女性为49.38%，男性大大高于女性，卡方检验显示出性别与对中国总理的知晓情况存在显著相关性（参见表3-41）。

表3-41　农村老年人对中国总理的知晓度　　　　单位：人

被访者性别	知道	不知道	总计
男	266	54	320
	83.13%	16.88%	100%
女	159	163	322
	49.38%	50.62%	100%
总计	425	217	642
	66.20%	33.80%	100%

Pearson chi2（1）=81.68　Pr=0.000

总体上看，农村老年人的政治需求还是比较强烈的，只是囿于政治参与的渠道狭窄、社会对老年人价值的认知存在偏见等诸多现实因素的限制，农村老年人的政治参与还存在很大的提升空间。国家和社会应为农村老年人的政治参与创造条件、搭建平台，促进老年人政治权利的更良好保障。

6. 自我实现需求

自我实现意味着创造潜能的充分发挥，希望自身的价值能够获得承认。我国老年人权益保障法中的"老有所为"可以看作是国家层面对老年人自我实现需求的重视和强调。与其他精神需求相比，农村老年人的自我实现需求更可能被忽视，其满足的情况更是不容乐观①。老年阶段是个体生命的衰老阶段，很容易产生孤独感、失落感等负面情绪，如果老年人量力而行，适当参与社会活动，挖掘自身存在的潜能，将对老年生活发挥诸多积极效应，从而提升生活满意度和主观幸福感。

本书不是从正面直接测量老年人的自我实现需求，而是设计了两个相关联的问题从侧面进行测量，即列出一些老年人的普遍性特征，然后让农村老年人回答自己是否与之符合。在对"是否觉得越老越不中用"的回答中，有29.35%的老年人觉得自己符合（参见表3-42）；而在对"是否经常感到老了没事干、日子难打发"的回答中，只有19.05%的老年人觉得自己比较符合，且在性别上没有表现出明显的差异（参见表3-43）。这反映出多数农村老年人对自身的能

---

① 张静：《中国老年人的需求分析——以马斯洛的需求层次理论为切入点》，《思茅师范高等专科学校学报》2010年第4期。

力持积极乐观的看法，认为自己还有较高的社会价值，表现出较强的自我实现意愿。

表3-42 农村老年人对"是否觉得越老越不中用"的看法 单位：人

被访者性别	像	有时像	不好说	不像	总计
男	76	101	77	61	315
	24.13%	32.06%	24.44%	19.37%	100%
女	108	109	54	41	312
	34.62%	34.94%	17.31%	13.14%	100%
总计	184	210	131	102	627
	29.35%	33.49%	20.89%	16.27%	100%

Pearson chi2（3）= 13.82   Pr = 0.00300

表3-43 农村老年人对"老了没事干、日子难打发"的看法 单位：人

被访者性别	像	有时像	不好说	不像	总计
男	55	101	51	110	317
	17.35%	31.86%	16.09%	34.70%	100%
女	65	94	63	91	313
	20.77%	30.03%	20.13%	29.07%	100%
总计	120	195	114	201	630
	19.05%	30.95%	18.10%	31.90%	100%

Pearson chi2（3）= 4.119   Pr = 0.249

当然，也应当看到，许多老年人对自身价值的认同度并不稳定，加之目前国家和社会主要将对老年人的关注点放在基本物质生活的保障方面，因此，如何让老年人的晚年价值得到更充分的发挥，实现马斯洛意义上的更高层次的需求，将是一项长期且艰巨的社会工程。需要注意的是，当前有将精神需求简单等同于单一情感需求的现象，这无疑忽视了自我实现需求的重要性，应当促进从"单一情感需求满足"向"兼顾激发生命潜能"的自我实现需求的有效

转变①。

（二）精神文化生活现状

随着经济社会发展水平的有效提升，我国在改善农村老年人的生活质量方面取得了巨大的成就，老年人的物质生活水平显著提升，精神需求得到了适当关注。但总体上看，农村老年人精神文化生活在内容层次、参与程度、实际效应、供给主体等方面均存在诸多可进一步提升的空间。

1. 精神文化生活的内容层次

（1）内容单调

总体上看，我国农村老年人较多参加不受场地和条件影响的文化娱乐活动，体现出自我性和单一性的特点，例如看电视、听广播、散步，在需要一定文化程度、设施场地和经济基础的项目上，农村老年人的参与程度明显偏低②。2006年中国城乡老年人口状况追踪调查的数据显示，农村老年人逛公园和旅游的参与程度仅分别为2.1%和2.4%，远远低于城市老年人的36.4%和10.6%。

浙江调查显示，男性老年人与女性老年人掌握的文化娱乐活动方面存在较为显著的差异，男性老年人更多地愿意参与需要一定文化水平的娱乐项目，如男性老年人参与书法、绘画的比例为22.12%，明显高于女性老年人的4.78%，男性老年人会乐器的比例为12.22%，而女性老年人的仅为5.08%，男性上网的比例也高于女性（参见表3-44）。不过，女性在唱歌、唱戏、秧歌、跳舞等参与方面要高于男性。研究表明，男性老年人具有独立性和自主性，与人沟通交流方面要弱于女性老年人；而女性老年人则更加注重人际交往，具有合群性和集体性的特点。因此，男性老年人往往更喜欢参加个体性的文化娱乐项目，而女性老年人则更倾向于参加群体性特征明显的项目。

表3-44　农村老年人分性别掌握或爱好的文化娱乐项目　　　　单位：人

性别	乐器	书法、绘画	唱歌、唱戏	打球	武术、太极	秧歌、跳舞	下棋、打牌	上网
男	38	69	67	28	43	20	184	19
	12.22%	22.12%	21.41%	8.97%	13.78%	6.45%	58.79%	6.19%

① 穆光宗：《老龄人口的精神赡养问题》，《中国人民大学学报》2004年第4期。
② 王莉莉：《中国老年人闲暇活动参与状况及其影响因素分析》，《西北人口》2011年第3期。

性别	乐器	书法、绘画	唱歌、唱戏	打球	武术、太极	秧歌、跳舞	下棋、打牌	上网
女	16	15	79	6	26	59	72	10
	5.08%	4.78%	24.92%	1.92%	8.25%	18.55%	22.78%	3.17%
总计	54	84	146	34	69	79	256	29
	8.63%	13.42%	23.17%	5.44%	11.00%	12.58%	4C.70%	4.66%

伴随着年龄组的升高，农村老年人能够参与文化娱乐活动的比例明显降低，例如在60—70岁组老年人中，秧歌、跳舞的比例为21.09%，而到了80岁以上组，这一比例下降到了4.60%，下棋、打牌的比例也从低龄组的44.19%下降到了高龄组的34.48%（参见表3－45）。身体健康程度是影响老年人参加文化娱乐活动的基本因素，随着年龄的增加，老年人的身体机能逐渐下降，活动能力、视听水平等开始衰老，无疑会影响其参与闲暇活动。另外，低龄老年人的文化水平相对较高，参与需要一定文化基础的娱乐活动的能力会更强，如在上网、书法、绘画等方面，低龄老年人的参与率就明显高于高龄老年人。

表3－45　农村老年人分年龄掌握或爱好的文化娱乐项目　　　单位:%

性别	乐器	书法、绘画	唱歌、唱戏	打球	武术、太极	秧歌、跳舞	下棋、打牌	上网
60—70 岁	9.42	14.94	32.15	8.14	11.65	21.09	44.19	7.44
70—80 岁	7.79	12.55	13.79	3.46	11.26	3.95	38.36	1.77
80 岁以上	8.05	10.34	16.09	1.15	8.05	4.60	34.48	2.30
总计	8.63	13.42	23.17	5.44	11.00	12.58	40.70	4.66

调查显示，文化程度对老年人的文化娱乐活动也有显著影响。总体上看，文化程度高的农村老年人参与文化娱乐活动的比例一般会高于文化程度低的老年人。上网、书法、绘画等需要较高文化水平的活动，老年人的参与程度基本与文化程度成正比，文化程度越高，其参与率越高。

表 3 – 46 　　农村老年人分文化程度掌握或爱好的文化娱乐项目　　单位：%

性别	乐器	书法、绘画	唱歌、唱戏	打球	武术、太极	秧歌、跳舞	下棋、打牌	上网
没上过学	2.76	0.69	15.92	1.72	4.48	9.31	24.14	1.04
私塾	18.75	29.17	32.65	0.00	14.58	6.38	41.67	4.17
小学	7.94	13.68	26.04	7.34	13.16	15.79	52.36	3.78
初中	17.74	29.03	31.75	11.29	17.74	17.19	62.90	12.90
中专/高中	31.03	75.86	44.83	25.93	34.48	24.14	70.00	26.67
大专以上	50.00	50.00	25.00	25.00	50.00	25.00	75.00	25.00
总计	8.68	13.50	23.32	5.48	10.91	12.66	40.48	4.69

（2）层次较低

老年人的精神文化生活（闲暇活动）的结构是复杂的，可从不同的视角进行不同的划分。王雅林将闲暇活动方式分为创造型、求知型、娱乐型、空耗型、"反文明型"①。沈康荣更进一步将闲暇生活细分为一般消遣型、娱乐充实型、学习提高型、自我发展型，一般消遣型多以纯消遣的态度投入活动，如逛街、打牌等；娱乐充实型以娱乐为主要目的，也能体现出一定的思想性，如看电视、吹拉弹唱自娱活动等；学习提高型以提高自我主要目的，具有获取信息、艺术欣赏等主题性，如阅读书报、收听广播、体育锻炼等；自我发展型体现出个体对精神需求的深化，如参与公益性社会活动等②。沈康荣的类型划分体现出了精神文化生活的多层次性，基本上是一种从低层次到高层次的划分标准。

总体上看，农村老年人参与精神文化活动的层次较低。浙江调查显示，农村老年人参加频率最高的文化娱乐活动中，纯休息占 17.15%，看电视、听广播占 22.12%，打牌占 9.46%，这些是属于较低层次的一般消遣型和娱乐充实型的闲暇活动；而看书报杂志、体育锻炼等学习提高型的闲暇活动所占比例相对较低（参见表 3 – 47）。

---

① 　王雅林：《闲暇生活方式与个性发展》，《青年研究》1985 年第 1 期。
② 　沈康荣：《城市居民闲暇生活探略》，《社会》2000 年第 9 期。

表 3-47 农村老年人参加最多的文化娱乐活动 单位：人

首要的闲暇活动	家人聊天	邻居串门	电视广播	书报杂志	打牌麻将	逛街赶集	体育锻炼	宗教活动	休息	总计
男	31	62	89	30	34	5	6	5	48	310
	10.00%	20.00%	28.71%	9.68%	10.97%	1.61%	1.94%	1.61%	15.48%	100%
女	46	80	49	5	25	8	9	33	59	314
	14.65%	25.48%	15.61%	1.59%	7.96%	2.55%	2.87%	10.51%	18.79%	100%
总计	77	142	138	35	59	13	15	38	107	624
	12.34%	22.76%	22.12%	5.61%	9.46%	2.08%	2.40%	6.09%	17.15%	100%

Pearson chi2 (8) = 59.06 Pr = 0.000

2. 精神文化生活的参与程度

精神文化生活既反映了闲暇客体对主体的满足程度，也体现出主体的心理、生理对客体的需求与适应，这涉及主体的投入和参与问题。精神文化生活需要主体的深入参与才能更好地实现其积极功能。调查显示，农村老年人在精神文化生活参与的主动性、深入性和持续性等方面都有欠缺。

（1）缺乏参与的主动性

农村老年人在精神文化生活参与的积极性和主动性上还比较缺乏，其中一个重要的体现是，虽然许多老年人自己愿意参与特定的娱乐活动，但并不愿意带头组织老年人群体的活动，寄希望于他人组织和召集，不愿承担精神文化生活的公共责任，这体现出参与的被动性特征。浙江调查显示，表示愿意带头组织村里的老年人开展娱乐活动的老年人比例仅为42%左右，大多数老年人更愿意自主活动或者依附于他人的组织，女性比男性的意愿更低，性别与是否愿意带头组织娱乐活动之间存在显著相关性（参见表3-48）。

表 3-48 带头组织村里的老年人开展文化娱乐活动的意愿 单位：人

被访者性别	愿意	不愿意	总计
男	162	156	318
	50.94%	49.06%	100%
女	105	214	319
	32.92%	67.08%	100%

被访者性别	愿意	不愿意	总计
总计	267	370	637
	41.92%	58.08%	100%

Pearson chi2（1）＝21.26　Pr＝0.000

（2）缺乏参与的多元性

农村老年人参与精神文化生活的种类有限，2006 年中国城乡老年人口状况追踪调查显示，有近 8%的农村老年人没有参与过任何一项闲暇活动，年龄组越高，这一数据越高，80 岁以上高龄组是低龄组的两倍多，而女性的比例也要明显高于男性，前者为 10%，后者为 5.7%。分别有三成多的老年人参与一项或两项休闲活动，两成多的老年人参加三项及以上的休闲活动。分性别来看，女性老年人参加三项及以上休闲项目的比例（16.8%）要明显低于男性（32.2%）；分年龄组看，高龄组老年人参加多项活动的比例远远低于低龄组老年人（参见表 3 - 49）。

表 3 - 49　农村老年人参加闲暇活动的项目数量　　　　单位：%

项目		0 项	1 项	2 项	3 项及以上	合计
年龄	60—64	6.0	33.3	34.3	26.4	100.00
	65—69	6.4	29.9	37.0	26.7	100.00
	70—74	8.7	32.4	34.8	24.1	100.00
	75—79	8.3	35.1	33.0	23.6	100.00
	80 +	14.9	41.1	29.0	15.0	100.00
性别	男	5.7	29.1	33.0	32.2	100.00
	女	10.0	37.5	35.7	16.8	100.00
合计		7.9	33.3	34.3	24.4	100.00

资料来源：伍小兰：《农村老年人精神文化生活的现状分析和政策思考》，《人口与发展》2009 年第 4 期。

（3）缺乏参与的集体性

具有集体性质的精神文化活动能更好地满足老年人在社交、情感、归属、尊重等方面的需求①。农村老年人的精神文化生活主要以看电视、听广播为主，这类活动基本以个体独自的方式进行，很难实现与他人的直接沟通和互动，而看电影、看戏、逛公园、唱歌跳舞等参与性比较强的活动则开展得相对较少。调查显示，城市老年人精神文化生活的集体性要明显强于农村老年人（参见表），当然，这同城市老年人拥有相对充裕的空闲时间以及更为丰富的软硬件条件有关。

表3－50　城乡老年人参加闲暇活动的比较　　　　单位：%

农村		城市	
项目	百分比	项目	百分比
听广播、看电视	79.8	听广播、看电视	86.6
散步	49.3	散步	78.0
看电影、看戏	22.7	看电影、看戏	50.1
玩麻将（棋、牌）	14.5	玩麻将（棋、牌）	36.4
读书看报	9.8	读书看报	33.1
种花、养宠物	7.4	种花、养宠物	25.6
旅游	2.4	旅游	16.2
逛公园	2.1	逛公园	13.6
学用手机	2.1	学用手机	13.1
唱歌跳舞	1.2	唱歌跳舞	10.6
做保健操	0.8	做保健操	7.4
书画	0.5	书画	7.0
球类运动	0.4	球类运动	4.7
太极拳	0.3	太极拳	3.7
学电脑上网	2.9	学电脑上网	2.1

资料来源：伍小兰：《农村老年人精神文化生活的现状分析和政策思考》，《人口与发展》2009年第4期。

3. 精神文化生活的实际效应

（1）部分老年人孤独感比较突出

孤独感主要表现为某种程度的封闭心理，个体感觉到自身与外界交流不畅

---

① 伍小兰：《农村老年人精神文化生活的现状分析和政策思考》，《人口与发展》2009年第4期。

通或者感受到社会排斥所形成的孤伶苦闷的情感状态。通常情况下，偶然短暂的孤独感的负面效应不明显，不太会造成严重的心理障碍，但是，长时期、持续性的孤独感则可能促发某些情绪上的不适或障碍，从而容易降低个体的精神健康水平。浙江调查显示，有超过16%的农村老年人表示不喜欢与别人聊天，不愿意与别人交往，这可能是孤独感的一个具体表征或者说影响因素（参见表3-51）。通过更直接询问农村老年人是否经常感觉到孤独得到的结果是，有12.26%的老年人觉得很像，这部分老年人的孤独感显然是比较强烈的；另外有约26%的老年人觉得有时像，这部分老年人也需引起格外关注，因为他们是潜在的孤独感感受强烈的人群（参见表3-52）。

表3-51　农村老年人对"喜欢和别人聊天"的看法　　　　单位：人

被访者性别	像	有时像	不好说	不像	合计
男	166	87	33	30	316
	52.53%	27.53%	10.44%	9.49%	100%
女	187	91	24	17	319
	58.62%	28.53%	7.52%	5.33%	100%
合计	353	178	57	47	635
	55.59%	28.03%	8.98%	7.40%	100%

Pearson chi2（3）=6.342　Pr=0.096

表3-52　农村老年人对"经常觉得孤独"的看法　　　　单位：人

被访者性别	像	有时像	不好说	不像	合计
男	38	75	80	122	315
	12.06%	23.81%	25.40%	38.73%	100%
女	39	88	83	103	313
	12.46%	28.12%	26.52%	32.91%	100%
合计	77	163	163	225	628
	12.26%	25.96%	25.96%	35.83%	100%

Pearson chi2（3）=2.703　Pr=0.440

（2）老年人自我效能感有待提升

自我效能感通常意指个体对自身是否有能力去完成某种行为的自信程度。自我效能感不仅影响到个体对行为方式的选择，还会影响到个体的思维运用模式与情感反应模式，进而影响到个体的精神层面。在对"是否觉得越老越不中用"的回答中，有29.35%的老年人觉得自己符合（参见表3-42）；在对"无论遇到什么事都想得开"的回答中，有超过30%的老年人显示出负面情绪（参见表3-53）；而在对"老了是否与年轻时一样快活"时，有36.72%的农村老年人直接表示了否定的看法（参见表3-54）。通过对这些问题的了解，可以一定程度上反映出当前农村老年人在自我效能感方面存在诸多不适，这必定会影响到其晚年的生活质量和主观幸福感。

表3-53　农村老年人对"无论遇到什么事都想得开"的看法　　单位：人

被访者性别	像	有时像	不好说	不像	合计
男	120	105	72	19	316
	37.97%	33.23%	22.78%	6.01%	100%
女	112	102	71	31	316
	35.44%	32.28%	22.47%	9.81%	100%
合计	232	207	143	50	632
	36.71%	32.75%	22.63%	7.91%	100%

Pearson chi2（3）=3.206　Pr=0.361

表3-54　农村老年人对"老了与年轻时一样快活"的看法　　单位：人

被访者性别	像	有时像	不好说	不像	合计
男	61	75	73	108	317
	19.24%	23.66%	23.03%	34.07%	100%
女	54	50	85	123	312
	17.31%	16.03%	27.24%	39.42%	100%
合计	115	125	158	231	629
	18.28%	19.87%	25.12%	36.72%	100%

Pearson chi2（3）=7.272　Pr=0.064

4. 精神文化生活的供给主体

虽然精神文化生活的享有主体是老年人群体，但从理论上讲，供给主体应当是复合多元的，单一的供给模式往往难以有效回应老年人复杂多样的精神文化需求。总体上看，精神文化生活的供给主体方面还存在单一性、缺乏组织性、基础条件落后等现实困境。

（1）家庭作为供给主体显单一

农村老年人的网络关系主要是亲属关系，在老年人的日常生活中，亲属关系网络往往提供着最为重要的实际支持和情感支持。研究表明，农村老年人情感支持的提供主体中，子女的重要性居首，其次是配偶，然后是其他亲属及其兄弟姐妹①。浙江的调查显示，经常与家庭成员以外的人交往的老年人占55.07%，女性的比例（57.14%）略高于男性（52.98%），偶尔与家庭成员以外的人交往的比例为37.60%，还有7.33%的老年人很少同其他人交往（参见表3-33）。除了家庭之外，社区、邻里、同辈群体、政府、社会组织等本应能够提供更多元化社会支持的行动主体所发挥的作用并不十分显著，在家庭结构和家庭关系急剧变迁的今天，空巢老人、独居老人等农村老年人的生活模式已经成为普遍现象，过度依赖家庭的保障作用显然不太现实。

（2）缺乏系统有效的组织引导

老年人精神文化生活的满足，除了自身的主动参与之外，很大程度上取决于系统有效的组织引导。而农村基层组织对老年人的精神生活关注非常不足，地方政府和基层干部通常比较关心老年人的吃穿问题，很少关心他们的精神需求和精神文化生活；另一方面，非政府性质的农村老年人协会等自组织基础又十分薄弱，很难自下而上构建起老年人精神文化生活的组织平台，于是，农村老年人的精神文化生活基本处于自主自发的状态，那些自主意识相对薄弱的老年人可能就很少会参加休闲文化活动了。浙江调查显示，前一年村里集体组织过老年人文化娱乐活动的比例不足50%，大部分老年人只能"自娱自乐"。理论上讲，政府性质或者非政府性质老年人组织应当是农村老年人精神文化活动的重要载体，但调查发现，大约只有66%的村庄拥有自己的老年人组织（参见表3-55），这也是农村老年人精神文化生活缺乏组织性的重要因素。

---

① 贺寨平：《社会网络与生存状态：农村老年人社会支持网研究》，中国社会科学出版社，2004年，第77页。

表 3 – 55　农村老年人精神文化生活的组织状况　　单位：人

组织程度	有	没有	合计
去年村里是否组织过老年人文化娱乐活动	302	339	641
	47. 11%	52. 89%	100%
村里是否有老年人组织	419	219	638
	65. 67%	34. 33%	100%

（3）基础条件有待进一步改善

老年人参与精神文化活动需要外部条件的保障，研究表明，社会保障状况、文化活动设施等因素对老年人的闲暇活动参与状况有着显著影响○。浙江调查显示，阻碍农村老年人参加户外活动的首位因素中，缺乏活动场所所占比例最高（28.86%），其次是经济条件不允许（25.5%）（参见表 3 – 56）。这样一来，即使农村老年人具有参与的主观愿望，也会因为客观条件的诸多限制而影响到其对精神文化活动的参与。因此，不断提高老年人的经济收入水平、继续完善养老社会保障体制，是促使农村老年人更积极主动地参与到精神文化活动中来的最基本保障；与此同时，应当加快建设农村老年人文化活动设施的步伐，并针对老年人的自身特点，有针对性地开发适合老年人参与的活动内容和形式，满足不同类型老年人的多样化需求。

表 3 – 56　农村老年人参加户外活动的首要阻碍因素　　单位：人

被访者性别	没有空闲时间	经济条件不允许	交通不便	缺乏活动场所	受到其他人阻拦	其他	合计
男	50	85	30	90	6	39	300
	16. 67%	28. 33%	10%	30%	2%	13%	100%
女	46	67	44	82	11	46	296
	15. 54%	22. 64%	14. 86%	27. 70%	3. 72%	15. 54%	100%
合计	96	152	74	172	17	85	596
	16. 11%	25. 50%	12. 42%	28. 86%	2. 85%	14. 26%	100%

Pearson ＝ chi2（5）7. 340　Pr ＝ 0. 197

---

① 王莉莉：《中国老年人闲暇活动参与状况及其影响因素分析》，《西北人口》2011 年第 3 期。

（4）宗教的精神寄托作用明显

由于诸多主客观现实条件的限制，使得农村老年人的精神需求没有得到有效的满足，于是，诉诸宗教活动便成为农村老年人较为普遍的精神需求满足方式。有研究显示，当控制城乡、经济状况、代际关系等因素之后，宗教信仰对老年人的主观幸福感会产生显著影响，有宗教信仰或宗教归属的老年人的主观幸福感要强于无宗教信仰的老年人①。浙江调查显示，经常参加求神拜佛、抽签算卦等宗教迷信活动的老年人比例为21.34%，偶尔参加的比例为48.86%，尤其值得注意的是，在经常参加的农村老年人中，女性（36.07%）明显高于男性（6.8%），而从不参加的老年人中，则是男性（45.63%）明显高于女性（13.77%）。卡方检验显示，性别与农村老年人参加宗教迷信活动的频率存在显著相关性（参见表3-56）。虽然宗教迷信活动在满足农村老年人的精神需求方面能够起到积极作用，但封建迷信思想在农村老年人中的普遍流行同样应当引起社会的反思和重视。

表3-56 农村老年人参加宗教迷信活动的频率 单位：人

被访者性别	经常参加	偶尔参加	从不参加	合计
男	21	147	141	309
	6.80%	47.57%	45.63%	100%
女	110	153	42	305
	36.07%	50.16%	13.77%	100%
合计	131	300	183	614
	21.34%	48.86%	29.80%	100%

Pearson chi2（2）=114.1　Pr=0.000

---

① 王武林：《中国老年人的宗教信仰与主观幸福感》，《中国老年学杂志》2012年第12期。

第四章

农村老年人精神文化生活的影响因素分析

上一章的实证研究表明，我国农村老年人的精神需求满足情况和精神文化生活现状存在诸多现实问题，这反映了农村老年人精神生活质量尚有很大的提升空间。总体上分析，社会转型加速期和人口快速老龄化构成了农村老年人精神需求问题凸显的双重宏观背景。社会转型加速期带来的价值观念、规范体系和行为方式的流变必然会影响社会成员的处事原则和行为走向。与此同时，人口快速老年化无疑使这种社会流变对老年人群体的冲击更为强烈，老年人口成为社会变革效应的易感人群。在此大背景下，老年人精神生活质量无疑应当引起全社会的广泛关注和特别重视，老年人的精神保障刻不容缓。要想为农村老年人精神保障提供学理依据，在分析老年人精神需求满足现状和精神文化生活现状的基础上，显然还需要对老年人精神生活质量的影响因素进行深入探讨。

一、精神生活质量与精神生活满意度

探讨精神生活质量的影响因素，仅仅知道精神需求的满足情况和精神文化生活现状等相对模糊的指标是远远不够的，这些方面只能一定程度上反映出精神生活质量的基本态势或某个侧面，而难以作为反映整体的综合因变量直接使用。因此，对农村老年人精神文化生活的影响因素进行量化分析，首先需要解决精神生活质量的衡量指标问题。研究表明，如何准确衡量人的精神生活质量是相对困难的，原因在于无形的精神生活质量不同于有形的物质产品质量，它往往同人们的主观感受和体验相关联，展现出难以量化性、感受性和体验性的特点，故而难以制定出一套普遍通用的衡量指标①。为此，廖小琴提出可从精神生活特性、精神生活要求、精神发展程度和精神感受四个方面衡量人的精神生活质量②。本质上看，精神生活是现实的个人从内心对客观现实在认知基础上形成的体验、反思和诠释，在进行精神生活测量时必须能够反映其全面性③。但是，要使精神生活质量的衡量指标具有可操作性，除了能够全面覆盖人的精神生活质量的各个层面，还应该体现出测量的简洁性和量化的方便性。

为此，本书提出以精神生活满意度为测量精神生活质量的核心和整体性指标。主要理由如下：一方面，精神生活满意度能够反映出精神生活质量的全面性特征。人们对精神生活的满意程度实际上是对精神生活客观性的主观反映，在一定程度上结合了客观发展状况和主观体验好坏两个层面，能够较好地测量出人的精神生活质量。另一方面，精神生活满意度的测量相对简便明了，操作性强。精神生活的个体性、复杂性和模糊性等特征决定了对其测量显然不能过于纠缠细节，否则容易操作失当。精神生活满意度从测量层次上看，具有反映精神生活质量整体性的优势，与此同时，调查对象也不难理解精神生活满意度的基本意涵，每个个体都能从自身的角度对精神生活的满意程度进行体验和诠释，从而使该概念具有较强的可操作性和适用性。老年人精神生活满意度是以老年人现实精神生活条件为基础的主观心理感受，是老年人精神需求满足情况及其各种现实条件相互作用和彼此建构的结果，能够较好地反映老年人的整体精神生活状况。精神生活满意度表面上看似乎不是老年人精神生活质量的最终结果呈现，但其却是老年人精神生活结果在个体主观领域的最直接反映，是老年人对自身精神生活作出的全面性和整体性的总结与评价④。

目前，学术界对老年人精神生活满意度的相关研究尚不充分，主要集中在生活满意度这一上位概念的研究方面。总体上而言，学术界基本都是在马斯洛需求层次的框架内对老年人生活满意度的影响因素进行探讨。同钰莹研究发现，

---

① 廖小琴：《精神生活质量的衡量标准再探讨》，《探索》2007 年第 2 期。
② 廖小琴：《精神生活质量的内涵及衡量尺度初探》，《理论与改革》2005 年第 5 期。
③ 王秀敏、张梅：《现代人精神生活质量内涵的理性阐释》，《理论与改革》2008 年第 3 期。
④ Cummins RA. The comprehensive quality of life scale manual（5th ed.）. Melbourne：Deakin University，Psychology Center，1997：35 – 37.

社会劳务和劳务储蓄能令老年人感受到心理充实，有利于提升其生活满意度①。林艳、陈章明探讨了老年人之间的社会互动和资源交换过程对其生活满意度的影响机制②。郭文斌通过温州老年人调查数据的分析，得出参与社会活动程度、子女孝顺、城乡、身体活动能力、经济收入等都是老年人生活满意度的影响因素③。金岭利用上海市老年人口状况的跟踪调查数据，分析得出经济状况④和健康状况是影响老年人生活满意度的重要依据。骆为祥、李建新考察了年龄因素对老年人生活满意度的影响，年岁的上升对老年人的生活满意度既有积极影响也有消极影响，但总体上看，年龄对生活满意度的正向作用超过了负向作用⑤。也有学者为跳出马斯洛的需求层次的研究框架进行了尝试。李建新、骆为祥从参照群体和相对比较的视角出发，考察了老年人纵向比较和横向比较对自身生活满意度的影响，研究发现，老年人生活满意度不仅受到自身状况的改善，也取决于生活期望的实现和自己相对于他人的社会地位⑥。

近年来，也有一些学者专门研究了农村老年人群体生活满意度的影响因素。陈彩霞利用北京市城乡老年人生活状况的调查数据，对北京市城乡老年人的生活满意度展开了比较分析，结果表明，在经济、医疗、照料等方面，城镇老年人的生活满意度要高于农村老年人⑦。王萍、李树茁利用安徽省农村老年人生活状况跟踪调查数据，考察了代际支持对农村老年人生活满意度的影响，结果发现，子女的经济支持、代际间双向的家务互助和情感支持有效提升了老年人的生活满意度⑧。杨金龙利用全国 5 省 90 个村庄的实地调查数据研究发现，村域社会资本和家庭因素对农村老年人生活满意度均有显著影响，村域社会资本

① 同钰莹：《亲情感对老年人生活满意度的影响》，《人口学刊》2000 年第 4 期。
② 林艳、陈章明：《社会互动与老年人生活满意度相关性研究》，《中国老年学杂志》2007 年第 12 期。
③ 郭文斌：《老年人生活满意度及其影响因素——以温州为例》，《社会科学家》2008 年第 2 期。
④ 金岭：《老年人生活满意度的影视因素及其比较分析》，《人口与经济》2011 年第 2 期。
⑤ 骆为祥、李建新：《老年人生活满意度年龄差异研究》，《人口研究》2011 年第 6 期。
⑥ 李建新、骆为祥：《社会、个体比较中的老年人口生活满意度研究》，《中国人口科学》2007 年第 4 期。
⑦ 陈彩霞：《北京市城乡老年人生活状况和生活满意度的比较》，《市场与人口分析》2003 年第 3 期。
⑧ 王萍、李树茁：《代际支持对农村老年人生活满意度影响的纵向分析》，《人口研究》2011 年第 1 期。

存量越高，老年人的生活满意度越高①。高歌、高启杰基于河南省的调研数据，发现在影响老年人生活满意度的五组变量中，生活状况的作用最大，其次是身体状况和精神状况，再次是个人基本特征，令人意外的是，经济状况的影响似乎并不显著②。

在探讨老年人生活满意度的过程中，必然会涉及对精神生活满意度的关注。不过，由于这种研究取向基本是从总体上对生活满意度进行讨论，由于要兼顾讨论的全面性，从而决定了其对精神生活满意度的"附带式"分析往往难以深入具体，也凸显不了精神生活满意度考察的独立性和重要性。近年来，已有不少学者开始关注老年人精神生活满意度的议题。孙鹃娟利用2005年北京市老年人精神文化现状调查数据分析得出，北京市老年人自评的精神生活满意度与客观物质条件、健康状况等呈正相关，与年龄等变量则呈现非常复杂的相关关系，人际关系、集体活动参与情况等因素都明显对老年人精神生活满意度产生影响③。总体上看，当前对农村老年人精神生活满意度的系统实证研究还非常缺乏，对其影响因素的探讨亦并不深入。

农村老年人精神生活满意度的影响因素毫无疑问是多方面的，会受到老年人内在的个体性特征和外在的家庭、社区、社会支持等社会性特征因素的综合影响。本章以农村老年人精神生活满意度为核心考察对象，为此，实地调查问卷中专门设计了"精神生活满意度自评项"这一主观指标，影响农村老年人精神生活满意度的指标分为8个层面，分别为：①个体基本特征，包括性别、年龄、文化程度、婚姻状况；②经济状况，包括主要收入来源、是否有劳动收入、是否享有养老金或养老补贴、收入水平、收入的自评情况、经济状况的担心程度；③生活状况，包括是否有单独居住的房间、居住方式、身边是否有子女同住、日常生活设施；④身心健康状况，包括是否使用辅助工具、是否有慢性病、室内活动是否需要他人帮助、室外活动是否需要他人帮助、健康状况的自评情况、是否感觉孤单、是否感觉越老越不中用、是否有诉说心事的对象；⑤家庭

① 杨金龙：《村域社会资本、家庭亲和对老年人生活满意度影响的实证分析》，《统计与决策》2013年第15期。

② 高歌、高启杰：《农村老年人生活满意度及其影响因素分析——基于河南省叶县的调研数据》，《中国农村观察》2011年第3期。

③ 孙鹃娟：《北京市老年人精神生活满意度和幸福感及其影响因素》，《中国老年学杂志》2008年第3期。

关系，包括子女的生活状况、子女是否陪其说话聊天、家庭是否和睦、是否担忧子女、子女是否孝顺、儿媳妇是否孝顺；⑥邻里关系与社区照料状况，包括到邻居家串门频率、与别人关系是否融洽、村里是否有老年人组织、村里是否有老年人活动场所、村里是否有社区服务项目、村里是否派人探望；⑦社会文化背景，包括人们是否尊重老年人、老年人在村里的地位；⑧文化娱乐生活，包括是否有闲暇生活技能与特长、去年是否出去旅游、平时是否看电视。

　　本章运用STATA12统计分析工具，首先采用单因素分析方式对影响农村老年人精神生活满意度的因素进行分析，具体操作方法为：将8组自变量分别与因变量精神生活满意度进行交叉讨论，分析不同的自变量与因变量之间可能存在的关系，并通过卡方检验考察这种关系是否显著相关；此后在交叉分析的基础上进行多因素分析，运用多元线性回归模型对影响农村老年人精神生活满意度的因素进行综合探讨。

二、农村老年人精神生活满意度的单因素分析

　　在被调查的638位农村老年人中，对精神生活持一般满意的比例最高，达到了46.71%，其次是比较满意，占28.21%，不太满意的比例为14.58%，很满意的比例为8.46%，很不满意的比例为2.04%。

（一）个体特征与精神生活满意度

1. 性别与精神生活满意度

　　性别与精神生活满意度的交叉分析表明，男性持很满意（9.75%）和比较满意（31.45%）的比例要高于女性（7.19%、25%），不过，卡方检验显示，性别与精神生活满意度不存在显著相关性（参见表4-1）。

表4-1　性别与精神生活满意度的交叉分析（N=638）　　　　　单位:%

被访者性别	精神生活满意度					
	很不满意	不太满意	一般	比较满意	很满意	合计
男	2.52	13.21	43.08	31.45	9.75	100

续表

被访者性别	精神生活满意度					
	很不满意	不太满意	一般	比较满意	很满意	合计
女	1.56	15.94	50.31	25	7.19	100
合计	2.04	14.58	46.71	28.21	8.46	100
Pearson chi2 (4) =6.897　Pr=0.141						

2. 年龄与精神生活满意度

年龄组与精神生活满意度的交叉分析表明，低龄组老年人（60—70岁）对自身精神生活比较满意的比例最高（31.86%），中龄组老年人（70—80岁）对自身精神生活很满意的比例要高于其他年龄组老年人，高龄组老年人（80岁以上）持很满意和比较满意的比例最低，但差距并不明显，另外，高龄组老年人认为不太满意的比例为19.32%，也是三个年龄组中最高的。不过，卡方检验显示，总体上年龄组与精神生活满意度不存在显著相关性（参见表4－2）。

表4－2　年龄组与精神生活满意度的交叉分析（N=638）　　单位：%

年龄分组	精神生活满意度					
	很不满意	不太满意	一般	比较满意	很满意	合计
60—70岁	1.89	15.14	42.59	31.86	8.52	100
70—80岁	2.58	12.02	50.21	26.18	9.01	100
80岁以上	1.14	19.32	52.27	20.45	6.82	100
合计	2.04	14.58	46.71	28.21	8.46	100
Pearson chi2 (8) =9.617　Pr=0.293						

3. 文化程度与精神生活满意度

文化程度与精神生活满意度的交叉分析表明，中专或高中及以上文化水平的农村老年人对精神生活表示很满意和比较满意的比例最高，分别为19.44%和41.67%；没上过学的农村老年人对精神生活表示很满意和比较满意的比例最低，分别只有3.79%和20%；很不满意的比例也是没上过学的老年人最高（3.1%）。卡方检验显示，文化程度与精神生活满意度之间存在显著相关性，显著性水平为0.1%（参见表4－3）。

表 4 - 3 文化程度与精神生活满意度的交叉分析（N = 634） 单位：%

文化程度	精神文化生活满意度					
	很不满意	不太满意	一般	比较满意	很满意	合计
没上过学	3.10	15.52	57.59	20.00	3.79	100
私塾/小学	0.82	15.64	39.92	32.51	11.11	100
初中	1.54	10.77	33.85	41.54	12.31	100
中专/高中及以上	2.78	8.33	27.78	41.67	19.44	100
合计	2.05	14.67	46.69	28.23	8.36	100

Pearson chi2 (12) = 51.15 Pr = 0.000

4. 婚姻状况与精神生活满意度

婚姻状况与精神生活满意度的交叉分析表明，有配偶且同住的农村老年人对精神生活很满意和比较满意的比例都最高，分别为 9.28% 和 32.99%；有配偶但是分居的农村老年人的精神生活比较满意和很满意的总比例与无配偶的老年人几乎一致，约为 27%，这表明拥有住在一起的配偶对农村老年人的精神生活质量会起到积极作用。卡方检验显示，婚姻状况与农村老年人精神生活满意度之间存在显著相关性，显著性水平为 5%（参见表 4 - 4）。

表 4 - 4 婚姻状况与精神生活满意度的交叉分析（N = 631） 单位：%

婚姻状况	精神文化生活满意度					
	很不满意	不太满意	一般	比较满意	很满意	合计
有配偶同住	2.58	12.11	43.04	32.99	9.28	100
有配偶分居	4.55	13.64	54.55	18.18	9.09	100
无配偶	0.90	19.00	52.04	20.81	7.24	100
合计	2.06	14.58	46.59	28.21	8.56	100

Pearson chi2 (8) = 18.85 Pr = 0.016

（二）经济状况与精神生活满意度

1. 收入来源与精神生活满意度

农村老年人的第一位收入来源与精神生活满意度的交叉分析表明，第一位收入来源是自己劳动所得的老年人对精神生活满意度很满意的比例最高

（12.12%），其次是靠社会养老保险金的老年人（8.55%）；第一位收入来源是社会养老保险金的老年人对精神生活满意度比较满意的比例最高（40.17%），其次是依靠自己劳动所得的老年人（26.84%）。卡方检验显示，首位收入来源与农村老年人精神生活满意度之间存在显著相关性，显著性水平为5%（参见表4－5）。

表4－5　首位收入来源与精神生活满意度的交叉分析（N＝615）　单位：%

首位收入来源	精神生活满意度					
	很不满意	不太满意	一般	比较满意	很满意	合计
自己劳动所得	0.87	13.85	46.32	26.84	12.12	100
儿子供养	3.41	13.66	51.71	24.88	6.34	100
领取政府救济金	0	19.05	52.38	23.81	4.76	100
社会养老保险金	1.71	15.38	34.19	40.17	8.55	100
女儿提供	4.17	8.330	70.83	12.50	4.17	100
其他	0	35.29	29.41	35.29	0	100
合计	1.95	14.63	46.50	28.29	8.62	100

Pearson chi2（20）＝36.79　Pr＝0.012

另外，老年人自己是否有劳动收入与精神生活满意度的交叉分析表明，有劳动收入的农村老年人的精神生活很满意（8.96%）和比较满意（31.94%）的比例都要高于没有劳动收入的老年人。不过，卡方检验显示，是否有劳动收入与老年人精神生活满意度之间不存在显著相关性（参见表4－6）。

表4－6　是否有劳动收入与精神生活满意度的交叉分析（N＝634）　单位：%

是否有劳动收入	精神生活满意度					
	很不满意	不太满意	一般	比较满意	很满意	合计
有	0.90	14.03	44.18	31.94	8.96	100
没有	3.34	15.38	49.16	24.08	8.03	100
合计	2.05	14.67	46.53	28.23	8.52	100

Pearson chi2（4）＝9.279　Pr＝0.054

老年人是否享受养老金与精神生活满意度的交叉分析表明，享受养老金的农村老年人精神生活很满意（9.89%）和比较满意（32.97%）的比例都要明显高于没有享受养老金的老年人。卡方检验显示，是否享受养老金与老年人精神生活满意度之间存在显著相关性，显著性水平为5%（参见表4-7）。

表4-7　是否享受养老金与精神生活满意度的交叉分析（N=636）　单位：%

是否享受政府或集体的养老金	精神生活满意度					
	很不满意	不太满意	一般	比较满意	很满意	合计
有	1.92	15.38	39.84	32.97	9.89	100
没有	2.21	13.60	55.51	22.06	6.62	100
合计	2.04	14.62	46.54	28.30	8.49	100

Pearson chi2 (4) = 17.13　Pr = 0.002

2. 收入水平与精神生活满意度

经济收入水平方面，基本上呈现出收入水平越高，农村老年人精神生活很满意和比较满意的比例越高，具体而言，年现金收入在5000元以上的农村老年人精神生活很满意的比例最高（20.59%），其次是4000—5000元组（10%）；4000—5000元组农村老年人精神生活比较满意的比例最高（46%），其次是5000元以上组（32.35%）；1000元以下组老年人精神生活很满意的比例最低，只有不到4%。卡方检验显示，经济收入水平与农村老年人精神生活满意度之间存在显著相关性，显著性水平为0.1%（参见表4-8）。

表4-8　经济收入水平与精神生活满意度的交叉分析（N=627）　单位：%

经济收入水平	精神生活满意度					
	很不满意	不太满意	一般	比较满意	很满意	合计
1000元以下	1.98	19.80	55.45	18.81	3.96	100
1000—2000元	2.75	16.51	57.80	18.35	4.59	100
2000—3000元	2.75	20.18	52.29	16.51	8.26	100
3000—4000元	7.50	7.50	60.00	20.00	5.00	100
4000—5000元	1.00	9.50	33.50	46.00	10.00	100
5000元以上	0	13.24	33.82	32.35	20.59	100
合计	2.070	14.51	46.25	28.55	8.61	100

Pearson chi2 (20 =) 87.58　Pr = 0.000

3. 经济状况自评与精神生活满意度

经济状况的自评设置了两个相关性问题，即钱是否够花和对经济状况的担心程度。钱是否够花与精神生活满意度的交叉分析表明，很满意的比例从相当困难到相当充裕而有余呈现出明显的依次递增的趋势，比例从 0 递增到 15.82%；比较满意也基本呈现出逐级递增的趋势，认为钱相当充裕的农村老年人对精神生活比较满意的比例最高（38.98%），稍有困难和相当困难的比例最低，分别为 17.09% 和 17.65%。卡方检验的结果显示，钱是否够花与农村老年人精神生活满意度之间存在显著相关性，显著性水平为 0.1%（参见表 4 - 9）。

表 4 - 9　钱是否够花与精神生活满意度的交叉分析（N = 635）　　单位：%

钱是否够花	精神生活满意度					
	很不满意	不太满意	一般	比较满意	很满意	合计
相当充裕而有余	2.26	8.47	34.46	38.98	15.82	100
大致够用	2.47	15.43	47.53	27.16	7.41	100
稍有一点困难	0.85	17.95	62.39	17.09	1.71	100
相当困难	0	41.18	41.18	17.65	0	100
合计	2.05	14.65	46.46	28.35	8.50	100

Pearson chi2（12）= 59.85　Pr = 0.000

经济状况担心程度与精神生活满意度的交叉分析表明，随着对自身经济状况担心程度的加深，农村老年人对精神生活很满意的比例逐渐降低，由毫不担心的 29.13% 降低为很担心的 0；对经济生活比较满意的比例也基本呈现出这种趋势，比例最高的为毫不担心（34.95%），比例最低的为比较担心（13.79%）。卡方检验的结果显示，经济状况的担心程度与精神生活满意度之间存在显著相关性，显著性水平为 0.1%（参见表 4 - 40）。

表 4 - 10　经济状况担心程度与精神生活满意度的交叉分析（N = 636）　单位：%

是否担心经济状况	精神生活满意度					
	很不满意	不太满意	一般	比较满意	很满意	合计
很担心	4.76	28.57	42.86	23.81	0	100

是否担心经济状况	精神生活满意度					
	很不满意	不太满意	一般	比较满意	很满意	合计
比较担心	3.45	27.59	55.17	13.79	0	100
有点担心	1.28	16.67	59.62	20.51	1.92	100
不太担心	2.35	13.42	43.96	33.22	7.05	100
毫不担心	0.97	4.85	30.10	34.95	29.13	100
合计	2.04	14.62	46.54	28.30	8.49	100

Pearson chi2（16）=111.5　Pr=0.000

（三）生活状况与精神生活满意度

1. 住房状况

住房状况主要考察独立生活的空间对农村老年人精神生活是否会产生影响。是否拥有单独居住的房间与精神生活满意度的交叉分析表明，有单独居住房间的农村老年人精神生活很满意（7.82%）和比较满意（27.48%）的比例反而比没有单独居住房间的老年人要低；不太满意的比例则是没有单独居住房间的老年人要高（20.95%）。卡方检验显示，是否有单独居住的房间与农村老年人精神生活满意度之间存在显著相关性，显著性水平为5%（参见表4-11）。

表4-11　是否有单独居住的房间与精神生活满意度的交叉分析（N=629）

单位：%

是否有单独居住的房间	精神生活满意度					
	很不满意	不太满意	一般	比较满意	很满意	合计
有	2.48	13.17	49.05	27.48	7.82	100
没有	0	20.95	35.24	32.38	11.43	100
合计	2.07	14.47	46.74	28.30	8.43	100

Pearson chi2（4）=11.93　Pr=0.018

2. 居住方式

居住方式主要考察老年人与谁同住以及身边是否有子女两方面因素是否对其精神生活满意度产生影响。与谁同住与精神生活满意度的交叉分析显示，与配偶及子女同住的农村老年人精神生活很满意的比例最高（10.6%），其次是与配偶同住（9.16%）；比较满意比例最高的是与配偶同住（32.82%），其次是与配偶及子女同住（27.87%）。不过卡方检验显示，与谁同住与老年人精神生活满意度之间并不存在显著相关性（参见表4－12）。

表4－12　与谁同住与精神生活满意度的交叉分析（N＝636）　　单位：%

与谁住在一起	精神生活满意度					
	很不满意	不太满意	一般	比较满意	很满意	合计
独居	0	14.63	51.22	26.83	7.32	100
配偶	2.67	12.21	43.13	32.82	9.16	100
儿女	2.50	15.83	54.17	20.83	6.67	100
配偶及儿女	2.46	15.57	43.44	27.87	10.6	100
养老院或敬老院	0	44.44	33.33	22.22	0	100
合计	2.04	14.47	46.70	28.30	8.49	100

Pearson chi2（16）＝20.23　Pr＝0.210

身边有子女的农村老年人精神生活很满意的比例（9.16%）略高于身边没有子女的老年人（6.16%），而比较满意则呈现基本相反的趋势。卡方检验显示，身边是否有子女与精神生活满意度之间不存在显著相关性性（参见表4－13）。

表4－13　身边是否有子女与精神生活满意度的交叉分析（N＝637）　　单位：%

身边是否有子女	精神生活满意度					
	很不满意	不太满意	一般	比较满意	很满意	合计
有	2.04	14.66	46.23	27.90	9.16	100
没有	2.05	14.38	47.95	29.45	6.16	100
合计	2.04	14.60	46.62	28.26	8.48	100

Pearson chi2（4）　＝1.368　Pr＝0.850

3. 日常生活设施

在日常生活设施方面，本研究考察了有线电视和互联网对农村老年人精神生活的影响。家里是否有有线电视与农村老年人精神生活满意度的交叉分析显示，家里有有线电视的老年人精神生活很满意的比例与没有有线电视的老年人的比例基本相当，而比较满意方面，前者（30.16%）则明显高于后者（15.91%），几乎达到了两倍左右。卡方检验显示，家里是否有有线电视与农村老年人精神生活满意度之间存在显著相关性，显著性水平为5%。

表4-14 家里是否有有线电视与精神生活满意度的交叉分析（N=635）单位:%

是否有有线电视	精神生活满意度					
	很不满意	不太满意	一般	比较满意	很满意	合计
有	2.19	12.80	46.44	30.16	8.41	100
没有	1.14	23.86	50.00	15.91	9.09	100
合计	2.05	14.33	46.93	28.19	8.50	100

Pearson chi2（4）=12.60 Pr=0.0130

在家里能否上网方面，能够上网的农村老年人精神生活很满意的比例（16.11%）明显高于家里不能上网的老年人（6.19%），比较满意的比例也是前者（34.90%）明显高于后者（25.98%），这说明互联网对增进老年人的精神生活质量具有正向作用。卡方检验显示，家里能够上网与农村老年人精神生活满意度之间存在显著相关性，显著性水平为0.1%（参见表4-15）。

表4-15 家里能否上网与精神生活满意度的交叉分析（N=634） 单位:%

家里能否上网	精神生活满意度					
	很不满意	不太满意	一般	比较满意	很满意	合计
能够	0.67	10.74	37.58	34.90	16.11	100
不能够	2.47	15.46	49.90	25.98	6.19	100
合计	2.05	14.35	47.00	28.08	8.52	100

Pearson chi2（4）=23.66 Pr=0.000

（四）身心健康状况与精神生活满意度

1. 身体健康状况

老年人身患慢性疾病的相对比较普遍，考察慢性病与精神生活满意度的关系非常有必要。交叉分析显示，没有慢性病的农村老年人精神生活很满意的比例（11.37%）明显高于患有慢性病的老年人（7.74%）；没有慢性病的农村老年人精神生活比较满意的比例（34.12%）同样明显高于患有慢性病的老年人（24.36%）。卡方检验显示，慢性病与农村老年人精神生活满意度之间存在显著相关性，显著性水平为0.1%（参见表4－16）。

表4－16　慢性病与精神生活满意度的交叉分析（N=632）　　单位：%

是否有慢性病	精神生活满意度					
	很不满意	不太满意	一般	比较满意	很满意	合计
有	1.15	16.33	50.43	24.36	7.74	100
没有	2.37	9.00	43.13	34.12	11.37	100
不知道	5.56	23.61	40.28	27.78	2.78	100
合计	2.06	14.72	46.84	28.01	8.39	100

Pearson chi2（8）= 26.81　　Pr = 0.001

室内活动是否需要他人帮助与精神生活满意度的交叉分析显示，当农村老年人的室内活动不需要他人帮助时，精神生活很满意的比例为8.87%，这一比例虽然不是很高，但相比需要他人帮助的这一比例为0而言，还是突显出了室内活动不需要他人帮助的重要性。室内活动不需要他人帮助的老年人精神活动比较满意的比例（28.24%）也要高于需要帮助的老年人（22.22%）。卡方检验显示，室内活动是否需要他人帮助与精神生活满意度之间存在显著相关性，显著性水平为5%（参见表4－17）。

表4－17　室内活动是否需要他人帮助与精神生活满意度的交叉分析（N=636）

单位：%

室内活动是否需要他人帮助	精神生活满意度					
	很不满意	不太满意	一般	比较满意	很满意	合计
需要	0	33.33	44.44	22.22	0	100
不需要	2.13	13.79	46.96	28.24	8.87	100
合计	2.04	14.62	46.86	27.99	8.49	100

Pearson chi2（4）= 10.09　　Pr = 0.0390

室外活动是否需要他人帮助与精神生活满意度的交叉分析显示，不需要他人帮助的农村老年人精神生活很满意的比例为9.14%，这一比例要明显高于室外活动需要他人帮助的老年人（1.82%）。比较满意方面也呈现一致的情形，不需要帮助的老年人精神生活比较满意的比例为29.14%，而需要帮助的老年人则为16.36%。卡方检验显示，室外活动是否需要他人帮助与精神生活满意度之间存在显著相关性，显著性水平为5%（参见表4-18）。

表4-18 室外活动是否需要他人帮助与精神生活满意度的交叉分析（N=635）

单位：%

室外活动是否 需要他人帮助	精神生活满意度					
	很不满意	不太满意	一般	比较满意	很满意	合计
需要	1.82	18.18	61.82	16.36	1.82	100
不需要	2.07	14.31	45.34	29.14	9.14	100
合计	2.05	14.65	46.77	28.03	8.50	100

Pearson chi2 (4) = 9.534　Pr = 0.0490

健康状况的自评状况是老年人对自身健康程度的主观评价，其与精神生活满意度的交叉分析显示，健康状况自评越好的农村老年人，其精神生活满意度很满意的比例越高，比例从很差的0上升为很好的23.68%；比较满意也基本呈现相似的趋势。健康状况自评很差的老年人精神生活不太满意和很不满意的比例则较高，分别为43.75%和6.25%。卡方检验显示，健康状况自评与农村老年人精神生活满意度之间存在显著相关性，显著性水平为0.1%（参见表4-19）。

表4-19 健康状况自评与精神生活满意度的交叉分析（N=634） 单位：%

健康状况 自评	精神生活满意度					
	很不满意	不太满意	一般	比较满意	很满意	合计
很差	6.25	43.75	50	0	0	100
较差	2.11	18.95	51.58	24.21	3.16	100
一般	1.74	17.07	57.84	18.82	4.53	100
较好	2.02	8.59	30.81	43.94	14.65	100
很好	2.63	5.26	34.21	34.21	23.68	100
合计	2.05	14.67	46.85	27.92	8.52	100

Pearson chi2 (16) = 101.6　Pr = 0.000

2. 心理健康状况

心理健康层面以是否有诉说心事的对象、是否经常觉得孤独以及是否觉得越老越不中用为考察指标。是否有诉说心事的对象与精神生活满意度的交叉分析显示，有诉说心事的对象与没有诉说心事的对象二者在精神生活很满意的比例上基本持平，前者为 8.22%，后者为 8.63%；但在比较满意的比例方面，则是有诉说心事对象的老年人的比例（33.56%）明显高于没有诉说心事的老年人（16.75%），前者为后者的两倍左右。卡方检验显示，是否有诉说心事的对象与农村老年人精神生活满意度之间存在显著相关性，显著性水平为 0.1%（参见表 4-20）。

表 4-20　是否有诉说心事的对象与精神生活满意度的交叉分析（N=635）

单位：%

是否有诉说心事的对象	精神生活满意度					
	很不满意	不太满意	一般	比较满意	很满意	合计
有	2.74	11.64	43.84	33.56	8.22	100
没有	0.51	21.32	52.79	16.75	8.63	100
合计	2.05	14.65	46.61	28.35	8.35	100
Pearson chi2（4）=27.91　Pr=0.000						

是否经常觉得孤独与精神生活满意度的交叉分析显示，不感觉孤独的农村老年人精神生活很满意的比例（15.5%）明显高于经常觉得孤独的老年人（3.95%）；比较满意方面也呈现相同的趋势，不觉得孤独的农村老年人精神生活比较满意的比例（34.67%）明显高于经常觉得孤独的老年人（7.89%）。卡方检验显示，是否经常觉得孤独与农村老年人精神生活满意度之间存在显著相关性，显著性水平为 0.1%（参见表 4-21）。

表 4-21　是否经常觉得孤独与精神生活满意度的交叉分析（N=626）　单位：%

是否经常觉得孤独	精神生活满意度					
	很不满意	不太满意	一般	比较满意	很满意	合计
像	5.26	31.58	51.32	7.89	3.95	100
有时像	2.45	20.86	50.31	23.93	2.45	100
不好说	0	11.73	49.38	32.10	6.79	100

是否经常觉得孤独	精神生活满意度					
	很不满意	不太满意	一般	比较满意	很满意	合计
不像	2.22	7.11	40.44	34.67	15.5	100
合计	2.08	14.86	46.65	27.96	8.47	100

Pearson chi2（12）=77.76　Pr = 0.000

本研究用是否觉得越老越不中用考察农村老年人的自我效能感，这是心理健康的重要方面。交叉分析显示，不觉得自己越老越不中用的农村老年人精神生活很满意的比例（17.65%）要明显高于自我效能感低的老年人（5.46%）。比较满意方面也呈现相同的趋势，不觉得越老越不中用的老年人精神生活比较满意的比例（34.31%）高于自我效能感低的老年人（19.67%）。卡方检验显示，自我效能的高低与农村老年人精神生活满意度之间存在显著相关性，显著性水平为0.1%（参见表4-22）。

表4-22　是否觉得越老越不中用与精神生活满意度的交叉分析（N=625）

单位：%

是否觉得越老越不中用	精神生活满意度					
	很不满意	不太满意	一般	比较满意	很满意	合计
像	1.64	22.95	50.27	19.67	5.46	100
有时像	0.95	17.14	50.48	24.76	6.67	100
不好说	1.54	6.15	44.62	39.23	8.46	100
不像	5.88	6.86	35.29	34.31	17.65	100
合计	2.08	14.88	46.72	27.84	8.48	100

Pearson chi2（12）=58.20　Pr = 0.000

（五）家庭关系与精神生活满意度

（1）子女生活状况

子女生活状况主要考察子女生活的现实情况和老年人对子女生活是否担心。子女生活现状与精神生活满意度的交叉分析显示，子女生活较好的农村老年人精神生活很满意的比例（15.61%）明显高于子女生活不太好的老年人

（3.03%）。比较满意方面，子女生活较好的农村老年人精神生活比较满意的比例（34.18%）也要大大高于子女生活不太好的老年人（9.09%）。卡方检验显示，子女生活现状与农村老年人精神生活满意度之间存在显著相关性，显著性水平为0.1%（参见表4-23）。

表4-23　子女生活现状与精神生活满意度的交叉分析（N=626）　单位:%

子女生活状况	精神生活满意度					
	很不满意	不太满意	一般	比较满意	很满意	合计
较好	2.95	14.35	32.91	34.18	15.61	100
一般	1.69	12.92	54.49	26.40	4.49	100
不太好	0	27.27	60.61	9.09	3.03	100
合计	2.08	14.22	46.65	28.43	8.63	100

Pearson chi2（8）=51.13　Pr=0.000

是否担忧子女与精神生活满意度的交叉分析显示，担心子女的农村老年人精神生活很满意的比例（4.92%）要显著低于不担忧子女的老年人（11.26%）。比较满意方面，担心子女的农村老年人精神生活比较满意的比例（26.52%）也要低于不担心子女的老年人（29.67%）。卡方检验显示，是否担心子女与农村老年人精神生活满意度之间存在较为显著的相关性，显著性水平为5%（参见表4-24）。

表4-24　是否担忧子女与精神生活满意度的交叉分析（N=628）　单位:%

是否担忧子女	精神生活满意度					
	很不满意	不太满意	一般	比较满意	很满意	合计
是	1.89	16.29	50.38	26.52	4.92	100
否	2.20	12.91	43.96	29.67	11.26	100
合计	2.07	14.33	46.66	28.34	8.60	100

Pearson chi2（4）=10.33　Pr=0.035

2. 亲子关系

亲子关系包括子女的孝顺程度、儿媳妇的孝顺程度、家庭总体的和睦程度以及子女是否经常陪老年人聊天等方面。子女平时是否陪老年人聊天与精神生活满意度的交叉分析显示，经常有子女陪其聊天的农村老年人精神生活很满意和比较满意的比例最高，分别为 16.32% 和 36.32%，很少有子女陪其聊天的老年人的精神生活很满意和比较满意的比例最低，分别为 2.86% 和 16.43%。卡方检验显示，子女平时是否陪老年人聊天与农村老年人精神生活满意度之间存在显著相关性，显著性水平为 0.1%（参见表 4-25）。

表 4-25 子女平时是否陪其聊天与精神生活满意度的交叉分析（N=628） 单位：%

子女平时是否陪您聊天	精神生活满意度					
	很不满意	不太满意	一般	比较满意	很满意	合计
经常	5.26	7.89	34.21	36.32	16.32	100
偶尔	0.35	13.24	50.52	29.62	6.27	100
很少	1.43	23.57	55.71	16.43	2.86	100
从不	0	27.27	36.36	27.27	9.09	100
合计	2.07	14.17	46.50	28.66	8.60	100

Pearson chi2（12）=71.09 Pr=0.000

子女孝顺程度与精神生活满意度的交叉分析显示，子女很孝顺的农村老年人精神生活很满意的比例最高（24.35%），明显高于其他老年人；比较满意方面，子女很孝顺的农村老年人精神生活比较满意的比例达到了 40.87%，也是大大高于其他老年人，子女不孝顺的农村老年人精神生活比较满意的比例最低，只有不到 10%。卡方检验显示，子女孝顺程度与农村老年人精神生活满意度之间存在显著相关性，显著性水平为 0.1%（参见表 4-26）。

表 4-26 子女孝顺程度与精神生活满意度的交叉分析（N=629） 单位：%

子女孝顺程度	精神生活满意度					
	很不满意	不太满意	一般	比较满意	很满意	合计
很孝顺	5.22	5.22	24.35	40.87	24.35	100
孝顺	1.60	14.10	48.40	30.05	5.85	100
一般	0	22.05	60.63	14.96	2.36	100
不孝顺	9.09	27.27	45.45	9.09	9.09	100
合计	2.07	14.31	46.42	28.62	8.59	100

Pearson chi2（12）=100.7 Pr=0.000

儿媳妇作为外嫁进门的成员，相比子女而言，其与农村老年人的关系往往有所不同。交叉分析显示，儿媳妇很孝顺的农村老年人精神生活很满意的比例最高，达到了31.51%，大大高于其他老年人，尤其不孝顺的比例为0。比较满意方面，儿媳妇很孝顺和孝顺的老年人精神生活比较满意的总比例达到了63.14%，而不孝顺的比例仅为7.14%。卡方检验显示，儿媳妇孝顺程度与农村老年人精神生活满意度之间存在显著相关性，显著性水平为0.1%（参见表4-27）。

表4-27　儿媳孝顺程度与精神生活满意度的交叉分析（N=610）　　单位:%

儿媳妇孝顺程度	精神生活满意度					
	很不满意	不太满意	一般	比较满意	很满意	合计
很孝顺	2.74	6.85	30.14	28.77	31.51	100
孝顺	1.55	9.29	47.06	34.37	7.74	100
一般	2.50	24.00	52.00	18.50	3.00	100
不孝顺	7.14	35.71	50	7.14	0	100
合计	2.13	14.43	46.72	27.87	8.85	100

Pearson chi2（12）=98.99　Pr=0.000

家庭和睦程度可以从总体上反映出老年人的家庭状况。家庭和睦程度与精神生活满意度的交叉分析显示，感到家庭和睦的农村老年人精神生活很满意的比例（9.35%）明显高于家庭不和睦的老年人（1.61%）。感到家庭和睦的老年人精神生活比较满意的比例（29.98%）亦大大高于家庭不和睦的老年人（16.13%）。卡方检验显示，家庭和睦程度与精神生活满意度之间存在显著相关性，显著性水平为0.1%（参见表4-28）。

表4-28　家庭和睦程度与精神生活满意度的交叉分析（N=629）　　单位:%

家庭是否和睦	精神生活满意度					
	很不满意	不太满意	一般	比较满意	很满意	合计
是	2.29	12.87	45.50	29.98	9.35	100
否	0	29.03	53.23	16.13	1.61	100
合计	2.07	14.47	46.26	28.62	8.59	100

Pearson chi2（4）=19.87　Pr=0.001

（六）邻里关系及社区照料状况与精神生活满意度

1. 邻里关系

老年人邻里关系的测量运用了老年人到邻居家串门频率和与别人关系融洽程度两个指标。交叉分析显示，经常到邻居家串门的老年人精神生活很满意的比例（10.51%）要高于偶尔（7.09%）和从不（6.38%）到邻居家串门的比例。比较满意也呈现出相同的趋势，经常到邻居家串门的老年人精神生活比较满意的比例为34.24%，明显高于偶尔串门（23.05%）和从不串门（19.15%）的老年人。卡方检验显示，到邻居家串门的频率与农村老年人精神生活满意度之间存在显著相关性，显著性水平为1%（参见表4-29）。

表4-29　到邻居家串门频率与精神生活满意度的交叉分析（N=624）　单位：%

是否经常到邻居家串门	精神生活满意度					
	很不满意	不太满意	一般	比较满意	很满意	合计
经常	3.39	12.20	39.66	34.24	10.51	100
偶尔	0.71	15.96	53.19	23.05	7.09	100
从不	2.13	14.89	57.45	19.15	6.38	100
合计	2.08	14.10	47.12	28.04	8.65	100

Pearson chi2（8）= 23.31　Pr = 0.003

老年人与别人关系的融洽程度与精神生活满意度的交叉分析显示，与别人关系较好的老年人精神生活很满意的比例最高（10.79%），与别人关系不好的老年人很满意的比例为0；比较满意方面，与别人关系较好的老年人精神生活比较满意的比例（34.05%）也要明显高于其他老年人，与别人关系不好的老年人此比例同样为0。卡方检验显示，同别人关系的融洽程度与农村老年人精神生活满意度之间存在显著相关性，显著性水平为0.1%（参见表4-30）。

表4-30　与别人关系的融洽程度与精神生活满意度的交叉分析（N=637）

单位：%

与别人的关系	精神生活满意度					
	很不满意	不太满意	一般	比较满意	很满意	合计
好	2.40	10.31	42.45	34.05	10.79	100

与别人的关系	精神生活满意度					
	很不满意	不太满意	一般	比较满意	很满意	合计
一般	1.39	21.76	55.56	17.59	3.70	100
不好	0	75	25	0	0	100
合计	2.04	14.60	46.78	28.26	8.32	100

Pearson chi2（8）=52.97　Pr=0.000

2. 社区照料

社区照料包括自组织组建情况、老年人活动场所、社区上门服务以及组织性照料等方面。交叉分析表明，村里有老年人组织的农村老年人精神生活很满意的比例（10.53%）要明显高于没有老年人组织的老年人（4.17%）。比较满意的比例也是有老年人组织（32.54%）的高于没有老年人组织（19.91%）的老年人。卡方检验显示，村里是否有老年人组织与农村老年人精神生活满意度之间存在显著相关性，显著性水平为0.1%（参见表4-31）。

表4-31　村里是否有老年人组织与精神生活满意度的交叉分析（N=634）

单位:%

村里是否有老年人组织	精神生活满意度					
	很不满意	不太满意	一般	比较满意	很满意	合计
有	2.63	11.96	42.34	32.54	10.53	100
没有	0.93	19.91	55.09	19.91	4.17	100
合计	2.05	14.67	46.69	28.23	8.36	100

Pearson chi2（4）=28.04　Pr=0.000

交叉分析表明，村里有老年人活动场所的农村老年人精神生活很满意的比例（9.66%）明显高于村里没有老年人活动场所的老年人（5.10%）。有老年人活动场所的老年人精神生活比较满意的比例（30.25%）也高于没有老年人活动场所的老年人（21.66%）。卡方检验显示，村里是否有老年人活动场所与农村老年人精神生活满意度之间存在显著相关性，显著性水平为1%（参见表4-32）。

表4-32 村里是否有老年人活动场所与精神生活满意度的交叉分析（N=633）

单位：%

村里是否有老年人活动场所	精神生活满意度					
	很不满意	不太满意	一般	比较满意	很满意	合计
有	2.52	14.92	42.65	30.25	9.56	100
没有	0.64	14.01	58.60	21.66	5.10	100
合计	2.05	14.69	46.60	28.12	8.53	100

Pearsonchi2（4）=14.54　Pr=0.006

交叉分析显示，村里有上门家务服务的农村老年人精神生活比较满意的比例（33.67%）要高于没有上门服务的老年人（26.88%），不过很满意则呈现出相反的趋势。卡方检验也显示，是否有上门家务服务与农村老年人精神生活满意度之间不存在显著相关性（参见表4-33）。

表4-33 村里是否有上门家务服务与精神生活满意度的交叉分析（N=630） 单位：%

是否有上门家务服务	精神生活满意度					
	很不满意	不太满意	一般	比较满意	很满意	合计
有	3.06	15.31	41.84	33.67	6.12	100
没有	1.88	14.66	47.56	26.88	9.02	100
合计	2.06	14.76	46.67	27.94	8.57	100

Pearsonchi2（4）=3.343　Pr=0.502

交叉分析显示，村里曾派人探望的农村老年人精神生活很满意的比例（10.46%）要高于没有派人探望的老年人（7.79%）；比较满意方面，村里曾派人探望的农村老年人精神生活比较满意的比例（32.68%）也要稍微高于没有人探望的老年人（26.11%）。不过，卡方检验显示，村里是否派人探望与农村老年人精神生活满意度之间并不存在显著相关性（参见表4-34）。

表4-34 村里是否曾派人探望与精神生活满意度的交叉分析（N=628） 单位：%

村里是否曾派人探望	精神生活满意度					
	很不满意	不太满意	一般	比较满意	很满意	合计
有	1.96	16.99	37.91	32.68	10.46	100

村里是否曾派人探望	精神生活满意度					
	很不满意	不太满意	一般	比较满意	很满意	合计
没有	2.11	14.11	49.89	26.11	7.79	100
合计	2.07	14.81	46.97	27.71	8.44	100

Pearsonchi2（4）=6.984　Pr=0.137

（七）社会文化背景与精神生活满意度

社会文化背景主要意指社会大众对待老年人的观念思想和行为方式。本研究主要从老年人的社会地位感知情况和被尊重感两方面进行探讨。交叉分析表明，当老年人感知的社会地位较高时，其精神生活很满意的比例（17.76%）明显高于社会地位感知较低的老年人（7.69%）。精神生活比较满意方面，也呈现相同的趋势，社会地位感知较高的老年人精神生活比较满意的比例（38.32%）要大大高于社会地位感知较低的老年人（15.38%）。卡方检验显示，农村老年人社会地位感知情况与其精神生活满意度之间存在显著相关性，显著性水平为0.1%（参见表4-35）。

表4-35　老年人社会地位感知与精神生活满意度的交叉分析（N=633）单位:%

老人在村里的地位	精神生活满意度					
	很不满意	不太满意	一般	比较满意	很满意	合计
比较高	2.80	7.48	33.64	38.32	17.76	100
一般	1.90	14.56	49.79	27.22	6.54	100
不高	1.92	28.85	46.15	15.38	7.69	100
合计	2.05	14.53	46.76	28.12	8.53	100

Pearsonchi2（8）=36.23　Pr=0.000

在老年人被尊重感方面，交叉分析表明，当老年人感觉被尊重时，其精神生活很满意的比例（10.91%）要略微高于被尊重感不强的老年人（10%）。但在比较满意方面，被尊重感强的老年人精神生活比较满意的比例（34.09%）则要大大高于被尊重感不强的老年人（16.67%）。卡方检验显示，农村老年人的被尊重感与其精神生活满意度之间存在一定相关性，显著性水平为5%（参见表

4 – 36）。

表 4 – 36 老年人被尊重感与精神生活满意度的交叉分析（N = 635） 单位：%

老年人被尊重感	精神生活满意度					
	很不满意	不太满意	一般	比较满意	很满意	合计
尊重	2.73	9.55	42.73	34.09	10.91	100
一般	1.82	16.36	49.35	25.45	7.01	100
不尊重	0	30.00	43.33	16.67	10.00	100
合计	2.05	14.65	46.77	28.03	8.50	100

Pearsonchi2（8） = 19.87 Pr = 0.011

（八）文化娱乐生活与精神生活满意度

理论上而言，文化娱乐生活与精神生活满意度具有直接关联性。交叉分析表明，首位闲暇活动为看书报杂志的农村老年人精神生活很满意的比例最高（22.86%），其次是看电视听广播（13.97%）、打牌打麻将（13.56%）和体育锻炼（13.33%），三者比例相差无几，比例最低的是宗教祭祀活动（2.63%）和休息什么也不干（2.83%）。比较满意方面几乎呈现出相同的趋势，也是看书报杂志的老年人的精神生活比较满意的比例最高（57.14%），其次是体育锻炼（46.67%）、打牌打麻将（33.90%）和看电视听广播（30.15%），比例最低的是逛街赶集（15.38%）、休息什么也不干（16.98%）和宗教祭祀活动（18.42%）。卡方检验显示，首位闲暇活动与农村老年人精神生活满意度之间存在显著相关性，显著性水平为 0.1%（参见表 4 – 37）。

表 4 – 37 首位闲暇活动与精神生活满意度的交叉分析（N = 620） 单位：%

首位闲暇活动	精神生活满意度					
	很不满意	不太满意	一般	比较满意	很满意	合计
和家人聊天	3.90	9.09	58.44	24.68	3.90	100
串门和邻居聊天	1.42	21.99	43.97	26.95	5.67	100
看电视或听广播	0	11.76	44.12	30.15	13.97	100
看书报杂志	2.86	0	17.14	57.14	22.86	100
打牌打麻将	3.39	11.86	37.29	33.90	13.56	100

续表

首位闲暇活动	精神生活满意度					
	很不满意	不太满意	一般	比较满意	很满意	合计
逛街赶集	0	23.08	53.85	15.38	7.69	100
体育锻炼	20.00	0	20.00	46.67	13.33	100
宗教祭祀活动	2.63	15.79	60.53	18.42	2.63	100
休息什么也不干	0.94	21.70	57.55	16.98	2.83	100
合计	2.10	15	46.61	27.74	8.55	100
Pearsonchi2（32）＝109.5　Pr＝0.000						

本项研究设计了 8 个闲暇娱乐项目，然后统计老年人了解和掌握的项目数，考察项目数的多少是否与老年人的精神生活满意度存在相关性。这 8 个项目分别为：①乐器；②书法、绘画；③唱歌、唱戏；④打球；⑤武术、太极；⑥秧歌、跳舞；⑦下棋、打牌、打麻将；⑧电脑上网。交叉分析表明，老年人精神生活很满意的比例随着其掌握休闲娱乐项目数的递增而增加，未掌握任何项目和仅掌握 1 个项目的老年人很满意的比例最低，仅为 5% 左右，掌握 2 个及以上项目的老年人精神生活很满意的比例都在 10% 以上。考虑到掌握 6 个及以上项目的老年人数很少，可能缺乏统计推断性，但 5 个项目以内精神生活比较满意的比例还是呈现出很满意一致的趋势。卡方检验显示，老年人掌握的文化娱乐项目数与其精神生活满意度之间存在显著相关性，显著性水平为 0.1%（参见表4－38）。

表 4－38　老年人掌握的文化娱乐项目数与精神生活满意度的交叉分析（N＝608）

单位：%

掌握的文化娱乐项目数量	精神生活满意度					
	很不满意	不太满意	一般	比较满意	很满意	合计
0	0.820	19.67	54.51	20.08	4.92	100
1	1.830	14.02	53.66	25.61	4.88	100
2	7.020	14.04	33.33	34.21	11.40	100
3	0	8.16	38.78	40.82	12.24	100
4	0	4.17	25.00	58.33	12.50	100

掌握的文化娱乐项目数量	精神生活满意度					
	很不满意	不太满意	一般	比较满意	很满意	合计
5	0	0	14.29	71.43	14.29	100
6	0	33.33	0	0	66.67	100
7	0	0	0	0	100	100
8	0	0	0	0	100	100
合计	2.14	15.30	46.88	27.80	7.89	100

Pearson chi2 （32） = 121.0　Pr = 0.000

电视是农村老年人日常生活中接触较多的休闲娱乐方式。老年人看电视的频率与精神生活满意度的交叉分析表明，经常看电视的农村老年人精神生活很满意的比例（11.5%）要明显高于偶尔看（6.99%）和很少看（3.67%）的老年人。比较满意方面，经常看电视的老年人的精神生活比较满意的比例达到了33.80%，而很少看电视的老年人的这一比例仅为不到12%。卡方检验显示，老年人看电视频率与其精神生活满意度之间存在显著相关性，显著性水平为0.1%（参见表4-39）。

表4-39　老年人看电视频率与精神生活满意度的交叉分析（N=625）　单位：%

看电视频率	精神生活满意度					
	很不满意	不太满意	一般	比较满意	很满意	合计
经常看	1.05	10.80	42.86	33.80	11.50	100
偶尔看	2.62	19.65	41.92	28.82	6.99	100
很少看	2.75	13.76	67.89	11.93	3.67	100
合计	1.92	14.56	46.88	28.16	8.48	100

Pearsonchi2 （8） =41.62　Pr = 0.000

外出旅游是城市老年人群体比较常见的休闲娱乐方式，对于农村老年人而言还不普及。浙江调查发现，在调查的636位农村老年人中，前一年曾外出旅游过的老年人有190位，比例接近30%，这表明旅游作为一种休闲方式已经逐渐在经济相对发达的农村普及开来。交叉分析显示，前一年曾外出旅游的农村老年人精神生活很满意的比例（16.84%）明显高于没有外出旅游的老年人（4.93%），比较满意方面也呈现相同的趋势。卡方检验显示，前一年是否外出旅游与农村老年人精神生活满意度之间存在显著相关性，显著性水平为0.1%（参见表4-40）。

表4-40　前一年是否出去旅游与精神生活满意度的交叉分析（N=636）单位：%

去年是否出去旅游	精神生活满意度					
	很不满意	不太满意	一般	比较满意	很满意	合计
有	3.16	8.95	31.05	40.00	16.84	100
没有	1.57	17.04	53.59	22.87	4.93	100
合计	2.04	14.62	46.86	27.99	8.49	100

Pearsonchi2（4）=58.28　Pr=0.000

宗教迷信活动频率与精神生活满意度的交叉分析显示，从不参加宗教迷信活动的老年人精神生活很满意的比例最高（13.19%），经常参加和偶尔参加的老年人很满意的比例反而比较低，分别为7.79%和5.67%。比较满意方面，也是从不参加宗教迷信活动的老年人的精神生活比较满意的比例最高（30.77%），经常参加宗教迷信活动的老年人比较满意的比例最低（21.54%）。卡方检验显示，老年人参与宗教迷信活动的频率与精神生活满意度存在较强的相关性，显著性水平为5%（参见表4-41）。

表4-41　老年人参与宗教迷信活动的频率与精神生活满意度的交叉分析（N=612）

单位：%

参与宗教迷信活动频率	精神生活满意度					
	很不满意	不太满意	一般	比较满意	很满意	合计
经常参加	1.54	19.23	50.00	21.54	7.69	100
偶尔参加	2.33	13.00	49.67	29.33	5.67	100
从不参加	1.10	14.84	40.11	30.77	13.19	100
合计	1.80	14.87	46.90	28.10	8.33	100

Pearsonchi2（8）=16.32　Pr=0.038

三、农村老年人精神生活满意度的多因素分析

在个体基本特征、经济状况、日常生活状况、身心健康、家庭关系、邻里关系与社区照料状况、社会文化背景和文化娱乐活动八组变量分别与农村老年人精神生活满意度进行交互分析的基础上，下面将运用多元线性回归模型对影响农村老年人精神生活满意度的因素进行多因素分析。在多元线性回归模型中，因变量为农村老年人的精神生活满意度，分为很不满意、不太满意、一般、比较满意、很满意五个维度。自变量依据交叉分析进行初步筛选，个体基本特征中性别和年龄与农村老年人精神生活满意度相关性不大，最终保留文化程度和婚姻状况两个二级变量；其他七组自变量除了那些卡方检验未通过的二级变量之外，其余大部分都分别显示出其与老年人精神生活满意度之间具有较强的相关性，因此七组变量总体上都予以保留。不过，为了分析的有效性和简洁性，最终并不是所有通过卡方检验的二级变量都纳入到回归方程中，而是卡方检验中显著性水平最高的入选；同时，高度相似的二级变量也有选择性地纳入回归方程。最终纳入回归方程的自变量列表如下：

表 4 - 41　多元线性回归的自变量体系

一级变量	二级变量	变量的操作化	变量说明
个体基本特征	文化程度	接受教育的程度	分类变量，回归分析时操作为虚拟变量
	婚姻状况	目前的婚姻状况	分类变量，回归分析时操作为虚拟变量
经济状况	收入来源	排位第一的收入来源	分类变量，回归分析时操作为虚拟变量
	收入水平	前一年的现金收入总额	定序变量：1000 以下 = 1，1000—2000 = 2；2000—3000 = 3；3000—4000 = 4；4000—5000 = 5；5000 以上 = 6
	经济状况自评	每个月钱的宽裕程度	定序变量：相当充裕 = 1；大致够用 = 2；略有一点困难 = 3；相当困难 = 4
		对今后经济状况的担心程度	定序变量：很担心 = 1；比较担心 = 2；有点担心 = 3；不太担心 = 4；毫不担心 = 5

续表

一级变量	二级变量	变量的操作化	变量说明
日常生活状况	住房状况	是否有单独居住的房间	分类变量，回归分析时操作为虚拟变量
	居住方式	现在与谁住在一起	分类变量，回归分析时操作为虚拟变量
身心健康状况	身体健康状况	是否有慢性病	分类变量，回归分析时操作为虚拟变量
		健康状况的主观评价	定序变量：很差=1；较差=2；一般=3；较好=4；很好=5
	心理健康状况	是否经常觉得孤独	定序变量：觉得=1；有时觉得=2；不好说=3；不觉得=4
		是否觉得越老越不中用	定序变量：觉得=1；有时觉得=2；不好说=3；不觉得=4
家庭关系	子女生活状况	子女生活的现状如何	定序变量：较好=1；一般=2；不太好=3
		是否担忧子女	分类变量，回归分析时操作为虚拟变量
	亲子关系	子女陪老年人聊天的频率	定序变量：经常=1；偶尔=2；很少=3；从不=4
		子女的孝顺程度	定序变量：很孝顺=1；孝顺=2；一般=3；不孝顺=4
		儿媳妇的孝顺程度	定序变量：很孝顺=1；孝顺=2；一般=3；不孝顺=4
		家庭是否和睦	分类变量，回归分析时操作为虚拟变量
邻里关系与社区照料状况	邻里关系	到邻居家串门的频率	定序变量：经常=1；偶尔=2；从不=3
		与别人关系的融洽程度	定序变量：好=1；一般=2；不好=3
	社区照料状况	村里是否有老年人组织	分类变量，回归分析时操作为虚拟变量
		村里是否有老年人活动场所	分类变量，回归分析时操作为虚拟变量
		村里是否有上门护理服务	分类变量，回归分析时操作为虚拟变量

续表

一级变量	二级变量	变量的操作化	变量说明
社会文化背景	社会地位	在村里的地位如何	定序变量：比较高 = 1；一般 = 2；不高 = 3
	尊重感知	社会尊重老年人的自我感知	定序变量：尊重 = 1；一般 = 2；不尊重 = 3
文化娱乐生活	主要闲暇活动	第一位的闲暇活动	分类变量，回归分析时操作为虚拟变量
	娱乐项目数量	掌握的娱乐项目数量	定比变量
	电视的影响	看电视的频率	定序变量：经常 = 1；偶尔 = 2；很少 = 3
	旅游的影响	前一年是否出去旅游	分类变量，回归分析时操作为虚拟变量
	宗教迷信的影响	参与宗教迷信活动的频率	定序变量：经常 = 1；偶尔 = 2；从不 = 3

表 4 - 42 农村老年人精神生活满意度的影响因素（N = 501）

变量		回归系数（Coef.）	标准误（Std. Err.）	示准回归系数（Beta）
个体基本特征	文化程度			
	没上过学（参照组）			
	私塾/小学	− 0.0161	0.0812	− .0088
	初中	− 0.0204	0.144	− .0067
	中专/高中及以上	− 0.0748	0.196	− .0185
	婚姻状况			
	有配偶同住（参照组）			
	有配偶分居	0.0492	0.205	.0104
	无配偶	− 0.136	0.169	− .0731

变量		回归系数 （Coef.）	标准误 （Std. Err.）	标准回归系数 （Beta）
经济状况	首位收入来源			
	自己劳动所得（参照组）			
	儿子供养	− 0.0715	0.0889	− .0389
	政府救济金	0.0127	0.227	.0024
	社会养老保险金	− 0.0216	0.105	− .0093
	女儿提供	− 0.105	0.188	− .0240
	其他	− 0.152	0.218	− .0283
	收入水平	0.0257	0.0260	.0489
	经济的宽裕程度	0.0284	0.0649	.0241
	经济状况的担心程度	0.202***	0.0495	.2214***
日常生活状况	单独居住的房间			
	有（参照组）			
	没有	0.147	0.0936	.0619
	与谁同住			
	独居（参照组）			
	配偶	− 0.240	0.170	− .1341
	儿女	− 0.115	0.116	− .0504
	配偶及儿女	− 0.332	0.180	− .1462
	养老院、敬老院	− 0.119	0.313	− .0159
身心健康状况	慢性病			
	有（参照组）			
	没有	0.0921	0.0863	.0488
	不知道	− 0.245*	0.120	− .0867*
	健康状况的主观评价	0.155**	0.0470	.1560**
	孤独感	0.134***	0.0391	.1586***
	自我效能感	0.00951	0.0393	.0111

变量		回归系数 （Coef.）	标准误 （Std. Err.）	标准回归系数 （Beta）
家庭关系	子女生活现状	0.00115	0.0729	.0007
	是否担忧子女			
	是（参照组）			
	否	−0.109	0.0781	−.0612
	子女陪老人聊天频率	0.0534	0.0582	.0459
	子女孝顺程度	−0.0198	0.0773	−.0147
	儿媳妇孝顺程度	−0.226***	0.0664	−.1732***
	家庭是否和睦			
	是（参照组）			
	否	0.0483	0.133	.0158
邻里关系与 社区照料	串门频率	−0.113	0.0678	−.0759
	与别人关系	−0.172*	0.0802	−.0956*
	是否有老年组织			
	有（参照组）			
	没有	−0.175*	0.0854	−.0941*
	是否有老人活动场所			
	有（参照组）			
	没有	−0.0300	0.0885	−.0148
	是否有老人上门护理			
	有（参照组）			
	没有	0.232	0.126	.0810
社会文化 背景	社会地位感知	−0.153	0.0821	−.0850
	社会尊重感知	0.0413	0.0746	.0258

续表

变量		回归系数（Coef.）	标准误（Std. Err.）	标准回归系数（Beta）
文化娱乐生活	首位闲暇活动			
	和家人聊天（参照组）			
	串门聊天	0.109	0.127	.0521
	看电视听广播	0.144	0.134	.0666
	看书报杂志	0.155	0.202	.0383
	打牌、打麻将	0.0983	0.152	.0337
	逛街赶集	−0.229	0.266	−.0362
	体育锻炼	−0.382	0.241	−.0714
	宗教祭祀	0.0113	0.176	.0033
	休息	0.00164	0.137	.0007
	掌握娱乐活动项目数	0.0404	0.0341	.0612
	看电视频率	−0.0192	0.0548	−.0163
	是否外出旅游			
	有（参照组）			
	没有	−0.0772	0.0846	−.0405
	求神拜佛频率	0.0167	0.0573	.0132
常数项		2.658**	0.527	
观测值		501		
拟合优度		0.366		
调整后的拟合优度		0.2983		

注：（1） $***$ $p < 0.001$，$**$ $p < 0.01$，$*$ $p < 0.05$。

回归模型的 F 检验显示，$F_{(48, 452)} = 5.43$，Prob > F = 0.0000，表明总体回归方程显著，即总体上看，八组解释变量与农村老年人精神生活满意度之间线性关系显著。调整后的拟合优度（Adj R − squared）为 0.2983，表明因变量农村老年人精神生活满意度变异中的 29.83% 可以由八组自变量与精神生活满意度之间的线性关系来解释；换言之，农村老年人精神生活满意度 29.83% 的差异是由这八组变量决定的，八组变量与精神生活满意度之间存在一定的线性关系。

具体而言，个体基本特征、日常生活状况、社会文化背景和文化娱乐生活四组一级变量不显著，经济状况、身心健康、家庭关系、邻里关系与社区照料状况四组一级变量都呈现出显著性。

（一）个体基本特征

文化程度方面，与文化程度为没上过学的农村老年人相比，受过私塾或小学教育的农村老年人精神生活满意度低 0.0161 个单位，初中教育的农村老年人精神生活满意度低 0.0204 个单位，而中专或高中及以上的农村老年人的精神生活满意度则要低 0.0748 个单位；婚姻状况方面，与婚姻状况为有配偶且同住的农村老年人相比，婚姻状况为有配偶但分居的农村老年人精神生活满意度要高 0.0492 个单位，无配偶的农村老年人精神生活满意度要低 0.136 个单位。总体上看，T 检验显示，在多元线性回归模型中个体基本特征与农村老年人精神生活满意度之间不存在显著相关性。

（二）经济状况

首位收入来源方面，与首位收入来源为自己劳动所得相比，首位收入来源为儿子供养的农村老年人精神生活满意度要低 0.0715 个单位，首位收入来源为领取政府救济金的精神生活满意度要高 0.0127 个单位，首位收入来源为社会养老保险金的精神生活满意度要低 0.0216 个单位，首位收入来源为女儿提供的要低 0.105 个单位。收入水平方面，收入水平每增加一个单位，农村老年人精神生活满意度增加 0.0257 个单位。经济状况的担心程度每减少一个单位，农村老年人精神生活满意度增加 0.202 个单位。回归系数的 T 检验显示，经济状况的担心程度与农村老年人精神生活满意度之间存在显著相关性（显著性水平为 $p < 0.001$）。

（三）日常生活状况

住房状况方面，与有单独居住的房间相比，没有单独居住房间的农村老年人精神生活满意度要高 0.147 个单位。居住方式方面，与独居农村老年人相比，与配偶住在一起的农村老年人精神生活满意度要低 0.240 个单位，与儿女住在一起的农村老年人精神生活满意度要低 0.115 个单位，与配偶及儿女住在一起的农村老年人精神生活满意度要低 0.332 个单位，在养老院或敬老院居住的农村老年人精神生活满意度要低 0.119 个单位。

（四）身心健康方面

慢性疾病方面，与有慢性病的农村老年人相比，没有慢性病的农村老年人精神生活满意度要高 0.0921 个单位，不知道自己是否患有慢性病的老年人精神生活满意度要低 0.245 个单位。健康状况的主观评价方面，主观评价每上升一个单位，农村老年人精神生活满意度就增加 0.155 个单位，T 检验显示，健康状况主观评价与农村老年人精神生活满意度之间存在显著相关性（显著性水平 $p < 0.01$）。孤独感方面，孤独感每减少一个单位，农村老年人精神生活满意度就增加 0.134 个单位，T 检验显示，孤独感与农村老年人精神生活满意度之间存在显著相关性（$p < 0.001$）。自我效能感方面，自我效能感每增加一个单位，农村老年人精神生活满意度就增加 0.00951 个单位。

（五）家庭关系方面

回归系数的 T 检验显示，儿媳妇的孝顺程度与农村老年人精神生活满意度之间存在显著相关性（显著性水平 $p < 0.001$），儿媳妇的孝顺程度每减少一个单位，农村老年人精神生活满意度就减少 0.226 个单位。在子女孝顺程度方面，子女孝顺程度每减少一个单位，农村老年人精神生活满意度就减少 0.0198 个单位，不过，T 检验并没有显示出子女孝顺程度与老年人精神生活满意度之间有较强的相关性。从标准回归系数来看，儿媳妇的标准回归系数为 0.1732，而子女的标准回归系数为 0.0147，前者大于后者，因此，作为嫁入夫家的儿媳妇，比子女对老年人精神生活满意度的影响更大。

（六）邻里关系与社区照料方面

串门频率方面，农村老年人串门频率每减少一个单位，其精神生活满意度就降低 0.113 个单位。人际关系方面，农村老年人的人际关系每减少一个单位，其精神生活满意度就降低 0.172 个单位。回归系数的 T 检验显示，村里是否有老年人活动场所和是否有上门护理服务与农村老年人精神生活满意度之间不存在显著相关性。而老年人组织则显著影响老年人的精神生活满意度（回归系数的 T 检验显著性水平 $p < 0.05$），与村里有老年人组织相比，村里没有老年人组织的农村老年人精神生活满意度要低 0.175 个单位。

（七）社会文化背景

社会地位方面，农村老年人社会地位感知每降低一个单位，其精神生活满意度就降低 0.153 个单位。而在社会尊重感知方面，农村老年人社会尊重感知每降低一个单位，其精神生活满意度就增加 0.0413 个单位，这与现实预期显然不符，可能是由于抽样误差造成。总体上看，社会文化背景因素对农村老年人精神生活满意度的影响不是很显著。

（八）文化娱乐生活方面

总体上看，在控制其他变量的情况下，没有数据显示文化娱乐生活对农村老年人精神生活满意度具有显著影响。但这并不意味着文化娱乐生活对于农村老年人精神生活满意度而言不重要。农村老年人掌握的娱乐项目数越多，其精神生活满意度越高。另外，与和家人聊天相比，串门聊天、看电视听广播、看书报杂志、打牌、打麻将等休闲娱乐活动对农村老年人精神生活满意度都具有正向作用。电视作为农村老年人重要的休闲活动也显示出重要性，老年人看电视的频率每减少一个单位，其精神生活满意度就降低 0.0192 个单位。是否外出旅游也显示出相同的作用，与有外出旅游的农村老年人相比，没有外出旅游的老年人的精神生活满意度要低 0.0772 个单位。

第五章

农村老年精神保障机制的建构原则

精神需要是人的基本需要，精神生活是人类生活的重要样态和人类独特的存在方式。精神生活与物质生活共同构成了人类生活的统一体。与其他年龄群体一样，老年人同样有着自己的精神需要和精神生活，对此，我们在第二章有过详细的讨论。养老就其实质而言，是老年人的需求与满足问题。老年保障机制实质上也就是老年人需求满足的保障和促进机制，它应该对老年人的需求给予全面的关照。精神保障是老年保障的重要组成部分，完善的老年保障应该是物质保障和精神保障的统一，建立农村老年人精神保障机制是完善我国老年保障机制的现实课题。本章将重点讨论农村老年精神保障机制的依据与建构原则。

一、建立农村老年精神保障机制的理论依据和现实基础

在物质保障之外提出精神保障的范畴，并不是多此一举，也不是无病呻吟，而是有着充分的理论依据和现实基础的。

（一）理论依据

老年精神保障制度的理论依据源于人的精神性。人不仅是一种物质性存在，也是一种精神性存在。精神需要是老年人的基本需要，精神生活是老年人生活的重要内容和存在形态。老年人精神需求的满足程度和精神生活质量直接影响老年人的整体生活质量，影响其生命质量和个人发展。

精神需要是人作为人的必然需要，是人类生活不可缺少的，具有客观普遍性。精神需要的客观普遍性要求政府和社会关注社会成员精神需要的客观状态，准确把握人们的精神生活，为社会成员精神需要的满足创造条件，引导和促进

其精神生活的发展与精神生活质量的提升。

作为一个特殊的年龄群体，老年人同样具有普遍而强烈的精神需要，同样追求高质量的精神生活。因此，老年保障体系应该对此给予充分的关注，不仅为老年人提供基本的物质生活条件，更要重视其精神需要的满足，维护和促进其精神健康。精神健康是健康的重要组成部分，对个体生活质量和社会经济发展有着直接的影响。美国心理专家麦金尼（F. Mckinney）曾经总结出精神健康的 8 个特征：有幸福感和安定感；各种身心机能健康；符合社会生活规范、自我行为和情绪适应社会；具有自我实现的理想和能力；人格统一和协调；积极地适应环境，具有现实的志向；有处理、调节人际关系的能力；具有应变调节人际关系的能力。① 从广义上理解，精神健康不只限于心理健康，也包括人的道德健康以及拥有健康的伦理价值观和人生观。"健康老龄化"是世界卫生组织在 1990 年提出的重要概念和应对老龄化战略，其标准是生理健康、精神健康和适应社会良好。2002 年联合国第二次世界老龄大会又提出了"积极老龄化"战略，"积极老龄化"强调继续参与社会、经济、文化、精神和公益事务。② 无论是"健康老龄化"还是"积极老龄化"都强调了心理健康、精神文化生活的重要，这些都为建立老年精神保障制度提供了理论依据。

从人权的角度看，建立老年精神保障制度也是十分必要的。文化权利是人的一项基本人权，其主体是现代人权观念中所指的普遍的人。老年人作为一个特殊的年龄群体，其生理、经济、社会等各方面可能遭遇一系列的"丧失"，呈现出一系列的"弱势性"，但从人权主体资格的角度看，其与其他年龄群体并无差异，同样平等地享有文化权利。这一点在联合国的《经济、社会和文化权利国际公约》里体现得非常清楚，在其条文中的"人人有权"的规定就明确确立了老年人的文化权利的主体地位。也就是说，文化权利是老年人的基本人权。③

从法律属性看，文化权利属于社会权。社会权是指公民有从社会获得基本生活条件、充分发展个体生产和生活能力的保障和良好地发展个体精神人格和社会人格的权利。一般认为，社会权与公民权利和政治权利等自由权不同，它

① 肖巍：《精神健康的伦理探索》，《江西师范大学学报（哲学社会科学版）》2006 年第 5 期。
② 王树新：《北京市人口老龄化与积极老龄化》，《人口与经济》2003 年第 4 期。
③ 周绍斌、张艳红：《论老年人的文化权利与政府责任》，《人口与经济》2010 年第 4 期。

是一种更加强调国家积极作为的权利。社会权以国家积极义务作为主要手段达到期待利益的保护、促成和提供，以国家的消极义务作为次要手段达到现有利益的尊重。① 联合国人权委员会教育权特别报告员卡塔琳娜·托马斯瑟夫斯基在分析国家在经济、社会和文化权方面的义务时，认为政府义务在于使这些权利可提供、可获取、可接受、可调适。② 总之，老年人精神文化权利的实现，需要国家和政府的积极作为。由此，将精神保障纳入老年保障的范畴，也就成了老年社会政策的题中应有之义。

（二）现实基础

建立老年精神保障有着强烈的现实需求。长期以来，由于对人口老龄化的社会经济负担的担忧，人们将更多的注意力放在了物质保障方面。经过社会和家庭的努力，我国在老年人经济支持方面有了长足的发展，随着城镇居民养老保险和农村养老保险的施行，我国老年人的物质生活水平有了较大改善。城镇居民医疗保险和新型农村合作医疗制度为老年人提供了基本的医疗保障。也就是说，随着经济的发展和社会保障制度的完善，老年人的经济供养和医疗保障等物质保障有了较大的改善，而在老年人的精神需求和精神生活方面，问题却越来越突出。

首先，老年人的心理健康状况不容乐观。随着年龄的增大和生理功能的衰退，老年人的心理功能也会逐渐弱化，进而出现孤独、抑郁、焦虑等负向心理症状。更为重要的是，进入老年期后，社会角色和地位的变化也使老年人的社会适应面临挑战，从而影响心理健康。美国心理学家罗伯特·哈维格斯特曾指出，老年期要适应体力和健康的衰退，适应退休生活和收入的减少，适应配偶和朋友的死亡，与年龄相近的人建立快活而密切的关系，降低对物质生活满足的要求。③ 如果老年人不能成功适应这些变化，将可能产生不良情绪。事实上，老年人由于多方面的原因，会普遍产生一定的"精神疲乏感"："出现无用感和排斥感、内心空虚感和厌烦感、孤独感和害怕"。④ 2006 年中国城乡老年人口状况追踪调查显示，27.5% 的老年人有孤独感，而农村老年人这一比例达 30.9%。

---

① 龚向和：《社会权概念》，《河北学刊》2007 年第 9 期。
② 赵宴群：《文化权利的确立与实现》，复旦大学博士论文，2007 年第 46 页。
③ 许佃兵：《当代老年人心理发展的主要矛盾及特点》，《江苏社会科学》2011 年第 1 期。
④ 戴维·L. 德克尔：《老年社会学》，天津人民出版社 1986 年版，第 299 页。

农村老年人存在抑郁症状的比例高达 64.1%，其中轻度抑郁的老年人达 38.7%，中度抑郁的 18.1%，7.4% 的农村老年人重度抑郁。① 医学研究显示，不良的心理和情绪也是引起生理疾病的重要原因。我国每年至少有 10 万以上的老年人自杀，占每年自杀人群的 36%，老年人成为自杀率最高的人群。② 加拿大学者唐纳德·沃克兰（Donald Voaklander）作了一项为期 10 年的研究，研究加拿大 700 位 65 岁以上老年人自杀的案例，其研究显示，导致自杀的第一位原因是精神因素、抑郁症和心理疾病。这一研究证明，由于精神障碍引起的老年人对于生活失去希望，才是导致他们自杀的根本原因。65 岁以上的老年人属于精神障碍高危人群，这主要由于伴随年龄增长而来的紧张刺激，诸如身体疾病、孤独，以及越发地失去社会支持。③ 有 30%—40% 的老年常见病其发生与发展和老年人的心理因素有关，在被称为老年人"三大杀手"的心血管疾病、脑血管疾病和恶性肿瘤的致病因素中，心理因素已经超过生理因素。④

其次，社会结构变迁也使老年人的精神赡养面临新的挑战。在工业化社会中，人们越来越崇尚成功和个人主义，价值观的转变影响到人们对老年人的认知，出现轻视、不尊重甚至虐待老年人现象。"现代化中最普遍也的确几乎是不可避免的趋势之一，就是削弱对老年人的尊敬，助长一种青年文化，其中老年不再被认为是人们盼望的受尊敬的阶段，而是人们不情愿甚至恐惧其逐渐到来的死气沉沉的阶段"。⑤ 现代化理论认为，老年人在社会中的地位与社会工业化水平呈负相关关系。在前工业时代，由于老年人控制着稀缺资源并拥有传统文化知识，因而有较高的价值。在现代社会，医疗技术、经济技术、城市化和大众化教育的发展使老年人的地位下降。⑥ 而老年人地位的下降则可能引发老年人自尊心受损，自信心下降，进而陷入抑郁、悲观和绝望中。⑦

---

① 张恺悌、郭平：《中国人口老龄化与老年人口状况蓝皮书》，中国社会出版社 2010 年版，第 209 页、第 216 页。
② 石金群、王延中：《试论老年精神保障系统的构建》，《社会保障研究》2013 年第 2 期。
③ 肖巍：《精神健康的伦理探索》，《江西师范大学学报（哲学社会科学版）》2006 年第 5 期。
④ 邬沧萍、穆光宗：《积极实现健康老龄化》，《光明日报》1996 年 4 月 3 日。
⑤ 英格尔斯：《从传统人到现代人》，中国人民大学出版社 1992 年版，第 34 页。
⑥ （美）约翰·C. 卡瓦纳、苏珊·克劳斯·怀特布恩：《老年学：多学科的视角》，中国人口出版社 2006 年版，第 11 页。
⑦ 仝利民：《老年社会工作》，华东理工大学出版社 2006 年版，第 91 页。

农村老年人精神赡养面临的挑战，不仅来源于社会变迁及其引发的社会文化环境的变化带来的老年心理问题的增多，还在于社会结构变迁导致的原有精神赡养的途径和方式受到不同程度的冲击，传统的精神赡养主体的功能发挥严重弱化。表现之一是来自家庭成员的心理支持与精神关爱减少。其原因有三：一是将养老片面理解为物质供养而忽视精神赡养，即"不知不为"；二是由于子女流动，"事业成功与孝子孝女"的角色冲突，以及家庭结构小型化和"空巢"家庭增多等一系列变化使得家庭成员在面对老年人的精神需求时"有心难为"，"空巢孤养""拆开分养"和"进城困养"成了农村老年人精神赡养的三道难题。① 三是由于价值观念变迁引发的社会道德失范，导致部分子女漠视甚至虐待老年人，"无心去为"。表现之二是社会的精神赡养功能在弱化。伴随社会转型，中国社会从熟人社会变为陌生人社会，加上拜金主义、利己主义等思想观念淡化了人际关系的情感因素，邻里、朋友等家庭之外的社会主体的精神慰藉能力在下降。② 总之，农村老年人精神赡养的需求和供给之间的矛盾越来越突出，将老年精神保障纳入老年保障体系有着充分的现实必要性。

二、农村老年精神保障的原则

老年精神保障是一个复杂的系统工程，涉及需求评估、资源调动、主体结构与责任分配、组织管理等方面和环节，有其自身发展规律。老年精神保障机制的建构既要遵循精神保障的一般规律，又要考虑老年人精神需求和精神生活的特殊性。老年精神保障机制应该是全面的、适当的和有效的。为此，我们必须遵循一些基本原则，具体包括：全面性原则、差别性原则、多方参与原则、增权原则、适当性原则等。

（一）全面性原则

所谓全面性原则有两层含义：一是指精神保障对象的全面性，即全覆盖。也就是为所有老年人提供精神保障，无论城市还是农村，男性还是女性。二是

---

① 陈汝才：《农村"精神养老"问题凸显》，2012 年 2 月 2 日，转引自石金群、王延中：《试论老年精神保障系统的构建》，《社会保障研究》2013 年第 2 期。

② 李芳：《老年人的精神需求及其社会支持网的构建》，《学术交流》2012 年第 8 期。

指精神保障内容的全面性，即对老年人的精神需求给予全面的关怀与支持，包括情感、娱乐、教育、交往等多方面，而不仅仅只是注意到其中的其些方面。

老年精神保障覆盖对象的全面性，是指要关注所有老年人而不是部分老年人的精神需求与精神生活。这既源于老年人精神需求和精神生活的普遍性，也源于公平正义这一老年保障的伦理基础。关于精神需求和精神生活的普遍性，我们在前面第二章已有论述。既然每个人都有精神需求和精神生活，那么为每一个老年人精神需求的满足和精神生活质量的改善提供支持与帮助，就自然成为政府和社会的责任。更何况老年人在这方面有着更为强烈的保障需求。正如世界卫生组织所指出，心理健康在积极老龄化中起到至关重要的作用，尤其要特别关注老年人心理疾病（如老年痴呆症、老年抑郁症等）的预防、诊断以及老年人自杀率的控制。[1]

这里我们重点从公平正义的角度来理解老年精神保障覆盖对象全面性的伦理基础。公平正义既是人类社会的普遍价值，也是人类追求的永恒目标。在西方思想史上，公平正义的思想源远流长。亚里士多德（Aristotle）明确提出了平等思想，他认为正义是相等的人就该派给其相等的事物，也就是说，平等就是正义。[2] 而自然法和社会契约论的创始人霍布斯（Thomas Hobbes）认为，在自然状态下，"自然使人在身心两方面的能力都十分相等"，[3] 每一个人都应当承认他人与自己生而平等。卢梭也是平等权利的辩护者，他认为，"每个人都生而自由、平等，他只是为了自己的利益，才会转让自己的自由。"[4] 罗尔斯（J. Rowls）指出：正义是社会制度的首要价值，正像真理是思想体系的首要价值一样……某些法律和制度，不管他们如何有效率和有条理，只要它们不正义，就必须加以改造或废除，每个人都拥有一种基于正义的不可侵犯性，这种不可侵犯即使以社会整体利益之名也不能逾越。[5] 罗尔斯正义原则所要求的是，"所有社会价值——自由和机会、收入和财富、自尊的基础——都要平等地分配，除非对其中的一种价值或所有价值的一种不平等分配合乎每一个人的利益。"[6]

---

[1] 世界卫生组织：《积极老龄化政策框架》，华龄出版社 2003 年版，第 52 页。

[2] 林闽钢：《现代西方社会福利思想》，中国劳动社会保障出版社 2012 年版，第 17 页。

[3] 霍布斯：《利维坦》，商务印书馆 1986 年版，第 92 页。

[4] 卢梭：《社会契约论》，商务印书馆 2005 年版，第 5—6 页。

[5] 约翰·罗尔斯：《正义论》，中国社会科学出版社 1988 年版，第 1—2 页。

[6] 约翰·罗尔斯：《正义论》，中国社会科学出版社 1988 年版，第 58 页。

平等不仅是人类的一种心理渴求，也是社会福利的根本原则和伦理基础。德沃金认为，"重要性平等的原则确实要求人们以平等的关切对待处在某种境况下的一些群体。"① "平等的关切是政治社会至上的美德——没有这种美德的政府，只能是专制的政府"。② 在现代社会，政府通常负有保证社会平等的义务。社会正义要求政府和社会通过有关制度安排将各种社会资源包括精神生活资源公平地分配到每一个社会成员，当然也包括老年人。

正义实质上是一种价值分配方式。"正义的主要问题是社会基本结构，或更准确地说，是社会主要制度分配基本权利与义务，决定由社会合作产生的利益之划分方式"。③德沃金也强调了分配之于社会正义的重要性，"一个分配方案在人们中间分配或转移资源，直到再也无法使它们在总体资源份额上更加平等，这时这个分配方案就做到了平等待人"。④

社会正义是现代社会福利制度的伦理基础。作为资源分配方式的社会正义，其所分配的不仅仅是物质资源，也包括其他社会资源，如文化娱乐、教育等精神生活资源及精神健康服务资源。在精神保障领域，社会公正原则体现为两个基本要求，一是不歧视。即基于每个人的特点而不是某种社会属性，如年龄、性别、种族等，平等地对待每一个人；二是分配公正。即公平地分配普遍利益和共同负担，也就是说，精神生活领域中的资源和责任在全体社会成员间公平分配。这两个基本要求都指向精神保障对象全面性。换句话说，社会精神关怀系统不仅应关注年轻人口，也应关注年老群体；不仅关注城市老年人，也应关注农村老年人；不仅关注男性老年人，也应关注女性老年人；不仅关注低龄老年人，也关注高龄老年人。

全面性原则的另一层含义是指精神保障内容的全面性，这源于老年人精神需求的多样性和精神生活内容的丰富性，以及保障系统的完整性。作为人的需求的基本方面，老年人的精神需求本身是一个由多种因素组成的系统整体，有其自身的内在结构。关于老年人精神需要的结构和内容，学者们作了类型学划

---

① 罗纳德·德沃金：《至上的美德——平等的理论与实践》，江苏人民出版社 2003 年版，第 7 页。
② 同上，第 1 页。
③ 约翰·罗尔斯：《正义论》，中国社会科学出版社 1988 年版，第 5 页。
④ 罗纳德·德沃金：《至上的美德——平等的理论与实践》，江苏人民出版社 2003 年版，第 12 页。

分。有学者将其归为自尊的需要、期待的需要和亲情的需要。① 有人归为精神文化生活需求和情感交流需求。② 还有人将其归为感情需求、娱乐需求和价值需求。③ 我们认为，老年人的精神需求尽管存在一定程度的个体差异，但一般包括情感需求、文化娱乐需求、教育需求、人际交往需求、政治需求、自我实现需求等方面。需要说明的是，精神需求内部各方面并不是相互独立、毫不相干的，而是彼此关联、相互联系的，其中任何一方面满足与否及满足程度都会影响到其他方面的需求满足。如教育需求的满足与否就会影响到文化娱乐需求、人际交往需求、政治需求和自我实现需求的满足。因此，老年精神保障机制应对老年人的精神生活世界予以全面关照和支持。

从保障制度的结构要素角度看，老年精神保障机制应该是全面而完整的，只有这样才能实现制度绩效。老年精神保障体系涉及保障主体、保障资源、保障方式和手段、运行机制等多方面，涉及知识生活、情感生活、道德生活、政治生活、价值生活等不同领域，以及心理生活、文化生活和心灵生活等不同层次，这些都要求老年精神保障机制的建构予以全面考虑。从资源投入的角度看，老年精神保障体系既需要资金、设施、场地、精神产品、人员等物质性资源，也需要思想观念、道德文化环境、法规、政策等非物质性资源，因此，要实现老年精神保障的政策目标，就必须在政策法规的制定、制度供给、人才和资金投入、服务的传递和管理、产品的开发与生产、文化环境的塑造等诸多环节和方面形成全面完整的支持体系。

（二）差别性原则

差别性原则源于老年人精神需求的个体差异性和精神生活的层次性，以及精神文化生活条件在城乡和区域间的不平衡性。这种差异、层次和不平衡，要求老年精神保障制度采取差别化的支持力度和方式手段。这种差别化原则不应只体现在城市与农村老年精神保障模式的宏观层次上，更应体现在针对不同老年人个体精神支持手段选择的微观层次上。只有采取差别化的精神生活支持策略与手段，才能更好地满足老年人的精神需求，提高精神保障的实效性。

---

① 穆光宗：《老龄人口的精神赡养问题》，《中国人民大学学报》2004 年第 4 期。
② 姚远：《非正式支持：应对北京老龄问题的重要方式》，《北京社会科学》2003 年第 4 期。
③ 明艳：《老年人精神需求"差序格局"》，《南方人口》2000 年第 4 期。

　　尽管精神需求是人的普遍性需要，但由于环境、生理、年龄、自身文化素质及其他因素的影响，老年人的精神需求的层次和结构存在较大的个体差异。如，低龄老人的政治需求、自我实现需求、教育需求等主动性精神需求会高于高龄老年人，而高龄老年人在情感需求方面则可能表现得更为强烈；农村老年人与城市老年人由于经济条件、文化水平及生活经历、生活环境的不同，必然导致精神需求与精神生活的层次和结构的差异。另外，男性老年人与女性老年人之间、空巢老年人与非空巢老年人之间的差异同样会在精神需求上有所体现，这些都要求老年精神保障机制给予必要和适当的回应。

　　由于人的社会关系的错综复杂和个体实践的千差万别，不同年龄、性别、阶层、种族的人，其精神需求呈现出明显的个体差异。从年龄维度看，老年人的精神需求与其他年龄群体就存在差异。"儿童期以被爱为主，青年期与中年期爱与被爱同样重要，老年期则以能爱为主。"[1] 从生命历程视角看，人的生命历程的每一个阶段都有特定的生命任务，包括生理、心理和社会任务，这些又都嵌入在宏大的社会文化背景中。每个生命阶段都有一系列与之联系的社会任务，这是一种社会安排。青少年接受社会化，青年人作出职业选择和挑选人生伴侣，成年期和中年期则关注家庭或事业的发展，社会生活和经济收入的稳定。享受与儿孙在一起的天伦之乐，从繁忙的工作转向社交和娱乐，则是老年人的普遍任务。[2] 这只是一个通用模式，而现实则是一种多样化的呈现。每一社会个体经历了基本一致的生理发展阶段，但各自又都有其与众不同的深受社会任务影响的生命历程。更精确地说，人的生命历程是一个流动的过程，而生命阶段的长度和强度则会因人而异。有些女性在十几岁就做了母亲，40 出头就完成了抚养子女的任务。而另一些女性则可能在 40 来岁才做母亲，还有一些女性或自愿或机缘根本就没有孩子，年轻或中年的时候压根就没有花时间经营过家庭。[3] 因此，仅仅把老年人看成是进入人生最后阶段的一个同质性群体是不妥当的，它忽视了人的生命历程的动态和复杂。生活是一种个人体验，它以独特的方式塑造着个人。每一社会个体都有其独特的生命过程。于是，老年人口比任何一

---

①　韦政通：《伦理思想的突破》，中国人民大学出版社 2005 年版，第 85 页。

②　梅陈玉婵、齐铱、徐玲：《老年学理论与实践》，社会科学文献出版社 2004 年版，第 154 页。

③　凯瑟琳·麦金尼斯—迪特里克（Kathleen McInnis – Dittrich）：《老年社会工作——生理、心理及社会方面的评估与干预》，中国人民大学出版社 2008 年版，第 8 页。

个其他生命历程阶段的人口更具多样性。①

由于每个老人的社会经历不同，所以每一个老年人都是独一无二的。② 老年人群体的内部异质性程度很高，从年龄跨度看，老年期是一个年龄跨度很大的生命阶段。处于老年期不同阶段的老年人存在多方面的差异，低龄老人（60—70岁）可能刚刚退休甚至还在工作，他们积极参与社会生活，很少有健康问题，通常也较少有心理问题。中龄老人（70—80岁）大多已经退出职场，甚至很多已经丧偶，他们可能有一些健康问题，行动上有些不便，通常需要较多帮助。而80岁以上的高龄老人生理功能和心理功能都有较大退化，部分可能有严重的健康问题，最需要得到外界的支持与服务。从性别来看，由于累积劣势效应，女性老年人可能需要更多的社会关照与社会保护，包括物质的和精神的。不平等不是一种静态的结果，而是整个生命逐渐展开的积累过程。老年女性在人生过程中所遭遇的一系列社会和文化的不平等待遇累积的结果，导致其较男性更为弱势和脆弱。

如上所述，老年人群体是一个内部异质性程度较高的群体。这种异质性在心理层面同样存在。美国学者赖卡德（Reichard）、利夫森（Livson）等曾对87位老年人的人格特征进行分析，按人格调适状况将老年人的人格特征分为五种类型：成熟型、摇椅型、装甲型、愤怒型、自我悔恨型。③ 另一学者纽加顿（Neugarten）的研究则通过对59名70—79岁老年人的分析，归纳出整合型、装甲防卫型、消极防卫型、解组型。④ 这些研究虽然勾画出若干人格类型，但很多老年人可能并不能置于上述任何一种类型，而是混合型的人格类型。另外，几位美国心理学家在活动理论和脱离理论的基础上，建立起描述老年人活动和脱离社会程度的老年个性模型，依此模型划分老年人个性可以归为八种：重建型、聚焦型、脱离型、坚持型、退缩型、寻求援助型、冷淡型、紊乱型。其中重建型、聚焦型、脱离型的老年人一般有较高的生活满意度和稳固的个性，而寻求援助型、冷淡型和紊乱型的老年人生活满意度普遍较低。⑤

---

① 凯瑟琳·麦金尼斯—迪特里克（Kathleen McInnis – Dittrich）：《老年社会工作——生理、心理及社会方面的评估与干预》，中国人民大学出版社2008年版，第8页。
② 梅陈玉婵、齐铱、徐永德：《老年社会工作》，格致出版社2009年版，第38页。
③ 戴维·L. 德克尔：《老年社会学》，天津人民出版社1986年版，第132—133页。
④ 同上，第133—135页。
⑤ 戴维·L. 德克尔：《老年社会学》，天津人民出版社1986年版，第252—253页。

　　老年人的人格特征和个性类型是复杂多样的，这就要求老年精神保障采取差异性策略，具体情况具体分析。如，在老年人与社会互动关系上，脱离理论主张撤退，而活动理论主张参与社会生活。事实上，无论是脱离理论还是活动理论都忽视了老年人的个性差异。性格开朗、喜欢交际、思维活跃的老年人可能并不喜欢脱离社会，而是主张继续参与。而有的喜欢安静的老年人深居简出，通过读书看报仍然在心理上和精神上保持着与社会的联系。有的老年人参与了但并不愉快，有的老年人没有参与却很愉快。①

　　总之，老年精神保障应尊重老年人的个体差异，以老年人个体的现实生活、个性差异、情感渴求等为切入点，采取灵活多样、差别化的支持策略。同时，要特别关注老年人的心理健康问题。如，有的老年人容易产生抑郁、焦虑等心理不适，健康、收入、地位、人际关系等方面不同程度的丧失，可能导致悲观、失望和自我评价下降，对疾病的担忧、对死亡的恐惧以及家庭变故等生活事件都会引发心理问题，这些都要求采用个别化的处理方式进行心理和社会干预，以改善其心理健康状况和精神状态。

（三）多方参与原则

　　多方参与原则涉及的主要是福利的供给主体问题，这一原则强调的是老年精神保障的支持主体不是单纯依靠政府或家庭，抑或其他的某个单一主体，而应该包括政府、社区、家庭、市场、甚至个人，必须依赖于多元主体的协调配合。

　　20 世纪 80 年代以来，福利多元主义已成为西方社会政策的理论主流。与此相伴随的是，从"国家福利"向"多元福利"转变成为西方国家福利实践的整体趋势。在西方社会政策领域，福利多元主义主要指福利的规则、筹资和提供由不同的部门共同负责任，共同完成。② 其基本主张是福利主体和福利来源的多元化，通过倡导社会共同责任本位，以应对和超越"福利国家的危机"。福利多元主义概念源于 1978 年《志愿组织的未来：沃尔芬登委员会的报告》，该报告主张将志愿组织纳入到福利提供者行列并运用于英国社会政策实践。③ 对福

---

① 邬沧萍：《社会老年学》，中国人民大学出版社 1999 年版，第 272—274 页。

② 彭华民：《西方社会福利理论前沿》，中国社会出版社 2009 年版，第 17 页。

③ 汪大海、张建伟：《福利多元主义视角下社会组织参与养老服务问题》，《华东经济管理》2013 年第 2 期。

利多元主义作出明确论述的是罗斯（Rose），他主张国家是福利的重要提供者，但不是垄断者。福利是全社会的产物，市场、国家和家庭提供的福利共同构成社会总福利。后来伊瓦思（Evers）对福利三角的研究范式予以修正，认为福利的来源有四个：市场、国家、社区和民间社会。① 福利多元主义基于对社会民主主义和新自由主义福利思想的反思，提出福利的来源应该多元化，认为除国家和市场外，其他社会主体如个人、家庭、志愿组织、民间机构等都是福利的提供者。通过多元主体的各自优势的发挥，共同承担福利产品的供给责任，满足社会的福利需求。福利多元主义为我国老年保障的发展提供了有益的借鉴，多元主体参与也是老年精神保障的必由之路。

老年精神保障的支持来源可以分为两类：正式支持系统和非正式支持系统。正式支持系统是指政府、社区、非营利组织、企业等正式组织依据制度和法律提供的规范性支持。非正式支持系统是指家庭、亲属、朋友、邻里等个体因婚姻、血缘、趣缘、地缘等社会关系提供的非规范性支持。一般说来，老年人所生活的系统依次是家庭、社区、社会和国家。每一子系统都有多个主体能为老年人提供精神支持，这些支持主体大致包括家庭成员、邻里朋友，非营利组织、企业、社区和各级政府。② 这些支持主体以不同的方式、不同的工具性手段、不同的资源投入为老年人精神需求满足和精神生活提供支持和保障。

家庭在老年精神保障体系中占有重要的地位，特别是在老年人情感需求满足方面扮演重要角色。"'家'不仅仅是生产和生活的基本单位，也是人类获取精神关怀的最基本、最主要、最经常的社会单位。人们在家、家族、宗族中形成个人的社会性和个人的思想精神类型，并在其中获得对自身最主要的认同感、安全感以及所需要的各种情感支持和情感关怀。"③ 包括子女、配偶、亲属在内的家庭成员是满足老年人亲情需求的最直接、最主要和最有效的主体。密切的亲属关系并不完全是用来发展和提供亲属间的功利性需要和互助，也是为了情感慰藉的需要。④ 研究表明，婚姻状况和家庭关系对老年人心理健康状况有着显著的影响。家庭关系良好的老年人，会得到来自子女和家庭的更好的物质和

---

① 彭华民：《西方社会福利理论前沿》，中国社会出版社 2009 年版，第 18—19 页。
② 李芳：《老年人精神需求及其社会支持网的构建》，《学术交流》2012 年第 8 期。
③ 王卫平：《中国精神关怀体系中的"家、国、天"架构》，《中共四川省委党校学报》2003 年第 3 期。
④ 唐灿、陈午晴：《中国城市家庭的亲属关系》，《江苏社会科学》2012 年第 2 期。

精神支持，其心理健康状况更好，更少出现心理问题。① 家庭成员可以通过聊天、照料、探访、共同居住等多种方式和手段为老年人提供亲情资源，也可以通过物质和经济的支持、人力参与和帮助为老年人精神生活的丰富和充实提供条件和机会。发达国家的实践也证明，随着社会福利的发展和社会保障的完善，老年人的经济供养和日常生活照料会越来越多地从家庭中转移出来，但家庭对老年人的精神慰藉作用是巨大而难以替代的。② 家庭在老年精神关怀体系中的基础地位是牢不可破的。

社区是老年人在家庭之外的最主要的生活场所，也是其晚年生活的重要支持渠道，具有特殊的生活意义。社区邻里间的串门聊天、相互帮助是老年精神支持的重要来源，也是其情感交流，排除不良情绪、缓解心理障碍的重要渠道。社区可以组织开展多样化的活动，为老年人的发挥余热和社会参与提供平台和机会；社区可以通过组织、资金、场地的支持，为老年人的文化娱乐活动提供条件；社区可以整合社区教育资源，开展多样化的老年教育，可以满足老年人的求知与教育需求，促进老年人的继续社会化。总之，社区所具有的邻里互助、情感交流、组织协调等功能使得社区在老年精神关怀体系中的地位凸显出来，社区成为老年人文化生活、社会交往、社会参与和自我实现的重要支持力量。

政府是老年保障的重要主体，其在老年保障体系的重要性不仅体现在物质保障方面，同时也体现在精神保障方面。政府可以利用自身的优势，一方面，对现有精神关怀形式和精神关怀资源进行整合，科学规划和实施老年精神保障，扮演规范者和组织者角色。另一方面，政府应扮演资源提供者角色，为老年人精神关怀体系提供政策法规、资金、物质设施、精神文化产品、人力等多方面的资源支持。

非营利组织是社会福利多元支柱的重要一极，更是老年精神保障主体的重要组成部分。由于老年人精神生活与心理健康问题较为复杂，具有知识性、专业性、情感性、自主性和个别化的特点，难以完全通过政府的普遍化的整齐划一的供给模式解决，这为非营利组织提供了现实需要和发展空间，如各地普遍

---

① 胡宏伟、串红丽、杨帆等：《我国老年人心理症状及其影响因素研究》，《西南大学学报（社会科学版）》2011 年第 6 期。

② 葛兰娜·斯皮茨、罗素·沃德、边燕杰：《谈谈美国的家庭养老——兼与中国社会学同仁商榷》，《社会学研究》1989 年第 4 期。

成立的老年合唱团、老年秧歌队、老年人协会等老年团体组织在活跃老年人文化娱乐活动、提供老年人社会参与平台、反映老年人生活需求和利益诉求、缓解老年人心理压力等诸多方面都发挥了积极作用。专业社工服务机构，更是能够利用其专业优势，采用专业化的手段和方法，为老年人提供优质的精神健康服务。

需要指出的是，老年精神保障的主体还应包括老年人本身。老年人精神需求的满足和高质量的精神生活不能单纯依靠外部支持，它有赖于老年人主观能动性的发挥和积极参与。联合国第二届世界老龄大会提出的"积极老龄化"政策框架，强调以独立、参与、尊严、照料和自我实现为原则。在麦克阿瑟研究中，当许多成功老龄化的老人被问及老年生活幸福的秘诀时，他们的回答是"继续做下去"。向前看、积极参与生活和保持良好的人际关系对于老年生活幸福最为重要。① 有研究表明，热心、决心、自我激励、自我观念、积极的心态是关系到成功老化和生活满意度的重要因素。②

（四）增权原则

增权是现代社会工作的一个核心概念，这一概念强调个人潜能和主体能动性的发挥。增权不是从外部给予特定对象以权力，而是挖掘或激发对象的潜能，即权能激发。其实践逻辑是通过提供一定的资源，特别是知识和能力的培养，社会支持的拓展，自我价值感、自主感和自我效能感的提升，使其从被动"无力"的弱者变成积极主动的强者。老年精神保障作为改善老年人福利状态的一种保护措施和制度安排，增权是其基本目标和取向。因此，增权自然成为建立老年精神保障机制的基本原则。

增权是和"权力"（Power）及"无权"（Powerlessness）这两个概念密切相关的。古铁雷斯（Gutierrez）等学者认为，以往对权力的理解可以归纳为三种：获得所需要的资源的能力；影响他人思考、感受、行动或信念的能力；影响资源在家庭、组织、社区等社会系统中分配的能力。所谓权力不外乎是指人们所拥有的能力。但这种能力不只以一种客观存在来呈现，也表现为一种主观感受，即权力感。正是这种权力感可以增进人们的自我概念、自尊、尊严感、幸福感、

---

① 梅陈玉婵、齐铱、徐玲：《老年学理论与实践》，社会学科学文献出版社 2004 年版，第 34 页。

② 同上，第 255—256 页。

重要感等正向的心理体验。①

　　如果说权力是指人们拥有多种能力，无权则意味着这些能力的缺乏。也有学者从资源占有的角度理解无权。海勒雅玛（Hirayama）和塞廷戈克（Cetingok）等学者认为，倘若没有充分的个人资源，一个人就不可能对环境施加影响，也就无权。而他们所讲的资源不仅包括金钱、住所、依附等有形的资源，也包括如积极的自我概念、认知技巧、健康、身体能力、支持性社会网络等无形的资源。② 同权力相似，无权不仅是一种能力或资源的缺乏状态，同时也是一个内化的过程，形成一种无权感。正是由于存在着这种无权感，使得人们指责和贬低自己，进而陷入无权的恶性循环。③ 所罗门（Solomon）将个体的无力感定义为"缺乏技巧、知识或物质资源以及情绪管理能力，以致无法令自己满意地有效扮演重要的社会角色"。④

　　而增权则是针对无权状态的一种干预过程。考克斯（Cox）和帕森斯（Parsons）认为，增权是一个能够促使个人有足够力量去参与、控制及影响自己生命的过程。拉帕波特（Rappaport）指出，增权是一个人们、组织和社区对其事务获得控制的机制和过程，它使个人能够对自己及自己生命中的机会作出积极有效的控制。⑤ 增权可以在三个层次进行。个人层面的增权聚焦于发展个人权力感和效能感，使个人感觉到有能力去影响或解决问题。人际层面的增权在于获得个人与他人合作促成问题解决的经验。政治层次的增权是能够促成政策或政治层面的改变。⑥ 权能激发过程不能视为一种已达到的结束状态或停滞期，而是个人挑战或改变他们生活情境的个人、人际或政治层面的行动参与。增权过程一般包括四个重要的构成要素：态度、价值观与信念、共同经验的确认、批判性思考所需的知识和技巧、行动，这四个要素是增权过程中不可或缺的。⑦

---

① 陈树强：《增权：社会工作理论与实践的新视角》，《社会学研究》2003 年第 5 期。

② Hirayama, & Cetingok, 1986, "Empowerment：A Social Work Approach for Asian Immigrants。" Paper Presented at the Asian – A – merican Symposium.

③ 陈树强：《增权：社会工作理论与实践的新视角》，《社会学研究》2003 年第 5 期。

④ Malcolm Payne：《现代社会工作理论》，华东理工大学出版社 2005 年版，第 290 页。

⑤ 转引自范明林：《社会工作理论与实务》，上海大学出版社 2007 年版，第 105 页。

⑥ 何雪松：《社会工作理论》，上海人民出版社 2007 年版，第 147 页。

⑦ Enid O . Cox / Ruth J . Parsons：《老人社会工作——权能激发取向》，台湾扬智文化事业股份有限公司 2001 年版，第 44—46 页。

老年人由于年老而引起一系列的生理、心理和社会后果，遭遇一系列"丧失"：收入的减少或中断，社会地位降低，个人智力和体力的退化，朋友和同事的疏远，亲人的离去，社会参与机会的减少以及影响力的弱化。这一系列的"丧失"导致老年人的无权。而无权不仅是一种存在状态，而且也是一个内化的过程。老年人会把这种无权状态通过内化而逐渐认为自己是无助的，进而形成消极、被动、无奈甚至自我贬损的不良状态。为了解决这一问题，在建构老年精神保障过程中，应特别强调激发老年人的潜能，将满足老年人的精神需求与老年人的权能激发统一起来。通过个体需求的满足、心理支持与干预、人际关系的协调与拓展、社会参与机会的获得、教育及社会环境的改变等途径和方式激发老年人的潜能，发展其自己解决问题的能力，获得自尊、自信、自主的正向心理体验。

增权原则要求我们在老年精神保障机制的过程中，要在资源提供、知识和能力的培养、人际关系的改善和老年福利政策等多方面努力发展老年人的能力。既强调解决老年人精神文化生活中的一些具体问题，更强调在这一过程中激发老年人的权能，既关注任务目标，更强调过程目标。如，我们要特别重视老年人心理能力的增能。可以通过接受教育、咨询辅导以及自我反省等方式增强其心理调适能力，通过干预训练来改善老年人的心理素质，进而增进其心理功能。① 在这方面，可以借鉴和利用社会工作的专业方法和手段。老年社会工作的缅怀往事与人生回顾，即回忆以前的生活事件就可能达到较好的效果。缅怀往事是通过回想过去的经历帮助老人追溯正面的事件和感受，强化他们是值得尊重的、有价值的人的信念，进而改善老人的情绪状态。②

同时，增权原则要求我们重视老年教育。老年人晚年生活面临许多新的问题，这些问题的解决在某种程度上说，有赖于通过教育来提升老年人的知识、技巧和应对适应能力。通过教育协助老年人正确认识老化及由此带来的生理、心理及社会问题，了解并学会寻找老年福利资源，协助老年人融入社会生活；通过教育发展老年人兴趣爱好和闲暇生活技能，协助老年人学会服

---

① 陈勃：《心理功能助长：应对人口老龄化问题的一条途径》，《社会科学》2002 年第 5 期。

② 凯瑟琳·麦金尼斯—迪特里克：《老年社会工作：生理、心理及社会方面的评估与干预》，中国人民大学出版社 2008 年版，第 144 页。

务社会、参与社会的相关知识和技能。需要指出的是，老年教育并不仅仅意味着传授知识和技能给老年人，更重要的目的在于提高其社会适应能力，树立自信，学会合作与相互支持，进而增加其把握生活及控制周围环境的感受和能力。

（五）适当性原则

适当性原则有两层含义：保障水平的适度性与保障内容性质的适当性。

保障水平的适度性问题一直是社会保障理论研究和政策实践的关键问题，它试图解决的是保障对象的覆盖范围与受益水平之间平衡、福利保障最大化与保障资金的收支平衡。大多数学者都认为，社会保障水平应确定在一个适度的范围，这样一方面能发挥出社会保障的福利效应，又不至于伤害经济和社会的持续发展。不过现在人们更多地还是从社会保障与经济发展的分析框架中讨论社会保障的适度问题。事实上，适度问题涉及更广泛的关联因素，如人的基本需要。需要是福利领域的核心概念，人类需要是理解福利制度的关键，是社会资源分配和福利制度运作的价值基础。① 福利制度是满足人们需要的社会安排和制度设计，对需要的理解会影响福利政策目标、福利制度安排、福利的主体结构与责任分配等。英国学者布兰德肖（Bradshaw）认为，社会服务的历史就是承认社会需要和组织社会去满足需要的历史。② 福利水平的适度问题在一定意义上说也就是人的基本需要的界定和满足程度问题。从需要的角度看，适度意味着不是满足人的所有需要，而是满足基本需要，适度是在一定程度上满足而不是充分满足福利对象的需要。事实上，适度在某种程度上也是基于福利资源有限性的一种谨慎选择。总之，适度与社会福利资源的数量、福利对象的基本需要结构、对其"过得去"的生活状况的界定，以及这种社会政策和制度实施的综合效果的评价有关。③

精神需要和精神生活是人类的基本需要，无论是芬兰学者埃里克·阿拉德（Erik Allardt）的"拥有、爱与存在"，还是英国学者多亚尔和高夫的"健康与

---

① 刘继同：《欧美人类需要理论与社会福利制度运行机制研究》，《北京科技大学学报（社会科学版）》2004 年第 3 期。

② 转引自曹艳春、吴蓓、戴建兵：《我国需求导向型老年社会福利内容确定与提供机制分析》，《浙江社会科学》2012 年第 8 期。

③ 王思斌：《我国适度普惠型社会福利制度的建构》，《北京大学学报（哲学社会科学版）》2009 年第 3 期。

自主"的基本需要理论都肯定了这一点。因此，福利制度应关怀人的精神需要和精神生活，这是老年精神保障的逻辑基础。与整个福利保障水平的适度性一样，老年精神保障水平同样也应该是适度的。具体来说，适度性原则要求为老年人的精神需求和精神生活提供基本保障和支持，包括基本的资源、设施、人才、精神文化产品、社会参与的机会与平台的支持。这种保障与支持既能使老年人的精神需求和精神生活得到满足，又不致过于超越现实的经济、社会、文化条件的约束和限制。如提供基本的文化娱乐条件，但不追求高档豪华；提供基本的老年继续教育的条件和机会，但不一定要求每一位老年人都能上老年大学。当然，基本生活需要和"体面的生活"① 所设定的满足条件是随社会发展而变化的，但无论怎样，精神保障水平的适度性，即受社会经济文化条件的限制性是稳定和必然的。

如果说，保障水平的适度性主要关注的是精神保障的数量方面，那么保障内容的适当性则主要是指质的方面，即支持和保障的目标指向是健康向上的精神生活，提供的精神产品符合人类的发展要求和主流价值取向。

人的精神生活有着社会历史的规定性。现代社会的精神生活既体现出发展的逻辑，也遭遇着物化困境。人的精神生活落入非理性的享受主义的牢笼，精神生活被理解为直接的感性刺激与片面的精神享受，理解为粗俗的感性快乐和浅薄的兴趣，没有了内在意义感和价值判断能力。② 正如雅斯贝尔斯所描述，"本质的人性降格为通常的人性，降格为凡庸琐屑的享乐。劳动与快乐的分离使生活丧失了其可能的严肃性；公共生活变成了单纯的娱乐；私人生活则成为刺激与厌倦之间的交替，以及对新奇事物不断的渴求，而新奇事物是层出不穷的，但又迅速被遗忘。没有前后连续的持久性，有的只是消遣。"③ 物欲主义和消费主义使人的生活意义失落，出现了价值的相对主义、实用主义乃至虚无主义。于是，有人沉迷赌博、低级趣味甚至黄色书刊影视，充填内心空虚。于是，文化市场充斥着粗陋、浅薄与庸俗。

因此，老年精神保障就有了保障内容的适当性和价值导向问题。老年精神

---

① 戴维·米勒：《社会正义原则》，江苏人民出版社 2001 年版，第 234 页。
② 庞立生、王艳华：《精神生活的物化与精神家园的当代建构》，《现代哲学》2009 年第 3 期。
③ 雅斯贝尔斯：《时代的精神状况》，王德峰译，上海编译出版社 1997 年版，第 40—41 页。

保障应促成老年人健康的、合理的、积极的和文明的精神生活，避免颓废的、不合理的、消极的和落后的精神生活。为此，政府和社会要加强公共文化服务体系的建设和管理，为老年人提供基本的文化生活设施，引导文化产品生产者开发和提供适合老年人身心特点和消费习惯的、积极健康的文化产品。

第六章

农村老年精神保障机制的基本框架 （一）

前面我们讨论了农村老年精神保障的概念、目标和原则，这些相关议题的理论思考能为老年福利政策设计和实践提供指导和思路，也是构建农村老年精神保障体系的认识前提和基础。老年精神保障机制应该是全面的、适当的和有效的。其基本内容主要包括：价值建构机制、心理维护与促进机制、休闲娱乐机制、文化教育机制、社会参与机制、社会控导机制，它们相互关联，协同配合，共同构成了完备的老年人精神关怀体系。

一、价值建构机制

人是寻求意义的生物，人也无法忍受无意义的生活，缺乏生命意义将使人空虚、无聊，异常痛苦甚至生不如死。正如赫舍尔所说，"人的存在从来就不是纯粹的存在；它总是牵涉到意义。意义的向度是做人所固有的。"[①] 意义世界是指导人的生活实践的价值理论系统，是人的安身立命之本，也是人的精神生活的核心内容。因此，价值建构成为老年精神保障体系不可回避的议题。

（一）意义世界与老年人精神生活

在人的精神世界中，意义是其中的根本和核心。尽管人们对精神的定义各不相同，但超越自我、寻求意义与他人的联结感是大多数定义共有的重大元素。[②] 意义引导着精神生活，也影响着个体的生活状态。

---

① 赫舍尔：《人是谁》，贵州人民出版社 1994 年版，第 46 页。
② 凯瑟琳·麦金尼斯—迪特里克：《老年社会工作——生理、心理及社会方面的评估与干预》，中国人民大学出版社 2008 年版，第 231 页。

生活还有没有意义？生活的意义是什么？这是农村老年人普遍追问的问题，意义感的缺乏和精神空虚已经成为影响农村老年人精神生活世界和生存状态的重要问题。

什么是生活意义？这是一个日常生活问题，也是一个哲学问题。法国哲学家加缪就曾认为，"生活的意义是最紧迫的问题"，他没有看到有人会为了上帝存在的本位论证明去死，但却有人因为觉得生活不值得过下去而自杀。① 意义是一种价值判断，体现出主客体间的一种关系属性。意义是一种特殊的价值，是客体对目的的效用。人以自身设定的目的为尺度对自己的活动进行评价和反思，就能觉悟到其意义。生活意义就是生活对于主体目的的意义，在这里目的就显示出其自身意义。每个人正是通过追求其人生目的而使其生活充满意义。正如美国哲学家诺齐克所说："一个人按照某种总体的设计塑造他的生活，也就是在赋予他的生活以某种意义。只有一个有能力如此塑造他的生活的存在者，能够拥有或者努力追求有意义的生活。"② 人们正是明确自己的人生目的，并为达到这一目的而积极行动，从而给生活赋予意义。当然并不是说，有目的的人生就一定是有意义的人生，它还取决于设定什么样的目的及其与人类发展和社会利益的相关性，这是一个价值问题。

人是一种有意识的存在物，其意识对象不仅指向人之外的对象性存在，也指向主体自身，反省和追寻自我存在及其意义。"人类关于自身存在的自我意识，就是寻求和反思'意义'的意识"。③ 自我意识的核心内容是价值观。价值观是关于价值即人的生存的意义以及对人的生存所具有的意义的看法、观点和态度。它表现为人们关于一系列基本价值的态度、信念、信仰和理想。④ 而这其中最核心和根本的东西是"终极价值"，它是人们安身立命之本，是带有总体性、全面性和根本性的目标和理想。"凡是从一个人的人格中心紧紧握住这个人的东西，凡是一个人情愿为其受苦甚至牺牲生命的东西，就是这个人的终极关

---

① 转引自蔡蓁：《寻求生活意义的两种哲学进路》，《华东师范大学学报（哲学社会科学版）》，2012 年第 4 期。
② 转引自谢广宽：《论生活的意义》，《学术论坛》，2005 年第 11 期。
③ 孙正聿：《哲学通论》，辽宁人民出版社 1998 年版，第 205 页。
④ 吴向东：《重构现代性：当代社会主义价值观研究》，北京师范大学出版社 2009 年版，第 24 页。

怀"。① 这种终极关怀也就是人们常说的精神信仰，是终极性的价值期许和价值追求。终极价值并不是意义世界或价值世界的全部，价值世界还包括诸多关于如何处理人与自然的关系、人与社会（他人）的关系、人与自我的关系等日常生活世界中各种难题的价值"智慧"和价值"良知"。

意义世界或价值世界是人之为人所不可或缺的。正如西方哲人所言，"人类需要一种生活哲学、宗教或一种价值体系，就像他们需要阳光、钙和爱情一样。"② 价值世界是人精神的家园、感情的寄托和生活的支撑，它给人的精神世界以秩序，给人的日常生活以动力，使人做人做事有了依据、基础、目的和使命。而生活意义的丧失则可能导致生命失色、精神颓废、灵魂空洞、迷茫绝望。

人的生活是一个过程，人是一种时间性存在，意义世界不是某一年龄的专有名词，意义和价值贯穿于整个人生历程之中，老年人阶段也一样。老年人也有自己的意义世界，正是这一意义与价值世界统率和引导着他们的精神世界和日常生活，使他们能够或积极或消极、或淡定或茫然地面对生活的苦难与挫折。意义和价值世界都是在一定的社会历史条件下建构起来的，也一定会随着社会变迁而发生变动，对社会整体是这样，对个体也是这样。时间因素以及与时间相伴随的社会变迁扰动了老年人的意义世界，很多老年人常常在日常生活的对比中感到失去了依托与追求，现代社会的变幻莫测的无限可能性、后喻文化的兴起以及自身地位变化的生活体验和死亡的临近，使他们对当下的生活和人生的意义感到迷惘。

人的意义和价值世界是与人的生活境遇密切相关的。"当代人类生存活动的最明显的特点是生存环境的变化多端，面对这一情况，当代文化一方面致力于寻求一种理解这种动荡不安的生存境况的精神样式，另一方面又因难以完成这一精神使命而焦虑不安"。③ 社会如此，个体也如此。农村老年人正是遭遇着由传统到现代的社会变迁，现代性构成了当代人生活意义的整体基础。"现代性以前所未有的方式，把我们抛离了所有类型的社会秩序的轨道，从而形成了其生活形态。在外延和内涵两方面，现代性卷入的变革比过往时代的绝大多数变迁

---

① 宾克莱：《理想的冲突——西方社会变化着的价值观》，商务印书馆 1983 年版，第 297 页。
② 弗兰克·戈布尔：《第三思潮：马斯洛心理学》，上海译文出版社 1987 年版，第 197 页。
③ 邹诗鹏：《生存论研究》，上海人民出版社 2005 年版，第 175 页。

特性都更加意义深远。"① 农村老年人要孤立面对和适应如此巨大的变化并重新确立生活意义和价值，显然是一个艰巨的任务，于是便可能出现精神生活的躁动不安和意义世界的悲观失落。

按照贺雪峰的观点，老年人的价值世界包括三个方面：本体性价值、社会性价值和基础性价值。本体性价值是关于如何处理有限生命与无限意义关系的思考，是有关将有限的生命转换为无限意义的人生根本问题的应对，是超越性价值或终极价值，涉及的是个人与灵魂的关系。社会性价值是关于个人在群体中的位置及所获评价，是关于个人如何从社会中获取意义的价值，涉及的是人与社会的关系。而基础性价值则是获得生命延续所需的物质条件，涉及的是生物本能以及人与自然的关系。②

在中国农村，随着乡村社会的巨变，老年人的价值体系和意义世界遭遇解构和重建，老年人的精神生活面临新的问题。当下中国农村老年人，有着"传宗接代"的本体性价值，这是其安身立命之本和终极关怀。有实证研究显示，在农村老年人的意义世界，要实现生命价值，体验人生的意义，就得确保有延绵的男嗣后裔，否则就会变成没有奔头、没有意义、难以安身立命的废人。③麻烦的是，由于反封建和反迷信的文化变革和个人主义、消费主义等现代性因素在农村的扩张，加速了农村传统道德的崩塌，"传宗接代"、延续香火的本体性价值和超越性意义失去了立足之地，老年人价值世界的这一终极关怀没有了村落文化的依托而陷入危机。而一旦本体性价值缺失，老年人就难以摆脱对死亡的恐惧，难以面对现实中的种种困境和歧视，从而变得空虚、无聊和绝望。不仅如此，本体性价值的缺失使得人们将社会性价值的追求放在重要位置，并且容易失去方向和底线，子女的不孝行为越来越普遍而放肆。农村老年人由于生理功能衰退、资源匮乏，没有与子女抗衡的能力和信心，也无法从更广泛的地方获取人生意义和生活成功感，也就难以面对子女不孝、生活困顿，于是陷入绝望和无奈，没有了生活的意义。甚至自杀成为常见的解脱方式，有的地方出现农村老年人的高自杀率。④ 除此之外，部分农村老年人转而信仰宗教，调

---

① 安东尼·吉登斯：《现代性的后果》，译林出版社 2000 年版，第 4 页。
② 贺雪峰：《农民价值观的类型及相互关系》，《开放时代》，2008 年第 3 期。
③ 杨华：《绝后的恐惧》，《文化纵横》2010 年第 3 期。
④ 贺雪峰、郭俊霞：《试论农村自杀的类型与逻辑》，《华中科技大学学报（社会科学版）》2012 年第 4 期。

查显示，浙江农村老年人信仰宗教的比例为 41.53%。①

总之，由于传统乡村社会的瓦解和现代性因素的冲击，农村老年人既有的信仰体系、价值体系、意义体系被打破。价值体系的缺失及生活意义的失落，导致老年人的精神生活世俗化、庸俗化和空洞化，严重影响其生命质量和人生价值。这样，重构老年人的价值世界和生活意义也就成为老年精神关怀体系的首要任务。

（二）价值建构的基本路径

价值世界是指导人的日常生活实践的价值理念系统，是人的精神生活的核心内容，它从根本上影响人的生活世界和生命质量。丰富和建构农村老年人的价值世界和意义系统，成为老年精神保障体系的关键内容。

1. 加强精神教育，引导老年人的价值世界

在人的精神世界里，意义系统特别是精神信仰的形成是一个非常复杂的议题，它与社会结构背景、文化传统与文化环境、个人经历与生活实践等诸多因素有着复杂的联系。意义系统和精神信仰的生成不是一个完全自发的过程，它既是生命主体对所处特定时空环境和生存境遇的适应性反应，更是主体在对生命历程和生活实践反思基础上的寻找与追求。而精神教育能给个体的这种寻找和追求以方向的指引。精神教育就是旨在促进人的精神世界，发展和提升人的精神生活质量的教育活动的总称。② 精神教育的内容相当广泛，包括旨在排除心理困扰、预防心理疾病的心理健康教育，训练道德思维、提升道德判断能力的道德教育，以及理想信念教育。其中最核心的目的是要确定并坚守人的精神信仰。谈到精神信仰，人们自然会想到宗教，很多老年人也确实将精神信仰寄托于神和上帝。但精神信仰和宗教并不是同义语。不少有识之士主张更多地从人性、人的现实生活、人的独特体验和人的精神生活品位的角度谈精神信仰。精神信仰是超越意义上的精神追求，是人们选择生活类型的价值标准。

在农村老年人的精神教育的过程中，完全否定和回避宗教信仰既不现实，也不明智。宗教信仰并不都是坏事，也有很多正功能，至少对老年人来说是这样。国外有研究证实了这一点。布拉姆（Braam）的研究表明，宗教信仰有助于

---

① 课题组：《发展中的老年保障事业：浙江省老龄事业发展战略研究报告》，浙江人民出版社 2013 年版，第 293 页。

② 王坤庆：《精神与教育》，华中师范大学出版社 2009 年版，第 171 页。

减少或降低老年人的精神抑郁。而布拉特（Brat）的研究证实，宗教信仰能使老年人更有效地调试精神健康问题。① 但精神教育显然不能只指向宗教，作为对人的信念和理想的指导，同样可以指向共产主义信念、指向为社会为他人作贡献的世界观和人生观，指向对生活的热爱、对生命的珍视和对幸福生活的追求。可以通过舆论引导和其他方式，向老年人传播合理的价值观和人生观，以一种平和的心态面对人生、面对现实，以积极的态度创造人生，实现超越。引导老年人正确认识死亡及其生活意义。死亡并不会销毁人生的意义，人生的意义不能只从其自身的延续中获得，而应该从智能、审美、道德等非生物学的参照中获得。人生是一个终身性的成长过程，不应放弃任何一个阶段的价值追求。老年人"不仅在生命的质上应该得到高品质，在生命的量上也必须善用此生、善保生命，完全充分地享用天地自然赋予他们的生命时光"。② 生命内在地包含着死亡，死亡取消不了生命的意义。"向死而生""以死观生"，人生才能更充分地领悟和把握人生的意义。总之，精神教育应力求使老年人获得积极乐观的生活态度和价值取向，获得健康的人生观和明确的人生目标，获得生活的意义世界和价值引导。

2. 树立正确的社会老年价值观

老年人的价值世界，老年人对人生和社会的看法，是与社会对老年人价值的认识密切关联的。社会对老年人价值的认知偏差必然导致老年人价值世界的混乱与偏差。因此，社会对老年人价值的正确认知，是老年人自我价值认同的必要条件。

由于老年人生理功能退化，参与能力下降，很多人认为老年人社会价值下降，老而无用，将老年人视为包袱和负担。这种错误的价值认知，以及受此影响的态度、行为和政策实践，必然会影响老年人的自我认知和生活态度，影响其意义系统和价值认同。

事实上，与其他年龄群体一样，老年人同样具有社会价值和个人价值。老年人的社会价值可以从物质价值和精神文化价值两方面得到体现。从经济的角度看，老年群体仍是人力资源的重要组成部分，仍是经济活动的重要参与者。

---

① 转引自王经华：《老年人精神信仰、生活质量现状及相关关系研究》，曲阜师范大学硕士学位论文，2011 年，第 4 页。

② 郑晓江：《穿透生命》，生活、读书、新知三联书店 1999 年版，第 164 页。

随着生产技术的发展，体力的弱势将被淡化，而老年人在经验、能力和工作态度方面的优势将越来越明显。同时，老年人在照料家务等方面也具有重要的社会价值。浙江调查显示，农村老年人帮子女照看家的比例高达34.05%，帮子女做家务的比例达28.37%，帮子女照看孩子的比例达23.60%。另外，农村老年人的主要生活照料者也是配偶的比例达42.45%。①

老年人的社会价值主要的还表现在精神方面。② 其一，老年人具有知识和道德文化价值。"老年人从所具有的见解来看，可以说是漫长人生的临床家。从盖格鲁吉撒克逊人的意义上看，他们是真正常识的持有者。由于这种体验而获得的睿智应该是代代相传的……"③ 其二，老年人具有文化传递价值。老年人以其丰富的人生体验和生活智慧，不仅直接贡献于社会，还在人类文化发展中起着重要的传递作用。其三，老年人还具有示范和启迪价值，其成功可以启发后人，其失败可以警示后人。正如联合国文献中所说："老年人在家庭、邻里以及各种社会生活中的存在依然传授着无可替代的人类课程。老年人不仅以他的生命，并且事实上也以他的死亡教导着我们所有的人。……可以鼓励我们更冷静地看待自身的死亡并鼓励我们充分注意到我们对子孙后代所负有的责任。"④另外，老年人对家庭的情感凝聚和对子女的心理支持也发挥着积极的作用。

老年人的价值存在不仅可以从经济的角度、从"有用"的角度得到证实，更可以从生命价值和人道的角度得到确证。生命存在的本身就是最大的价值。因此，社会要树立科学的老年价值观，肯定和尊重老年人的社会价值，形成友好积极的文化氛围，这样能增强老年人的自身价值感，获得生活的意义感。

3. 消除老年歧视，营造公平的文化价值环境

农村老年人无意义感和无价值观的形成是与其遭遇的边缘地位和社会歧视相关的，消除老年歧视，创造公平的社会文化价值环境是构建老年人积极向上的意义世界的基础和条件。

①　课题组：《发展中的老年保障事业：制度与政策》，浙江大学出版社2013年版，第234页、第287页。
②　姜向群：《对老年人社会价值的研究》，《人口研究》2001年第2期。
③　［日］长谷川和夫、霍山德尔：《老年心理学》，黑龙江人民出版社1997年版，第329—330页。
④　联合国：《老龄问题维尔纳国际行动计划》，载《全球行动迎接人口老龄化》（联合国老龄话题文件汇总），第13页。

歧视就是一种不公正对待。老年歧视是社会对老年人的一种无理的负面的塑造和差别对待，① 是对老年人的成见、偏见以及由此产生的思想和行为。艾弗森（Iversen）、拉森（Larsen）和索利姆（Solem）把老年歧视界定为"人们由于老年人的实际年龄或者把他们知觉成年老的，而对老年人形成消极的或积极的刻板印象、偏见或歧视。老年歧视可能是内隐的，也可能是外显的，而且以微观、中观或宏观等不同水平表现出来"。② 老年歧视存在于个人层面、制度层面和文化层面。当代著名老年学家帕尔默在《老年歧视主义：消极的与积极的》中，总结了当今老年歧视主义的 10 种定型以及由此产生的恶果。关于老年人的最典型的 10 种传统定型有疾病、性无能、丑陋、心理衰减、心理疾病、无价值感、孤独、贫穷、沮丧、老龄政治。这些偏见和歧视性认知，会带来消极的态度和行为。③ 歧视性的认知偏差和情感排斥，通过一定的社会机制生产出歧视性的行为、习惯、法律和社会政策，最后导致政府、社会、市场、家庭等各层面对老年人资源和机会的不公正分配。

在我国农村，老年歧视成为一种普遍的存在。随着社会结构变迁，农村的家庭结构和家庭关系发生了改变，老年人的家庭地位边缘化。有研究指出，农村老年人积累的财产在分家过程中普遍被子女剥夺，分家独立出去的子女在得到父母财产的时候，却往往忽视赡养老人的义务。④ 一些农村老年人非但不能在家庭中获得照顾，有的甚至通过自杀获得解脱。老年歧视不仅存在于家庭，也体现在社区和国家制度层面。在乡村社会，老年人的权威已不复存在，在社区公共事务中的话语权已严重弱化，其社区参与的机会和参与质量大大下降，老年人在村庄的政治地位和社会地位呈现普遍的弱势化和边缘化。从政府制度层面看，现有公共政策体系缺乏对老年人群体的关注，其中一些政策存在着价值取向偏误、政府内容缺位、碎片化和执行力不足等问题，在一定程度上反映出对老年人的偏见性制度歧视和缺失性制度歧视，而且缺失性制度歧视已成为

---

① 易勇、风少杭：《老年歧视与老年社会工作》，《中国老年学杂志》2005 年第 4 期。
② 姜兆萍、周宗奎：《老年歧视的特点、机制与干预》，《心理科学进展》2012 年第 10 期。
③ 郭爱妹、石盈：《"积极老龄化"：一种社会建构论观点》，《江海学刊》2006 年第 5 期。
④ 龚为纲：《中国农村分家模式的历史变动——基于 1990、2000 年全国人口普查原始数据的分析》，《青年研究》2012 年第 4 期。

我国制度性老年歧视的主要形态。①

老年歧视的存在恶化了老年人的生存环境，不仅造成老年人经济利益和生活照料受到损害，也会造成精神伤害。它会降低老年人的自我效能感，老年人会将外界的消极老化的刻板印象内化成自我认知，形成消极的生活信念，陷于抑郁和压力之中。解决问题的办法是，消除老年歧视，建构"积极老龄化"，以"积极老龄观"取代"消极老龄观"。新的老龄化建构不仅开始挑战传统主流文化的建构，更重要的是建构它自己的意义领域，并产生新的价值、意义，从而使老年人生活更有尊严，更有价值。②

4. 为老年人提供社会实践和社会参与的机会

人的意义世界的建构，依赖于人具有的意义建构能力，但这只是为意义世界的建构提供了一种可能性。人们只有通过多种途径，不断地寻求和赋予生活的意义，才能建立起丰富和积极的意义世界。农村老年人建构起自己的意义和价值世界，最基本的途径是实践。在社会实践中，老年人能按自己的意志和想法改变事物，能通过实践拓展自身的社会关系和生活领域。在实践中，老年人能挖掘自身智慧，创造性地解决问题，强化和充实自己的贡献感和价值感。在实践中，能使老年人发现真正的自我，发现自身的社会价值，也就确立了生活的信念。所以社会实践是形成生活的意义世界的源泉。③ 生活意义一定要通过人与对象的关系体现出来，通过主体的对象化活动来证明自己，确证人的生活价值。

价值发展是老年人发展的重要方面。老年人的价值发展就是老年人在实践过程中实现自己的新的价值的过程。老年人通过参加形式多样的生产生活实践，不仅可以获得物质经济的收益，也能获得精神收益、社会收益，能够获得他人的尊敬，获得成就感和满足感，摆脱"老来无用"的衰弱心理，获得心理的自立自强。④

为此，政府、社区和家庭都应该为老年人的社会参与创作条件，提供政策、经费等多方面支持，营造良好的社会舆论环境。2012 年 12 月最新修订的《中华

---

① 吴帆：《中国老年歧视的制度性根源与老年人公共政策的重构》，《社会》2011 年第 5 期。
② 郭爱妹、石盈：《"积极老龄化"：一种社会建构论观点》，《江海学刊》2006 年第 5 期。
③ 吴卫东：《论生活的意义世界》，《兰州铁道学院学报（社会科学版）》2000 年第 2 期。
④ 朱尧耿：《老年发展的伦理考量》，《伦理学研究》2009 年第 1 期。

人民共和国老年人权益保障法》第六十五条就明确规定：国家和社会应当重视、珍惜老年人的知识、技能、经验和优良品德，发挥老年人的专长和作用，保障老年人参与经济、政治、文化和社会生活。第六十八条规定，国家为老年人参与社会发展创造条件。只有当政府、社会和家庭为农村老年人提供社会参与的机会和途径，搭建社会参与的平台，形成参与的氛围，才能帮助老年人充分实现自身价值。

（三）主体责任分配

农村老年人价值建构机制的运行需要多元主体的共同努力，只有各司其职，相互配合，才能实现预期效果。

政府责任。第一，通过多种手段和方式开展老年精神教育，宣扬社会主义核心价值理念，引导老年人树立合理的价值观和人生观。第二，以公平、平等的价值理念重建老年人公共政策，消除老年歧视。第三，为老年人社会参与提供法律政策保障和财政支持。

社区责任。第一，建设尊老敬老的社区文化，形成彰显老年价值的社区文化氛围。第二，组织和引导老年人参与社区公共事务，保障老年人合法权利，为老年人社会参与提供机会和支持。第三，形成对老年歧视和老年虐待的谴责和制裁机制，建设尊老敬老的社区文化。第四，打造以社区为基础的老年参与平台。

家庭和个人责任。家庭成员应尊敬和肯定老年人，形成和谐的家庭环境，鼓励老年人走出家庭，参与社会。老年人自己要正确认识自身价值，积极追求生活意义和幸福生活，增强参与意识，在参与中丰富和发展意义世界，在参与中实现人生价值。

二、心理维护与促进机制

心理健康是老年人精神生活质量的重要表征，也是老年精神保障的重要内容。由于与增龄相伴的生理功能衰退，认知和情绪的变化，特别是社会环境的变化，农村老年人心理健康风险增大。老年人的心理发展面临着角色转变和社会适应、精神关爱需求与家庭养老功能弱化、老有所为与身心衰老的矛盾，①如果这些矛盾不能得到缓解和妥善解决，将严重影响老年人的心理健康和生命质量。有专家预言，从现在到 21 世纪中叶，没有任何一种灾难能像心理危机那样带给人们持续而深刻的痛苦。② 而老年人是心理问题的高危人群，如何构建一个兼顾预防、治疗和发展，功能互补，协调配合的老年人心理维护与促进机制成为老年精神保障的重要任务。

（一）心理健康与农村老年人的心理问题

健康是农村老年人最关心的问题之一，也是老年保障的关键目标。大多数老年人把健康列为最重要的愿望，在权衡个人生活幸福感的有关因素时，绝大多数的老年人将健康列为第一位。③ 2010 年浙江调查表明，农村老年人比较担心的 9 个问题中，排在前两位的都与健康有关，排在第一位的是生病时没钱治病（40.63%），第二位的是生病时治愈不了（37.95%）④ 可见，在农村老年人基本解决了温饱问题之后，健康成为人们最关注的问题，也是其生活的首选目标。

老年人的健康状况本身是其总体生活质量的一部分，同时，健康水平还可以通过经济、生活自理能力和生活幸福的感受程度对老年人的生活质量产生影响。⑤ 在农村，老年人出现健康问题，一方面会加大医疗、照护方面的支出，另一方面会影响老年人的经济参与，制约老年人的收入来源和经济保障。另外，健康状况会影响老年人的日常生活自理能力，而自理能力降低不仅会影响老年人的情绪和自主感，而且会影响其生活质量。而老年人的主观幸福感更是与健康状况密切相关的。有研究显示，健康自评与生活满意度高度相关，健康自评差的经济不满意和生活不满意的比例均高于健康自评好的老年人。⑥

健康是一个综合性范畴，也是一个动态发展的概念。传统健康观认为，健

---

① 许佃兵：《当代老年人心理发展的主要矛盾与特点》，《江苏社会科学》2011 年第 1 期。
② 王希林整理：《卫生组织总干事布伦特兰博士在 1999 年中国/世界卫生组织精神卫生高层研讨会上的讲话》，《中国心理卫生杂志》2000 年第 1 期。
③ 邬沧萍、杜鹏：《人口老龄化过程中的中国老年人》，华东师范大学出版社 1996 年版，第 138 页。
④ 课题组：《发展中的老年保障事业：制度与政策》，浙江大学出版社 2013 年版，第 291—292 页。
⑤ 孙鹃娟：《中国老年人生活质量研究》，知识产权出版社 2008 年版，第 122 页。
⑥ 赵宝华：《提高老年生活质量对策研究报告》，华龄出版社 2002 年版，第 290 页。

康就是没有疾病，就是生理健康。1948 年世界卫生组织提出了健康新概念，健康不仅仅是没有疾病，而是躯体、精神以及社会交往各方面的完美状态。健康的内涵已从生物学领域扩展到了心理和社会领域，健康不仅是生理健康，也应该是心理健康和社会适应良好。可以看出，心理健康已经成为健康的当然内容和不可缺少的部分。

关于心理健康的概念，目前还没有统一的定义，一般认为，心理健康是指心理活动和心理状态的正常，包括心理过程和个体心理特征的正常。① 由于心理健康涉及诸多因素，是一个非常复杂的问题，人们的认识也不够充分，难以找到一个统一的标准。美国心理学家马斯洛和密特尔曼提出的心理健康标准包括：①有充分的安全感；②充分了解自我、悦纳自我、相信自我，对自我的能力能够作出正确、恰当的评估，对前途充满信心；③给自己确定比较实际的生活目标；④与现实社会生活环境保持经常的联系和接触，能较好地适应经常变化的多元社会环境；⑤具有良好和谐的人格特质；⑥具有在实践中学习并不断提高自己的能力；⑦有良好的人际关系；⑧能做到适度表达和控制自己的情绪；⑨在不违背社会和团体要求下，进行自我发挥和自我创新；⑩在不违背国家法律法规和社会利益情况下，对个人的基本需求作出恰当的满足。我国老年心理学家许淑莲教授提出了老年心理健康的六条标准：热爱生活和工作；心情舒畅、精神愉快；情绪稳定、适应能力强；性格开朗、通情达理；人际关系良好；认知能力正常。② 中科院心理学所的吴振云教授认为心理健康的理论框架包括五个主要方面：性格健全，开朗乐观；情绪稳定，善于调适；社会适应良好，能应对应激事件；有一定的交往能力，人际关系和谐；认知功能正常。③

心理健康对农村老年人的生活有着重要影响。首先，心理健康对生理健康有直接影响，积极乐观的情绪状态有益健康，而消极、抑郁的情绪则有害健康。现代临床医学和医学心理学的研究发现，主要由心理因素导致的心身疾病已占全部人类疾病的 50% 以上，尤其是居前三位的心脏病、脑血管疾病和癌症，其

---

① 吴振云：《老年心理健康的内涵、评估和研究概况》，《中国老年学杂志》2003 年第 12 期。
② 转引自刘荣才：《老年心理学》，华中师范大学出版社 2009 年版，第 265—268 页。
③ 吴振云：《老年心理健康的内涵、评估和研究概况》，《中国老年学杂志》2003 年第 12 期。

病因与心理行为因素有着密切影响。① 生理心理学研究表明，情绪有其独特的生理机制，人发怒时，心跳加速、血压升高、呼吸急促。人恐惧时，呼吸较强而短促，甚至会出现中断。对老年人而言，抑郁、烦恼、恐惧等消极情绪可能引发某些疾病，如抑郁、恐惧、焦虑就可能导致心肌梗死、脑溢血。② 相反，积极正向的情绪状态可以增进身体健康。英国爱丁堡大学和格拉斯哥医学研究会的一项持续 20 年的研究，追踪调查了 7400 多名志愿者（被试），研究结果证实了"健康的心理等于健康的身体"这一俗语。③

其次，心理健康有利于激发老年人的潜能，增强社会参与。老年人尽管会出现一定程度的功能退化，但仍然有着巨大的潜力，只是由于种种主客观原因而没有发挥出来。而如果老年人有着良好的心理状态，具备良好的性格品质和心理能力，就能将潜能激发出来并转化为强大的内在动力，从而表现出积极的参与性，创造出平时难以想象的成果。同时，心理健康还有助于家庭关系的和谐。良好的性格品质和心理能力能使老年人情绪乐观、豁达大度、善待他人，能较好地处理与配偶和子女的人际关系，也能获得家庭成员更多的情感支持，从而有效提升老年人的主观生活满意度。

但是，随着年龄的增大和生理功能的衰退，老年人的心理功能也会出现退化，进而可能导致孤独、抑郁、焦虑等负向心理症状。更为严重的是老年人还要面对一系列社会文化环境的变化。职业角色的丧失、收入的减少、地位的下降、子女的流动、文化环境的改变、邻里关系的淡化、亲人的离去，如此等等，所有这些都是农村老年人需要面对和适应的。如果老年人不能成功适应这些变化，将可能带来心理健康问题。

2006 年中国城乡老年人口状况追踪调查数据显示，农村老年人的心理状况整体较好。86.9% 的农村老年人对自己的生活满意，"多数时候感到幸福"的比例达 72.1% 。大部分农村老年人保持较好的精神活力，65.0% 的农村老年人认为自己"多数时候感到精神好"。④ 不过，与城市老年人比较，农村老年人的主观幸福感低于城市老年人，且差距较大。农村老年人认为自己较幸福的比例为

① 刘荣才：《老年心理学》，华中师范大学出版社 2009 年版，第 159 页。
② 赵慧敏：《老年心理学》，天津大学出版社 2010 年版，第 129—130 页。
③ 刘荣才：《老年心理学》，华中师范大学出版社 2009 年版，第 270 页。
④ 张恺悌主编：《中国城乡老年人社会活动和精神心理状况研究》，中国社会出版社 2009 年版，第 161 页。

33.1%，较城市老年人的 56.9% 低 23.8 个百分点。从纵向看，2006 年农村老年人回答"较幸福"的比例比 2000 年的数据低 10.4 个百分点，一些区域性的调查结论也基本相似。① 李德明等利用北京大学 2002 年调查数据分析显示，农村老年人主观幸福感较低，总体差于城镇老年人。② 胡军生等在江西的调查也显示，农村老年人的主观幸福感低于城市老年人，且远低于国内有关研究的平均值。③

值得关注的是，部分农村老年人表现出较强的衰老感，出现消极、烦恼等情绪倾向。60.3% 农村老年人"放弃了许多以往的活动和爱好"，67.1% 的农村老年人"宁愿在家也不愿意去尝试自己不太熟悉的事情"。"时常感到心烦"的农村老年人比例达到 43.2%，45.0% 的"觉得自己很没用"，丧失希望感的老年人达 23.5%，41.4% 的老年人担心"将会有不好的事情发生"。④

孤独感是农村老年人中常见的负性消极情感。2006 年的全国调查显示，农村老年人中"常常感到孤独"的比例达 30.9%，远高于城市老年人的 18.0%，随着年龄增大，老年人的孤独感更强，农村老年人孤独感比例从低龄组到中高龄组逐渐提高，由 28.0%、33.3% 上升到 38.8%，文化程度、婚姻状况、居住安排等对农村老年人的孤独感有直接影响。另外，有相当多的老年人认同自己是家庭的负担，农村老年人这一比例为 58.7%，较高于城市老年人的 35.2%。⑤

抑郁是衡量老年人心理健康状况的重要指标，2006 年调查显示，农村老年人完全没有抑郁症状的只有 35.9%，远低于城市老年人的 55.5%。农村老年人轻度抑郁、中度抑郁、重度抑郁的比例分别为 38.7%、18.1%、7.4%，女性老年人比男性老年人严重，高龄老人比低龄老人严重，39.5% 的低龄老人没有抑郁症状，而 80 岁以上的高龄老人中这一比例只有 25.3%，重度抑郁者低龄老人

① 张恺悌、郭平：《中国人口老龄化与老年人口状况蓝皮书》，中国社会出版社 2010 年版，第 204 页。
② 李德明、陈天勇、吴振云：《中国农村老年人的生活质量与主观幸福感》，《中国老年学杂志》2007 年第 12 期。
③ 胡军生、肖健、白素英：《农村老年人主观幸福感研究》，《中国老年学杂志》2006 年第 3 期。
④ 张恺悌主编：《中国城乡老年人社会活动和精神心理状况研究》，中国社会出版社 2009 年版，第 160—161 页。
⑤ 张恺悌、郭平：《中国人口老龄化与老年人口状况蓝皮书》，中国社会出版社 2010 年版，第 210 页。

中的比例为 6.1%，而高龄老人中的比例高达 10.6%。① 抑郁可能引发许多不良后果，其中抑郁就与自杀高度相关。2006 年调查显示，农村老年人"过去一个月有过想死的念头"的比例为 26.7%，"过去一个月考虑过自杀"的有 18.9%，"过去一个月有过自杀的行为"的比例达 6.5%。② 2010 年全国疾病监测系统的人口及死亡资料表明，农村老年人是自杀的高危人群，农村老年人的自杀死亡率是城市老年人群的 2.59 倍。③

综合看来，农村老年人心理健康状况虽然较好，但整体情况不容乐观。有相当一部分老年人存在抑郁、孤独的负性情绪状态，甚至出现自杀意念和行为，严重影响了老年人的生活质量。农村老年保障体系应通过一定的途径和方式，采取多种手段，提高农村老年人的心理健康水平，促进老年人的生存与发展。

（二）心理促进机制

老年心理促进机制是指帮助和促进老年人调节和改善心理状态，实现心理健康的行动与过程，以及相关的制度安排的总称。心理促进机制应力求将促进个人心理保健与建构良好的社会心态环境相结合；将心理问题预防、矫治与心理能力发展相统一，以预防为主，防治结合；将外部干预与自我保健相协调，内外配合，提高实效。

心理健康问题受生理、心理、社会等诸多因素的影响和制约。老年人的身体健康状况、婚姻家庭、居住方式与家庭结构、物质生活水平、社会文化环境、心理健康服务资源与可及性、主体自身的心理健康意识和调节能力都会对其心理健康产生直接影响。因此，老年心理促进机制是一个复杂的系统工程，需要采取综合性措施才能实现效果。总体来看，应该从三个方面下功夫，一是创造良好的外围环境，完善老年人社会支持体系；二是加强老年心理健康教育，优化心理素质，发展心理能力，提升自身心理保健水平；三是完善农村老年心理健康服务网络，提升服务水平。

具体来说，可以从以下方面付诸行动：

---

① 张恺悌、郭平：《中国人口老龄化与老年人口状况蓝皮书》，中国社会出版社 2010 年版，第 216 页。
② 同上，第 170 页。
③ 蔡玥、胡楠、刘韫宁等：《中国人群 2010 年自杀死亡现状分析》，《中国预防医学杂志》2012 年第 6 期。

1. 完善农村老年人生活保障，改善生存状况

一般说来，心理健康状况是与物质生活条件相关联的。良好的心理状况依赖于相对稳定的生活保障，而这其中最主要的是经济收入、医疗保障和生活照料。

经济状况是影响农村老年人主观幸福感和心理健康的重要因素。尽管收入与幸福的关系是一个复杂的议题，二者不是简单的线性关系，但根据卡罗尔·格雷厄姆（C. Graham）对相关经验研究的总结，"大多数幸福研究文献发现，在一国内部，从平均水平来看，富人的幸福水平高于穷人"。① 国内大多数实证研究表明，对农村老年人主观幸福感直接影响力最大的是经济因素。② 贺寨平的研究发现，不仅老年人本人的经济收入对老年人的身心状况有较大影响，其网络成员的经济收入对老年人的身心状况也有影响。③ 如果有稳定的收入来源，基本的物质生活得以保障，就能降低依赖感，增强自尊和自信。而如果物质生活条件没有保障，为日常生活发愁，则可能产生担心、焦虑等不良情绪。

另外，健康和生活照料也是影响心理健康的重要因素。老年人由于生物学因素，其患病率普遍高于其他年龄群体，与此相伴随的是生活自理能力的下降和生活照料需求的增加。这从客观上要求政府和社会为老年人提供相对完善的医疗保障和生活照料服务。但由于历史和现实的原因，我国农村老年社会保障水平较低，没有很好地解决农村老年人的生活保障问题，给农村老年人的心理健康带来了一定的影响和制约。2006 年调查显示，42.2% 的农村老年人比较担心或非常担心没有生活费来源，50.2% 的农村老年人担心生病时没钱看病，36.9% 的农村老年人担心需要照料时无人照料。④ 2010 年浙江调查显示，农村老年人担心的主要问题排在前 5 位的分别是：生病时没钱治病、生病时治愈不了、没有生活费来源、子女失业、需要时没人照料。40.63% 的农村老年人担心没钱治病，31.38% 的农村老年人担心没有生活费来源，28.62% 的担心需要

---

① 转引自田国强、杨立岩：《对"幸福的收入之谜"的一个解答》，《经济研究》2006 年第 11 期。

② 王枫、况成云、王娟等：《农村老年人主观幸福感及其影响因素研究》，《中国卫生事业管理》2010 年第 5 期。

③ 贺寨平：《社会经济地位、社会支持网与农村老年人的身心状况》，《中国社会科学》2002 年第 3 期。

④ 张恺悌、郭平：《中国人口老龄化与老年人状况蓝皮书》，中国社会出版社 2010 年版，第 188—193 页。

时没人照料。①

上述事实说明，经济收入、健康保障和生活照料已经成为影响农村老年人心理健康的制约因素。因此，完善农村老年人生活保障体系也就成为农村老年人心理促进机制的必要选择。

从整体上看，近年来我国农村老年人社会保障有了长足的发展，但保障水平偏低。目前农村老年人虽然享有新型农村养老保险和新型农村合作医疗，但客观说来，农村老年人的基本生活保障还不充分。2010年浙江调查显示，农村老年人"收入状况"的满意度排在倒数第一位，经济保障严重不足。新型农村合作医疗由于筹资水平不高，难以满足农村老年人的健康保障需求，而农村社会化照护服务也存在供给不足。② 无论是从心理健康的角度，还是从社会政策，公平正义的角度，都应该加强农村老年人生活保障。一是要进一步加强农村老年经济保障，提高农村养老保险筹资水平和保障水平，建立与物价水平挂钩的基础养老金调整机制。二是提高农村医疗保障水平和医疗服务可及性，增进老年人健康水平，重点要提高"新农合"的保障水平，保障待遇要向老年人倾斜。要大力发展社区老年卫生服务，提供预防、保健、医疗、康复、护理等多功能服务，提高老年人医疗服务可及性；三是要拓展农村老年生活照料资源，健全农村老年照料服务体系。在未来，可逐步开展老年长期保险，为老年人的生活照料提供制度化保障。

总之，要通过逐步提高农村老年社会保障水平，完善农村老年生活保障体系，改善农村老年人的物质生活条件和健康服务水平，为农村老年人的心理健康奠定良好的物质基础。

2. 营造尊老、敬老、爱老的社会氛围，优化社会心理环境

人的心理状态是在一定环境状态下生成的，它总是与特定的社会环境相关联的。人的心理健康状况在某种程度上说是人与环境互动的产物。尊重、接纳、自主、平等、关怀、温暖的友好环境能给老年人心理以良性刺激，为老年人的心理潜能开发与自我实现提供有利条件，促进身心发展。反之，不尊重、歧视、排斥、否定、淡漠、虐待等不友好的环境将给老年人以劣性刺激，从而对老年

---

① 课题组：《发展中的老年保障事业：制度与政策——浙江省老龄事业发展战略研究报告》，浙江大学出版社2013年版，第292页。

② 同上，第3页。

人的心理健康带来潜在威胁，甚至导致心理健康问题。心理疾病不单纯是个体的心理失衡，而是社会环境"挤压"的结果，它与社会结构中不协调因素碰撞有关，或者说其背后一定隐含着结构性因素的操纵。基于此，营造一个能给老年人心理带来良性刺激的社会文化环境，是维护和促进农村老年人心理健康的必要条件。

尽管我国农村是一个尊老的社会，但由于工业化引起的巨大社会变迁对农村老年人生存的社会文化环境造成了有力冲击。年轻崇拜、孝道的衰落、利益至上、情感商品化等导致农村老年人的多方面边缘化，甚至出现大量的啃老、厌老、弃老、虐老等不孝现象。农村老年人生存环境，特别是社会心理和文化环境令人担忧。有研究认为，老年人评价子女不孝的比例远远高于15%。①2000年调查显示，33.2%的农村老年人担心"子女不孝"。② 2010年浙江调查显示，情况有所好转，但仍然14.42%农村老年人担心子女不孝。③ 而由于农村基层组织功能弱化，经济取向的治理逻辑导致的精神文化建设乏力，客观上对农村养老的道德文化环境造成了负面影响。

建设良好的养老文化环境，营造尊老、敬老、爱老的社会风气和文化氛围，需要多层面使力。具体说来，第一，在宏观层面上，政府和社会要继承传统孝道文化，弘扬孝亲精神。采取制度化的手段和措施加强尊老、敬老、爱老教育。从经济、法律等多方面采取措施保护老年人的合法权益，消除老年歧视。同时，要充分发挥社会舆论的导向作用。通过各种传播媒体，通过社会舆论宣传尊老敬老的好传统、好风气、好榜样，形成良好的道德氛围。总之，要通过社会舆论褒扬"尊老"的道德观念，营造"敬老"的社会氛围。第二，从社区中观层面，加强社区养老文化建设，动员村民都来关心和帮助老年人，多为老年人办实事，广泛开展老年生活服务。表扬尊老敬老的模范，批评、谴责那些不善待老人乃至虐待、遗弃老年人的丑恶行为，形成良好的社区氛围。第三，在微观层面，要加强家庭道德教育，强化养老责任和养老意识的培养，和谐代际关系，给老人以更多的关系和温暖。总之，要通过多方面努力，营造一个良性的社会

① 陈功：《家庭革命》，中国社会科学出版社2000年版，第119页。
② 中国老龄科研中心：《中国城乡老年人口状况一次性抽样调查数据分析》，中国标准出版社2003年版，第6页。
③ 课题组：《发展中的老年保障事业：制度与政策——浙江省老龄事业发展战略研究报告》，浙江大学出版社2013年版，第292页。

心理环境，让老年人获得尊严、自主、鼓励、信任、支持、肯定、安全、快乐的情绪体验，促进心理健康。

3. 积极开展老年心理健康教育，提高老年人的自我心理保健能力

心理状态是主体对外界刺激的反应，一个人的心理健康状况一方面取决于外界刺激的性质，良性的刺激更可能带来积极的情绪和心态，而劣性的刺激则可能带来负性情绪和心理健康问题。而另一方面取决于个体的心理素质和自我心理保健能力，较高的心理素质和自我心理保健能力能使人更合理妥善应对外部环境刺激，正确对待困难和挫折。因此，要促进农村老年人心理健康，除了营造尊老、敬老、爱老的社会心理环境，还应该努力提升农村老年人的心理素质和自我心理保健能力，而这需要通过老年心理健康教育来实现。

随着人类健康观的发展，各国卫生政策的趋势是由重视疾病治疗到重视疾病预防和健康促进。如日本从以往的两次国民健康运动到"黄金计划""新黄金计划"和"健康日本 21"，都强调老年人健康教育和健康促进的重要性。[1] 老年健康教育的重点内容之一是心理健康教育。老年人心理健康教育目标，一是心理学和心理卫生知识培训，强化老年人的心理卫生意识，让老年人自觉维护心理健康；二是有关心理健康维护的方法和技巧培训，强化老年人自身心理调控能力。让农村老年人学会控制消极情绪，通过自我宣泄、代偿迁移等方法减轻心理压力，实现心理平衡。通过心理健康教育与培训，让农村老年人掌握预防心理疾病、发现心理问题以及自我调适心态等心理保健的方法。

在心理健康教育的过程中，要根据农村老年人的生活环境和文化程度及自身特点以及他们的实际需求等来选择合适的内容，采取适当的形式，教育内容要明确具体，便于农村老年人接受和操作。在教育的方式方法上要充分考虑农村老年人的生活方式、文化背景、接受能力等各方面特点，将人际传播与大众传播、知识传播与行为教育、专业干预与行政干预相结合，利用集中讲座、科普录像、个别辅导、黑板报宣传栏、农村集市现场咨询等各种形式开展老年心理健康教育。[2]

---

[1]　叶旭辉、李鲁、日下幸则：《日本老年人的健康教育与健康促进》，《国外医学（社会医学分册）》2001 年第 4 期。

[2]　李建平、周绍斌：《健康教育——农村老年健康支持体系的重要内容》，《中华护理杂志》2007 年第 8 期。

需要说明的是，老年心理健康教育的实施有赖于良好的组织管理。要健全农村老年人心理健康教育网络，充分利用现有的农村卫生保健资源，整合教育、老龄等职能部门的力量。要加强心理健康服务人员的队伍建设和能力提升。总之，要克服农村老年人文化素质偏低、居住分散以及农村心理卫生专业人才和资源缺乏的制约，提高认识，明确责任，整合资源，形成合力，提高心理健康教育的针对性和实效性。

4. 加强农村社区老年心理健康服务

社区是农村老年人除家庭之外的最主要的生活场所，也是其晚年生活的重要支持渠道。对于老年人心理健康而言，社区层面的老年心理健康服务尤为关键。社区可以开展心理咨询、心理治疗等各种形式的心理服务。针对部分老年人存在的心理问题，社区应有专职或兼职的心理健康服务人员，运用专业的方法与技巧，给对象以帮助、疏导和启发，预防和消除其不良心理。采用心理治疗技术减轻、改善或消除治疗对象的精神症状。

社区心理健康服务起源于 20 世纪 60 年代的美国，早期主要的关注对象是儿童和青少年。20 世纪 80 年代，随着毕生发展心理学的发展，老年社区心理健康服务悄然兴起。英国在专业机构和社区工作人员的协调参与下，老年心理健康服务成绩显著。由专科医生、咨询师和社区精神科护士组成的社区心理健康服务队伍（CMHT）负责评估和治疗有复杂心理问题的老年人。老年人心理健康服务在整个精神卫生学科中已经发展成最全面的、创新的、真正多学科合作工作的队伍。[1]

我国社区心理健康服务起步于 20 世纪 90 年代，进入 21 世纪，老年人开始成为社区心理健康服务对象的主体，2002 年《中国精神卫生工作规划（2002—2010 年)》，将老年人纳入精神卫生工作的重点人群。[2] 经过 10 多年的发展，我国社区老年人心理健康服务内容广泛，形式多样，从业人员素质不断提升。但还存在认识不到位，服务不系统，行动难以落实，从业人员缺乏，专业素养不

---

① 滕丽新、黄希庭、陈本友：《英国老年人心理健康服务体系的现状及启示》，《西南大学学报（社会科学版）》2009 年第 3 期。

② 卫生部、民政部、公安部等：《中国精神卫生工作规划（2002—2010）》，《上海精神医学》2003 年第 2 期。

高等一系列问题。① 与城市相比，农村老年社区心理健康服务更是十分薄弱，有的地区甚至一片空白，严重影响了农村老年人的心理健康和生活质量。

为此，政府应高度重视农村老年社区心理健康服务，依托现有的医疗卫生服务体系和精神卫生服务体系，加强专业队伍建设和资源投入，借鉴国外老年心理健康服务经验，建立和完善农村老年社区心理健康服务体系。具体说来，一是政府应制定颁布相关政策法规，为农村老年心理健康服务提供政策支持。将社区老年心理健康服务纳入基层考核范围并加以严格评估。二是加强农村社区老年心理健康服务人才队伍，通过培训、进修、城乡交流等途径提升专业素质。三是合理确定服务内容。农村社区老年心理健康服务需要以心理健康教育结合医学心理咨询为中心，依托老年医学和精神医学，以预防、早期诊断及早期治疗为主。② 重点关注空巢老人、丧偶老人、贫困老人、病患老人等特殊人群。

5. 改善农村老年人的社会参与，丰富老年人的文化娱乐活动

对农村老年人的心理健康而言，与社会保持联系，参与正常的社会生活是非常关键的。社会隔离是心理健康的致命杀手。"老年人要想拥有良好的心态和社会适应能力，就需要保持与他人或事物的联系。……老人需要某些形式的社会交往以保持智力功能和社会功能。感觉与他人保持交往对老年人来说很重要，此外，不管老人怎样看待贡献和有用，感觉自己仍能做贡献、自己还有用也同样重要。"③ 保持社会交往的有效途径是社会参与。美国学者哈维格斯特提出的"活动理论"也认为，老年人应该积极参与社会，这样才能使老年人重新认识自我，保持生命活力。"对于一个正在变老的人，活动变得尤为重要"，"每个人都在社会互动中找到生活的意义……人们如果要顺利地进入老年过程，就必须保持足够的社会活动，年老的人应该寻求活动角色。如果一个人尚能参与活动，他（她）就会取得一个积极的自我形象，生活的满足感就更大"。④ 因此，从老

---

① 方必基、叶一舵：《我国老年人社区心理健康服务的状况与思考》，《福建医科大学学报（社会科学版）》2010 年第 3 期。

② 滕丽新、黄希庭、陈本友：《英国老年人心理健康服务体系的现状及启示》，《西南大学学报（社会科学版）》2009 年第 3 期。

③ 凯瑟琳·麦吉尼斯—迪特里克：《老年社会工作：生理、心理及社会方面的评估与干预》，中国人民大学出版社 2008 年版，第 71 页。

④ 戴维·德克尔：《老年社会学》，天津人民出版社 1986 年版，第 162 页。

年人的心理健康的角度看，积极创造条件，引导和组织老年人走出家门，参与各种社会活动是很有必要的。通过参与，老年人可以贡献社会和家庭，体会价值感和尊严感；可以获得知识和信息，提高社会适应能力；通过参与，还可以使老年人的苦恼得到宣泄，快乐得到分享，在宣泄和分享中获得心理满足，实现心理平衡。

我国农村老年人经济参与度较高，如果身体条件允许，他们一般不会退出经济活动。在农村家庭，大多数农村老年人是家务劳动的主要承担者，特别是女性老年人。但在社会活动和文体娱乐活动方面，农村老年人参与的内容、形式、机会等都有待发展。农村老年人社团组织缺乏，文体娱乐设施不健全，加以农村基层政府组织重视不够，组织引导不力，这些都影响了农村老年人参与社会组织，从而对农村老年人的心理健康带来不利影响。政府和社会，特别是农村社区层面如何创造条件，积极组织农村老年人参与各种社区公益和文化娱乐活动是农村老年心理健康促进的现实任务。

（三）主体责任分配

政府：①健全和完善农村老年人生活保障体系，提高保障水平。目前重点解决农村社会养老保险和健康保险的保障水平偏低的问题，以及空巢老人、丧偶孤寡老人及病患老人的生活照料问题，大力发展农村居家养老服务，解决农村老年人的生活之忧；②出台老年心理健康服务的相关法规，特别是健康保障的相关政策，将老年心理健康服务纳入健康保障的范畴，并从资金、人才、设施、组织管理等给予支持和倾斜；③构建农村老年人心理健康服务网络，加强农村心理健康服务专业人才和老年社会工作专业人才建设；④加强道德建设，营造尊老、敬老、爱老的社会氛围，为老年人心理健康创造良好的社会文化环境；⑤为农村老年人的社会参与和文化娱乐活动提供政策和资源支持。

社区：①努力营造一个让老年人获得积极正向心理体验的社区环境；②开展社区老年心理健康教育，提供老年心理咨询服务及相关初级心理卫生服务，通过多种方式缓解老年人的心理压力；③组织和引导农村老年人参与社区公益活动，鼓励和倡导农村老年人成立文化娱乐社区组织，改善社区老年文体娱乐活动条件，丰富老年人的文化娱乐生活。

社会：①传播媒体和文化产业应倡导尊老敬老爱老的社会价值理念和道德风气，提供对接农村老年人需求的文化产品，丰富老年的文化生活；②民间组织和非营利机构应积极开展农村老年人心理健康服务，为农村老年人提供心理健康教育、心理咨询与疏导、心理评估等专业服务。

家庭：①和谐家庭关系，尊重、理解、关心老年人，创造敬老、民主、和谐的家庭氛围；②多与老年人沟通和交流。子女不但要为老年人提供良好的物质生活条件和日常生活照料，更要关注老年人的身体和情绪状态，通过陪伴、聊天、倾听等多种方式满足老年人的情感需求，缓解心理压力消除不良情绪；③鼓励老年人走出家庭，多参与社会交往和文体娱乐活动。鼓励老年人培养兴趣爱好，多参加体育锻炼，丰富晚年生活，延缓衰老。

个人：①健全自我认知，认识自我，接纳自我。学习和了解老年生理和心理常识，建构符合老年人心身特点的生活方式；②树立积极的生活态度。积极参与社会生活和文体娱乐活动，扩大社会交往，多交朋友。妥善处理家庭人际关系，优化家庭人际环境；③学习和掌握心理保健知识和方法，增强自身心理保健意识和心理调控能力，树立正确的死亡观，寻找生活乐趣，培养兴趣爱好，丰富自身精神文化生活。

三、休闲娱乐机制

休闲娱乐是农村老年人晚年生活的重要主题，其休闲娱乐生活对其精神生活以及自身发展产生重要影响。换句话说，休闲娱乐是农村老年福利的重要议题。休闲是人的权利或需要，而政府的职责则是保护国民的权利，并确保国民的需要得到满足。[①] 老年人由于逐渐退出生产领域，随着劳动时间的缩短，闲暇时间大大增加，休闲娱乐需求更为强烈。正如戴维·德克尔所说，"当一个工人退休时，他（她）们通常能把更多的注意力放到闲暇活动中去。"[②] 农村老年人虽然没有退休的统一时间表，但休闲娱乐时间的增多显然是共同趋势。如何实现农村老年人充实健康的休闲娱乐生活是农村老年精神保障机制的重要内容。

（一）休闲娱乐与农村老年人生活

休闲是现代人的一种生活状态和生活方式，也是一种生命存在的方式。但

①　维尔：《休闲与旅游供给：政策与规划》，中国旅游出版社2010年版，第15页。
②　戴维·德克尔：《老年社会学》，天津人民出版社1986年版，第159页。

到底什么是休闲，却是一个不太容易说清的问题。亚里士多德认为，休闲是"对要履行的必然性的一种摆脱"，① 强调休闲与自由选择的关联。约翰·凯利认为，其实休闲的自由不是毫无约束的开放，而是一种成为状态的自由，休闲是在摆脱义务责任的同时对具有自身意义和目的的活动的选择。② 德国学者约瑟夫·皮珀将休闲视为一种精神状态，闲暇"是一种精神的现象"，"是一种灵魂的状态"，"也是一种无法言传的愉悦状态"。③ "闲暇的态度不是干预，而是自我开放，不是攫取，而是释放，把自己释放出去，达到忘情的地步，好比安然入眠的境界"。④ 著名休闲学者戈比认为，"休闲是从文化环境和物质环境的外在压力中解脱出来的一种相对自由的生活，它使个体能够以自己喜爱的、本能地感到有价值的方式，在内心之爱驱动下行动，并为信仰提供一个基础。"⑤

世界休闲组织秘书长克里斯多夫·爱丁顿梳理了以往几十年的相关文献，发现人们一般从时间、行动和精神状态三个不同角度来定义休闲。⑥ 从时间意义上看，休闲是一段不受外在约束的或者说是自由支配的闲暇时间。从活动视角看，休闲是由具有某些特性的一些特定活动构成的，如体育、户外游戏、康体健身、文学艺术、旅游观光、志愿者服务等不计报酬的活动。而将休闲理解为一种精神状态是一种被人们广为接受的定义方式。而这种精神状态需要具备一定的条件：能感觉到自己是自由自在的；能感觉到自己是有能力胜任的；自己拥有一种内在的动力。⑦

尽管人们对休闲的表达存在差异，但对休闲的理解还是存在基本的共识。休闲是一种自由状态，是对强制性的摆脱；休闲与闲暇时间、闲暇活动相关联，但不停留于这种客观存在，它具有主观性和精神性，是一种精神状态。"休闲是通过自我认识和完善而获得自由并发现意义的过程"。⑧ 休闲没有直接的物质性目的，具有非功利性特征。正如约瑟夫·皮珀所言："闲暇所代表的可以说是一

---

① 古德尔：《人类思想史中的休闲》，云南人民出版社 2000 年版，第 8 页。
② 约翰·凯利：《走向自由——休闲社会学新论》，云南人民出版社 2000 年版，第 20 页。
③ 约瑟夫·皮珀：《闲暇：文化的基础》，新星出版社 2005 年版，第 40—41 页。
④ 同上，第 42 页。
⑤ 杰弗瑞·戈比：《你生命中的休闲》，云南人民出版社 2000 年版，第 14 页。
⑥ 克里斯多夫·爱丁顿、陈彼得：《休闲：一种转变的力量》，浙江大学出版社 2009 年版，第 5 页。
⑦ 同上，第 5—7 页。
⑧ 古德尔：《人类思想史中的休闲》，云南人民出版社 2000 年版，第 275 页。

个非功利性质，但却是最符合人性的世界。"① 当然，休闲也是一个动态的、历史的范畴，随着社会的进步，休闲的意义也在发生变化。最初，休闲仅被视作人们在紧张的工作后得到和恢复的一种方法；后来休闲成为人们寻求快乐与地位的一种手段；当然，也许休闲最终会成为人们追求生活意义的一种活动。②

休闲活动的形式是丰富多样的。戈登、盖茨和斯科特发展了一个以参加一项活动所需的认知的、情绪的和体力的参涉程度为基础的类型体系，将闲暇活动分为五大类型：一是"放松休息"，包括休息、打瞌睡等；二是"消遣"，包括读书、看电视、社会化和享受；三是"发展的"活动，包括认真读书、旅行、参加自愿协会，文体活动；四是"创造性"活动，包括绘画、跳舞、写作、分析等；五是"肉体超越"即需要最大程度的认识、情绪和体力的活动，如竞争性较高的体育活动、剧烈的跳舞、狂热的宗教活动。③ 国内有学者将闲暇活动分为消遣性的娱乐活动和提高性的学习创造活动，也有学者分为一般消遣型、娱乐充实型、学习提高型、自我发展型或分为潜能型、陶冶型、延伸性、调剂型。也有学者从其所产生的社会效果，将休闲归为"雅闲""俗闲"和"恶闲"三类。④

而对于老年人的休闲娱乐活动的类型划分，学者们的差异不大，张祥晶将老年人的休闲活动分为健身类（散步、爬山、太极拳、体操、打球等）、益智类（看电视、读书、看报、打牌、下棋、上网等）、陶冶情操类（种花、养宠物、收藏、摄影）、交流类（聊天、聚会、探亲访友）、公益类（无偿的利他的活动）。⑤ 王琪延、罗栋将老年人的休闲活动分为体育休闲（跑步、散步、打球等各种健康活动）、文娱兴趣活动（打牌、下棋、文艺欣赏、上网等各类兴趣爱好）、学习活动（老年学校、读书看报等）、公益活动（社区公益活动）、旅行游玩等5类。⑥ 如果从主体在其中的状态来划分，可以分为主动参与型和消极接受型。从调查情况看，农村老年人大多是消遣娱乐型，学习提高和发展型的活动偏少，消极接受型的偏多，主动型的活动偏少。

---

① 约瑟夫·皮珀：《闲暇：文化的基础》，新星出版社2005年版，第69页。
② 杰弗瑞·戈比：《你生命中的休闲》，云南人民出版社2000年版，第1页。
③ 戴维·德克尔：《老年社会学》，天津人民出版社1986年版，第157—158页。
④ 刘海春：《生命与休闲教育》，人民出版社2008年版，第56页。
⑤ 张祥晶：《杭州市老年人口休闲状况调查与分析》，《西北人口》2006年第4期。
⑥ 王琪延：《北京市老年人休闲生活研究》，《北京社会科学》2009年第4期。

休闲作为人们日常生活的重要内容，对个体生活质量和个人发展有着直接影响和重要意义。休闲为人的发展提供了基本条件与可能，"自由时间是不被生产劳动所吸收的，而用于娱乐和休息从而为劳动者的自由活动和发展开辟广阔无边的余暇时间"。① 亚里士多德甚至指出，休闲对于人的幸福生活具有本质性、本原性的意义。② 休闲活动的参与和机会对生活质量有很大贡献，休闲活动是生活质量的关键因素。其途径和机制主要包括：①从休闲中体验到积极情绪和康乐；②获得积极认同和自尊；③增强文化联系，创造社会和谐；④对终身学习和人类发展的贡献。③

爱丁顿、迪嘎夫、迪塞等学者认为，休闲给人带来诸多益处，包括个人发展、社会融合、心灵疗救、强健体魄、新鲜刺激、自由自主、寻根怀旧等多方面，让人的生活变得更加美好。④

从闲暇时间的占有看，老年人群显然是闲暇时间最多的年龄群体。从个体生命周期看，老年期是闲暇时间最多的生命阶段。休闲是老年阶段最重要的生活主题。读书、看报、体育锻炼、娱乐等活动对老年人生活质量的积极影响已被大量研究和老年人的生活经验所证实。正如约翰·凯利（Kelly）指出，与任何其他生活和体验相比，休闲可能对生活质量更加重要。⑤ 休闲强调老年人能力的继续，可以给身体、精神和社会活动的参与提供平台。休闲可以赋予老年人力量，帮助老年人抵制衰老的成见和刻板印象，建构和成就积极老龄化。

休闲对老年人的积极影响是多方面的。第一，休闲能给老年人带来寻找幸福、快乐的强烈愿望，"休闲是作为意义建构的一种行为活动而存在的"。⑥ 老年人在休闲活动中能获取意义感和价值感，获得自尊自信和积极的老年价值观。第二，休闲娱乐能促进老年人的身体健康。在休闲所有的活动中，体育锻炼对身体健康的积极作用在大量研究中都得到了支持。参加体育锻炼与死亡率的降低相关，与老年生理机能和生活自理能力的保持相关，对糖尿病、骨质疏松、

---

① 《马克思恩格斯全集》第 47 卷，人民出版社 1972 年版，第 215 页。
② 转引自龙江智、王苏：《深度休闲与主观幸福感》，《旅游学刊》2013 年第 2 期。
③ 埃德加·杰克逊：《休闲与生活质量》，浙江大学出版社 2009 年版，第 54 页。
④ 爱丁顿、陈彼得：《休闲：一种转变的力量》，浙江大学出版社 2009 年版，第 50—51 页。
⑤ 埃德加·杰克逊编：《休闲与生活质量》，浙江大学出版社 2009 年版，第 144—145 页。
⑥ 爱丁顿、陈彼得：《休闲：一种转变的力量》，浙江大学出版社 2009 年版，第 48 页。

高血压都有积极效果。一些轻松类的活动方式也有利于提高老年人的身体机能和延长寿命，参与社会、智力和富有成效的休闲活动可以降低老年性痴呆的风险。① 第三，休闲娱乐活动有益于老年人的心理健康。国外一些研究表明，参加休闲活动的老年人感到更幸福和更满足，自我报告有更积极的情感和心理状态；同时悲伤、焦虑、沮丧、消极性情感降低。体育锻炼、志愿者活动、读书看报、娱乐活动与老年人的心理康乐有很大的关联。② 国内也有大量研究证实日常锻炼、③ 太极拳、④ 书法绘画、⑤ 音乐学习、⑥ 文学审美和文化活动⑦等都对老年人心理健康有正向作用。龙江智等学者研究发现，深度休闲通过充实感、归属感、成就感、身体健康、心理健康和人际互动等机制，提升了老年人的主观幸福感。⑧ 第四，休闲娱乐对老年人个体发展也有重要意义。通过休闲促进人对生活进行思索，有助于人的全面发展和个性成熟，使人真正走向自由。⑨ 休闲活动是老年人行为、认知以及维持和发展友谊的重要环境，能促进老年人的社会交往，增强归属感，减少社会隔离和孤独，促进老年人的社会融入、社会接受、社会贡献、社会实现和社会一致。⑩ 正如约翰·凯利所说："休闲是一个完成个人与社会发展任务的主要社会空间"，"休闲在人的整个一生中都是一个持久、重要的发展舞台"。⑪

---

① 埃德加·杰克逊编：《休闲与生活质量》，浙江大学出版社 2009 年版，第 149—150 页。
② 同上，第 152—155 页。
③ 王燕、高健、石秀梅：《日常锻炼对老年人心理健康和主观幸福感的影响》，《护理学杂志》2010 年第 1 期。
④ 杨长明、寒川恒夫：《太极拳运动对老年人心理健康的影响》，《中国老年人杂志》2012 年第 5 期。
⑤ 高健、王欣、桥本公雄等：《书法绘画练习对老年人心理健康和生活质量的影响》，《中国健康心理学杂志》2010 年第 3 期。
⑥ 陈蔓琳：《音乐学习对老年人主观幸福感的影响》，《星海音乐学院学报》2010 年第 4 期。
⑦ 刘式和：《用文学作品促进心理健康》，《成都大学学报（社科版）》2007 年第 2 期；张效利：《文学审美体验在老年人心理健康中的作用》，《中国老年学杂志》2011 年第 12 期；吕相康：《论文化活动对老年人心理健康的促进功能》，《黄石理工学院学报》2009 年第 2 期。
⑧ 龙江智、王苏：《深度休闲与主观幸福感——基于中国老年群体本土化研究》，《旅游学刊》2013 年第 2 期。
⑨ 马惠娣：《休闲——文化哲学层面的透视》，《自然辩证法研究》2000 年第 1 期。
⑩ 埃德加·杰克逊编：《休闲与生活质量》，浙江大学出版社 2009 年版，第 156 页。
⑪ 约翰·凯利：《走向自由——休闲社会学新论》，云南人民出版社 2000 年版，第 104 页。

休闲娱乐对康乐老年有重要意义，而如果缺乏休闲娱乐的机会和自主多样的选择，反过来会加剧老年人隔离、孤独、无助、乏味、被动、消沉以及低生活满意度。我国农村老年人有大量的闲暇时间，但由于主客观多种原因，农村老年人总体休闲娱乐生活质量有待进一步提升。农村老年人闲暇活动的场所和设施严重不足，老年人的闲暇活动参与率也不高。2006 年全国调查显示，农村老年人"从不"到老年活动室、老年大学、老年人协会、运动场地去参加活动的比例分别为 12.6%、6.1%、18.0%、10.1%，"经常"到这些场所去参加活动的比例分别仅为 2.1%、0.3%、4.0% 和 2.2%。① 从休闲娱乐活动的形式看，看电视是农村老年人休闲的主要方式，被动休闲活动或无指向的休闲活动多，主动休闲活动特别是社会公益活动少，普遍存在休闲生活单调、乏味、无归属感等问题。② 农村老年人的休闲娱乐生活体现出单调、低质、被动的总体特征。丰富和提升农村老年人的休闲娱乐生活，对于促进农村老年人的身心健康和个体发展具有重要的意义。

（二）休闲娱乐机制

1. 加强休闲教育，增强农村老年人的休闲意识和休闲能力

休闲娱乐有益于老年人的身心健康和全面发展，但高质量的休闲生活并不是自然生成的，仅仅有闲暇时间，仅仅参与了娱乐活动，并不意味着就是理想的休闲娱乐生活。休闲是一种能力，"是人类灵魂的基本能力"。③ "空闲时间是一种人人拥有的并可以实现的观念，而休闲却并非是每个人都可以达到的人生状态"。④ 如果没有科学合理的休闲观念，较强的休闲能力和基本的休闲技能，就难以实现有价值的休闲娱乐生活，甚至对个体生活和社会发展带来损害。正如美国学者曼蒂所言："无能力处理好闲暇是造成酗酒、吸毒、自杀、趋从社会上不良行为以及其他种种变态疾病的主要原因。"⑤ 而休闲能力获得的主要途径

---

① 张恺悌：《中国城乡老年人社会活动和精神心理状况研究》，中国社会出版社 2009 年版，第 125 页。

② 马惠娣、邓蕊、成素梅：《中国老龄化进程中的休闲问题》，《自然科学辩证法研究》2002 年第 5 期。

③ 约瑟夫·皮珀：《闲暇：文化的基础》，新星出版社 2005 年版，第 46 页。

④ 托马斯·古德尔、杰弗瑞·戈比：《人类思想史中的休闲》，云南人民出版社 2000 年版，第 1 页。

⑤ J. 曼蒂、L. 奥杜姆：《闲暇教育的理论与实践》，春秋出版社 1989 年版，第 51 页。

是休闲教育。"明智地利用闲暇，是文明和教育的产物"。①

农村老年人文化水平普遍偏低，休闲观念消极保守，休闲技能相对缺乏，这些都是提升休闲娱乐生活质量的限制因素。加强休闲教育，培养农村老年人的休闲能力有其现实必要性。休闲教育是指对人们休闲生活的理念和方法进行引导，其目的是引导人们科学安排休闲生活、体验生命，实现人的全面发展。②尽管所有社会成员都需要休闲教育，但不同群体的教育需求以及由此决定的教育内容和方法应该是有所区分的。从农村老年人自身特点、生活环境及休闲状况看，我们认为，农村老年人休闲教育的重点主要有两个。一是树立科学合理的休闲价值观念。"大量休闲研究显示老年男女的休闲除了受物质、环境和身体制约之外，还受老年人是否理所当然的需要休闲的观念制约"。③农村老年人休闲观念落后，大多对休闲缺乏正确的认知，总是将休闲与休息、玩、打牌、玩麻将等同，不能正确认识休闲的价值和意义。受此影响，农村老年人的休闲态度相对保守和被动。如何调整农村老年人的休闲价值观，激发其主动性和积极性是休闲教育的重要目标。二是要培养和训练农村老年人的基本休闲技能。休闲生活质量是与休闲生活技能直接相关的，除文化程度外，包括鉴赏能力、文体能力、使用现代技术产品的能力等在内的闲暇生活技能是影响农村老年人休闲生活质量的重要因素。正如马克思所说，"……因为要多方享受，他就必须有享受能力，因此他必须是具有高度文明的人。"④"对于没有音乐感的耳朵来说，最美的音乐也毫无意义"。⑤农村老年人由于文化水平和生活经历的原因，普遍缺乏休闲生活技能，特别是网络及一些现代电子产品的使用技巧更是缺乏。休闲教育的任务就是要培养老年人的兴趣爱好，训练他们的基本休闲技能。

2. 改善农村老年人休闲娱乐的硬件环境

休闲娱乐生活并不仅仅取决于主体的休闲能力，还依赖于一定的客观物质条件，正因为如此，学术界对休闲生活的评价一直以来有主观和客观指标之争。主观指标以休闲参与、休闲满意度、休闲态度等来衡量。而客观指标则是根据

---

① 罗素：《悠闲颂》，中国工人出版社 1993 年版，第 8 页。
② 刘海春：《休闲教育的伦理限度》，《学术研究》2006 年第 5 期。
③ 埃德加·杰克逊编：《休闲与生活质量》，浙江大学出版社 2009 年版，第 157 页。
④ 《马克思恩格斯全集》第 46 卷（上），人民出版社 1979 年版，第 329 页。
⑤ 《马克恩恩格斯全集》第 42 卷，人民出版社 1979 年版。第 126 页。

休闲设施、休闲场地、休闲环境等外在休闲资源来衡量。① 第二次世界大战以后，休闲场所与休闲设施成为考察生活质量的重要指标。国外学者的相关研究都提示娱乐设施、公园场地对休闲娱乐质量的影响，以及政府和相关部门建造休闲娱乐设施，丰富休闲资源的必要性。

由于多种原因，我国城乡公共服务产品的供给和公共财政分配一直不平衡，农村公共文化娱乐资源相对匮乏，加上地方政府的经济增长的发展取向，导致农村休闲娱乐的硬件条件较差。据 2006 年全国调查，农村老年人住所附近没有"老年活动室"的比例为 78.8%；没有"老年大学"的比例为 93.3%；没有运动场地的比例为 81.6%。② 一项有关长三角地区老年人运动休闲研究显示，老年人运动休闲参与项目最多的是步行（达 92%），究其原因，除经济、休闲技能等因素外，场地条件的限制也是不容忽视的。③ 参与体育锻炼的农村老年人有 72.6% 的选择在自家庭院。正式的健身场地和设施稀缺，村中空地和房前屋后成为农村老年人的活动场所。④ 除了健身条件差，农村老年人的其他休闲娱乐设施也非常缺乏，读书、看报、看电影、听音乐、上网等对农村老年人来说，都是一些不容易的事情，除了文化水平的限制外，客观环境条件是重要制约因素。

为丰富农村老年人休闲娱乐生活，必须加大农村休闲娱乐的硬件建设。一是加强农村社区的体育健身场所和设施的建设，使农村老年人在住所附近有健身活动场所；二是进一步完善社区老年活动室，现有老年活动中心一般由省、市、县（区）、乡镇（街道）四级网络构成，而社区层面相对较弱，而社区恰恰是老年人最需要的。应该重点建设好村文化室、广播室、图书室等文体娱乐设施；三是抓好农村水、电路、电话、电视信号、互联网等基础设施建设，为农村老年人的休闲娱乐提供良好的条件。

3. 加强对农村老年人休闲娱乐活动的组织和引导

目前农村老年人的休闲娱乐活动大都是个体自发性行为，缺乏必要的组织

---

① 宋瑞：《休闲与生活质量关系的量化考察：国外研究进展及启示》，《旅游学刊》2006年第 12 期。

② 张恺悌主编：《中国城乡老年人社会活动和精神心理状况研究》，中国社会出版社 2009年版，第 124 页。

③ 张建国、刘同记、李春阳等：《长三角老年人运动休闲特征研究》，《体育文化导刊》2012 年第 6 期。

④ 汤德锭、徐志平：《安徽省农村老年体育调查及对策研究》，《吉林省教育学院学报》2011 年第 10 期。

和引导。由于认识和相关物质条件的限制，特别是乡镇基层政府和村级组织对农村老年人休闲娱乐等精神文化生活没有正确的认识，地方政府和基层干部大多只关心农村老年人的吃穿住问题，很少去关心其休闲娱乐，使老年人的休闲生活处于一种自发状态。我们在浙江的调查显示，多数村庄没有组织老年人文化娱乐活动。尽管近年来新农村建设有了一些改善，但情况并没有实质性改变。如何组织农村老年人开展丰富多彩的休闲娱乐活动，是目前农村老龄工作的现实课题。乡镇基层政府和村级治理组织应积极推动成立老年人协会和老年健身队、合唱队、棋牌协会、腰鼓队等各种休闲娱乐组织，充分发挥老年人协会在老年休闲娱乐方面的积极效应，动员和激发老年人的参与积极性，提高参与率。组织的运作和管理应主要依靠老年人自身力量，发展老年人的自我管理能力，体现自主性。同时，基层政府和社区组织应定期或不定期地开展多种形式的文化娱乐活动，构建社区公共娱乐空间，把农村老年人从家庭、从电视机前拉出来。

休闲娱乐活动对老年人的身心健康和个人发展可能产生积极正向的影响，但并不是所有的休闲娱乐活动都能实现这种功能。随着全球化和西方文化的涌入，社会价值观念多元化，我国休闲娱乐生活领域也出现了一些不良现象，休闲成了被异化的活动。而农村老年人由于文化素质偏低，价值判断能力和价值选择能力的局限，存在较大的"异化"风险。政府和社会应通过适当的方式，引导农村老年人积极休闲、合理休闲、成功休闲。

为此，一方面要通过休闲教育引导农村老年人树立合理的休闲价值观，提高老年人的价值选择能力，倡导文明、健康的休闲生活方式。另一方面，政府和社会应动员和整合各方面资源为农村老年人提供丰富健康的文化产品，通过送戏、送电影、送图书等多种方式丰富农村休闲娱乐活动，用健康向上的文化产品占领农村的文化生活舞台。同时，坚决打击和取缔迷信、赌博、黄色书刊以及其他的不健康的文化娱乐活动，营造健康向上的休闲舆论氛围，形成正确的舆论导向，使农村老年人远离低级趣味和低质乏味的消遣，走向有利于身心健康和个性发展的休闲娱乐生活。

4. 为农村老年人休闲娱乐生活提供政策支持和法律保障

休闲娱乐是人的权利，农村老年人具有平等的休闲权利，而权利的实现需要政府的有效作为。在休闲娱乐领域，农村老年人是一个围观和边缘群体。"一些研究显示，通过休闲促进康乐、防止过度残疾，和维持一种自我和人格感对于边缘化的老年甚至更加重要，但是这些老年人，特别是女性，面临晚年参与有意义的活动的众多制约因素"。① 作为研究休闲制约因素的领军人物，埃德加·杰克逊认为，"休闲的制约因素存在一个固定的通用的分类标准，其中最为关键的包括：①参与休闲活动所需的花费；②时间以及其他干扰因素；③设施设备方面的问题；④隔离（有时又可以细分为社会隔离和空间隔离）；⑤缺乏技巧和能力。"② 大多农村老年人在上述五个方面程度不同地存在着障碍和制约。他们经济收入水平普遍较低，难以支付旅游，上电影院、舞厅，买电脑上网等所需的花费。部分老年人由于子女进城务工而不得不以年老之身支撑和照顾家庭，因家务、照看孙子孙女和农活而没有了闲暇时间。农村老年人在休闲娱乐场所和设施设备方面更为糟糕，大多老年人只能以看电视、散步、打麻将为主要休闲方式，看戏、看电影、读书看报成了奢侈。而歧视、排斥等社会隔离也大大影响了老年人的休闲娱乐机会和休闲体验。休闲技巧和休闲能力的匮乏也是农村老年人的普遍现象。这些因素的共同作用导致了农村老年人的低质、单调和被动，也为政府和社会提供了作为空间和福利需求。

既然休闲娱乐是一种权利，那么政府和社会就有责任去确保国民休闲娱乐需要的满足。而农村老年人休闲娱乐方面的弱势性更对政府和社会的支持和保障提出了现实需求。为此，政府应将休闲娱乐纳入农村老年社会政策，出台相关法规政策，为农村老年人提供良好的休闲娱乐环境和休闲资源，保障农村老年人平等的休闲娱乐权利的实现。2012 年 12 月修订、2013 年 7 月正式施行的《中华人民共和国老年人权益保障法》对老年人的休闲娱乐生活保障作了明确规定，但要真正落实还需进一步细化政策和具体执行。政府应进一步确认老年人的休闲娱乐权以及其中的政府责任，规划农村休闲娱乐发展和休闲服务供给，强化公共部门的休闲供给，规范和引导市场营利性的休闲供给，倡导和鼓励非营利性组织在农村老年人休闲娱乐中发挥积极作用。特别是农村老年人由于经济条件的限制难以通过市场获取高质量的休闲娱乐生活，政府应在大力发展农村休闲娱乐的公共服务的同时，通过法规政策引导和约束休闲娱乐市场及相关主体为老年人提供优待和关照。

---

① 埃德加·杰克逊编：《休闲与生活质量》，浙江大学出版社 2009 年版，第 157 页。
② 克里斯多夫·爱丁顿、陈彼得：《休闲：一种转变的力量》，浙江大学出版社 2009 年版，第 55 页。

（三）主体责任分配

政府：①作为政策制定者，政府应将农村老年人的休闲娱乐纳入老年社会政策范畴，并为农村老年人的休闲娱乐生活提供法律和政策保障；②作为资源提供者，各级政府应加大农村休闲娱乐投入，改善农村老年人的休闲娱乐条件，丰富休闲娱乐资源；③作为规划者，政府应规划和发展农村老年休闲事业，整合相关资源，开发和提供适合农村老年人的电影、电视、图书杂志等休闲娱乐资源；④作为制度供给者，政府应规范休闲服务的提供及相关标准。

社区：①争取和整合社区内外的资源，改善农村社区老年人休闲娱乐条件；②开展老年人休闲教育，提升农村老年人的休闲能力和休闲技巧；③组织和引导老年人开展健康向上的休闲娱乐活动，发展老年人休闲娱乐组织；④推进老年人的休闲参与；⑤营造良好的社区氛围，强化社区休闲文化建设，为农村老年人休闲娱乐生活提供良好的软环境。

非营利组织：①倡导和引导农村老年人成立休闲娱乐组织，激发休闲参与积极性；②为农村老年人提供休闲咨询及相关服务，引导休闲意识，提升休闲能力；③开展老年休闲教育，培训休闲技能；④促进农村老年人的休闲参与。

家庭：①和谐家庭关系，为老年人提供良好的休闲环境；②改善老年人的家庭休闲娱乐条件，提供基本的休闲娱乐设施；③开展家庭休闲活动与老年人共同休闲娱乐；④鼓励老年人走出家庭，参与社区休闲娱乐活动，并为此提供相关支持。

个人：①树立积极的休闲价值观，正确认知老年和休闲；②积极主动地走出家庭，参与社区的休闲娱乐活动；③培养兴趣爱好，学习休闲技能，提升自身的休闲能力；④追求休闲品位，远离低级趣味。将休闲娱乐与服务他人、服务社会相统一。

第七章

农村老年精神保障机制的基本框架（二）

一、文化教育机制

文化是人的基本特性，人是一种文化性存在。而人要获得文化的特质，只能通过教育的途径。因此，教育对生命具有本体论意义。无论是自然生命的发育，还是精神生命的成长都离不开教育。教育是人的生命需要，从完整生命发展的角度看，人的未完成的自然生命和人的精神文化生命都呼唤着教育。① 康德在1803年出版的《论教育》中曾说，"人只有受过教育，才能成为人。"教育是人的生命存在的基本形式，"人是教育的、受教育的和需要教育的生物，这一点本身就是人的形象的最基本标志"。② 教育与人的生命存在是同一的，老年人同样需要教育。正如保罗·郎格朗所言，"人格的发展是通过人的一生来完成的"，"教育，不能停止在儿童期和青年期，只要人还活着，就应该是继续的。"③ 文化教育需求的满足对老年人的精神生活世界具有独特的价值和意义。

（一）文化教育与农村老年人的精神生活

文化教育在老年人精神生活世界处于一个特别位置，扮演十分重要的角色。文化教育既是老年人精神生活的内容，也是影响其他精神生活领域的中介。主体受教育的程度和状况可以影响人的精神生活能力、闲暇生活技能、社会参与

---

① 冯建军：《生命与教育》，教育科学出版社2004年版，第164页。
② O. F. 博尔诺夫：《教育人类学》，华东师范大学出版社1999年版，第36页。
③ 高志敏等：《终身教育、终身学习与学习化社会》，华东师范大学出版社2005年版，第5页。

的观念和态度，进而影响精神文化消费的内容和层次，从而最终影响精神生活质量。因此，文化教育是老年精神保障机制不可忽视的重要领域。

人是一种文化的存在。人是文化的创造者，文化是人类活动的产物，而文化作为一种存在又创造着人，人正是接受和内化社会文化才成为人，成为有思想的存在，成为一根"能思想的芦苇"。兰德曼认为，"每个人类个体想要成为人类个体，就必须成为超个体文化中介的参与者。"① 人的文化特性决定了社会个体必须具备成为文化意义上的人的资格，也就必须获得自主地参与社会文化活动的能力和机会。个体获得文化特性和文化能力的过程，实质上就是个体接受社会文化教化的社会化过程，也就是一个教育的过程。只有通过教育，人才能获得文化的特性，也才能成为人。从这个意义上说，人的文化过程，也就是受教育过程，文化和教育具有天然的统一性。

从人权的角度看，文化权利和教育权利是人的基本权利，文化权和受教育权是密切相关的，在某种程度上甚至可以说广义的文化权利本身就包括受教育权。作为一项基本人权的文化权利，尽管大量使用却含义模糊。斯塔温·黑根从"作为资本的文化""作为创造力的文化"和"作为全部生活方式的文化"等角度来理解文化含义，与此相对应，对文化权利也就有"文化权应指个人获得这一累积文化资本的平等权利""文化权意味着个人不受限制地自由创造自己的文化作品的权利，以及所有人享有自由利用这些创造品的权利"和"每一文化群体都有权保留并且发展自己特有的文化"即文化认同权利等不同内容。② 由于文化和文化权利含义的丰富性和模糊性，人们对文化权利具体内容的认识同样存在差别。联合国教科文组织（UNESCO）相关文件将文化权利的具体内容归结为：受教育的权利、文化认同权、信息权、参与文化生活的权利、创造权、享受科学进步的权利、保护作者物质和精神利益的权利、国际文化合作的权利。③

文化权利是老年人的基本人权，综合考虑老年人的现实需求和社会环境条件，我们可以将老年人文化权利的主要内容概括为文化享有权、文化参与权、

① M. 兰德曼：《哲学人类学》，贵州人民出版社 2006 年版，第 208 页。
② 斯塔温·黑根：《文化权利：社会科学的视角》，载于艾德等编《经济、社会和文化的权利》，中国社会科学出版社 2003 年版，第 98 页。
③ 雅男兹·西摩尼迪斯：《文化权利：一种被忽视的人权》，《国际社会科学杂志》1999 年第 4 期。

文化创造权、文化成果受保护权以及受教育权。① 其中，受教育权是老年人文化权利的关键内容，其平等性为《世界人权宣言》《取缔教育歧视条件》等许多国际人权文件所确认。② 我国最新施行的《中华人民共和国老年人权益保障法》第七十条规定，"老年人有继续受教育的权利"，"国家发展老年教育，把老年教育纳入终身教育体系。"受教育权是文化权利甚至整个人权的核心内容，"完全可以说，当今世界，一定水平的教育是人类行为的必要条件，因此，是首要人权"。③ 基于此，《联合国老年人原则》明确确认了老年人的受教育权，"老年人应能参加适当的教育和培训方案"，"老年人应能享用社会的教育、文化、精神和文娱资源"。1982 年老龄问题世界大会通过的《老龄问题维尔纳国际行动计划》对老年人受教育权作了具体明确的规定，"老年人应当和其他年龄组的人们一样，能够得到基本的文化教育，并能利用社会中所具备的一切教育设施"，"作为一项基本人权，提供教育必须避免对年长者的歧视。教育政策应当通过核拨适当资金和制订适当教育方案来体现老年人受教育权利的原则。"④

从老年人个体发展和精神生活的角度看，老年人的文化教育具有重要意义。老年人接受文化教育有利于改善其生理健康和心理健康。卢基特（Lucchetti）认为，教育对老年健康有促进功效，老年教育能使其把握医药及医疗信息，改善行为活动，从而提高他们的健康水平。⑤

学习教育是一种复杂的心智活动，依赖于感觉特别是复杂的大脑思维来实现，这能有效延缓衰老。美国人寿保险公司对年逾百岁的老年人进行调查时发现，他们多数人有读书的习惯。⑥ 文化教育活动能给老年人带来愉悦的审美体验和精神快乐，进而拒绝和远离狭隘、焦虑和无聊，获得高远、宁静和充实。正如西塞罗所说："如果一个人追求学习和修养就像获得食物为生一样，那么没

① 周绍斌、张艳红：《论老年人的文化权利与政府责任》，《人口与经济》2010 年第 4 期。
② 杨松才、泰莉、龚向和：《〈经济、社会和文化权利国际公约〉若干问题研究》，湖南人民出版社 2009 年版，第 286 页。
③ 乔尔·斯普林格：《脑中之轮——教育哲学导论》，北京大学出版社 2005 年版，第 279页。
④ 张恺悌主编：《中国老龄事业五年回顾：马德里国际老龄行动计划五周年回顾》，中国社会出版社 2009 年版，第 178 页。
⑤ 王俊：《老年人健康的跨学科研究——从自然科学到社会科学》，北京大学出版社 2011年版，第 54—55 页。
⑥ 肖雪：《促进老年人阅读的公共图书馆创新研究》，天津大学出版社 2010 年版，第 75页。

有什么比闲暇的老年更令人快活了。宴会上、游戏中的和淫逸放荡中的快乐，与这些快乐相比还有什么意义呢？这些快乐来自某种对知识的学习。"① 文化教育能引导老年人生命发展方向，唤醒老年人生命发展意识。雅斯贝尔斯认为，教育的根本原则是通过文化的传授导向人的灵魂之觉醒，教育是"人的灵魂的教育"，"教育活动关注的是，人的潜力如何最大限度地调动起来并加以实现，以及人的内部灵性与可能如何充分形成"。② 通过文化教育引导农村老年人追求生命的价值和意义，可以提升农村老年人社会参与积极性。事实上，文化教育活动本身就是社会参与，在这一过程中，农村老年人通过学习新知识、新技能，接受新思想、新观念，可以有效提升其社会参与能力，拓展社会参与的范围和深度。文化教育作为农村老年人的继续社会化过程，能帮助和引导老年人正确认知衰老过程，积极面对生理、心理和社会功能变化，学习和了解新知识新技术，更好地适应社会，融入社会。文化教育还能直接丰富精神生活内容，提升精神生活的层次和品位。当今世界，在精神发展上，停留在视听阶段和口头阶段的文盲，没有条件去接触丰富的文化价值，他们因不具备认同文化的基础，因而也难以融入主流文化而成为一个正常的社会成员，更缺乏对一切加以检验、过滤和精神上的自由，无法进入到较为广阔而自由的精神世界。③ 我国农村老年人普遍文化素质偏低，大都还处于"视听阶段和口头阶段"，要提升其精神生活质量，关键在于通过文化教育机制提高其文化水平和精神生活能力。

文化教育对农村老年人来说，不仅是重要的和有价值的，而且是可能的。尽管老年人会出现程度不同的生理衰退，但对学习教育而言仍有足够的能力。智力只在老年期晚期才会出现急剧衰退的迹象，大多数农村老年人的智力能力足够支撑其基本的文化学习能力。当他们要学习的信息或技巧与他们的生活有某种特别的关联时，他们会学习得更好。他们的学习动机是以满足特别需要的知识为基础的，而不是简单将知识转为记忆的训练。④ 重要的是，农村老年人有着较为充裕的闲暇时间，为参加文化教育活动提供了时间上的可能。有调查

---

① 西塞罗：《老年、友谊、义务——西塞罗文录》，上海三联书店 1989 年版，第 31—32 页。

② 雅斯贝尔斯：《什么是教育》，生活、读书、新知三联书店 1991 年版，第 4 页。

③ 李招忠：《教育与人权》，《暨南学报（哲学社会科学）》2000 年第 2 期。

④ 梅陈玉婵、齐铱、徐玲：《老年学理论与实践》，社会科学文献出版社 2004 年版，第 239 页。

显示，在农村 50 岁以上的老年人占有的闲暇时间最多，日均达 357.38 分钟，将近 6 小时。① 不仅如此，老年人无事闲坐的时间也较多，农村 50 岁以上年龄群体平均每天无事闲待的时间是 53.15 分钟。② 这些闲暇没有有效利用，可以用来开展文化教育活动。当然，我国农村老年人的文化教育也存在身体、文化水平、观念以及环境条件的诸多障碍，但只要充分考虑这些障碍因素并加以有效应对，并不足以阻止老年文化教育活动的正常开展。

基于老年文化教育事业的重要性，我国高度重视发展老年文化教育，"十一五"末，全国已建有各级各类老年大学（学校）4 万多所，在校学员 580 多万，老年文化活动中心、图书馆等文化设施有了很大改善，但整体来看，现实与理想还有很大距离，农村老年文化教育整体投入不足，设施、场地、人才等文化教育资源匮乏，农村公共文化服务体系还很不完善，这既制约着农村老年人的个体发展和精神生活，也影响着教育公平正义的实现和农村老龄问题的解决。

（二）农村老年文化教育机制

1. 确认政府责任，加强老年文化教育的法律政策保障

人对文化教育的需要是人的成长不可缺少的，也是个人追求自我发展和个人福祉的需要，人人都有满足文化教育需要的权利。文化教育权是一项强调国家积极作为的权利。农村老年人文化教育权的实现，必须依赖于国家制定的教育制度、教育结构、资源配置等相关设置来落实。从政府职能的视角看，提供教育和公共文化服务是政府职能的重要方面。实现和保障公民公平的文化教育权利，其本质也就是履行政府的文化服务职能。从这个意义上说，政府不仅要关注并及时回应老年人的文化教育需求，而且有责任帮助老年人实现其文化教育权利，并且将这种责任和义务从法律上加以确认。

为保障老年人的文化教育权，很多国家都出台了相关的法律规定。美国的《老年人法》《高等教育法》《成人教育法》《职业教育法》《禁止歧视老年人法》，英国的《益格鲁——法兰西申明》《老年人教育权利论坛宣言》《老年教育宪章》和《老年人教育工作手册》，以及日本的《终身学习振兴法》《高龄社会对策基本法》《高龄社会对策大纲》等政策法规都明确主张了老年人的文化教

---

① 田翠琴、齐心：《农民闲暇》，社会科学文献出版社 2005 年版，第 219 页。
② 同上，第 220 页。

育权利，界定和确认了政府及相关主体的责任。①

我国虽然在《中华人民共和国宪法》《中华人民共和国教育法》和《中华人民共和国老年人权益保障法》等相关法规中确认了老年人的文化教育权，但大都止于原则规定，缺乏具体明确、可操作的规定。缺乏国家层面的老年教育立法、对老年教育的目标、原则、组织运行，以及老年教育的责任主体和实施主体、教育设施建设、教育资金保障、师资队伍建设及效果评估与考核等诸多方面的内容没有明确、系统和完整的规定。② 这种立法状况，由于对相关责任主体缺乏硬约束和有效激励，容易造成老年教育的随意性和责任逃避。为此，国家应完善老年教育立法，制定老年教育法及实施细则，明确各主体权利、责任和义务，对老年教育机构的设立、教育资源的筹集与分配、教育过程的组织管理等一系列问题作出明确规定，以规范和约束相关主体行为，调动社会力量参与老年文化教育事业的积极性，以保障农村老年文化教育权利的实现，促进老年人生命质量和精神生活的改善。

2. 加大财政投入，改善农村老年文化教育的物质条件③

权利的实现是需要成本的，老年人文化教育权的保护和实现也需要一定的经济成本。一般说来，权利的经济成本主要由两方面来支持，一是政府的财政支出，另一是公民的个人支出。④ 文化教育作为一种公共产品，其成本大部分需要且只能由政府承担。正如霍尔姆斯所言："作为一个一般规划，不幸的个人如果不是生活在有税收能力和能够提供有效救济的政府下，他就没有法律权利可言。"⑤

对于老年人等特殊群体而言，其文化教育权实现的经济成本尤其需要政府及社会主体，特别是国家财政的支持，因为老年人自身的市场支付能力极低。中国老年人特别是农村老年人大多还处于温饱水平，缺乏文化教育消费的经济能力，甚至还有相当一部分处于贫困状态。乔晓春等运用相关方法，测算出在2000 年中国 60 岁以上人群中，大约有 2274.8 万人（占 17.5%）处于贫困中，

---

① 娄峥嵘：《国外老年教育政策的分析与启示》，《继续教育研究》2012 年第 8 期。
② 王英、谭琳：《赋权增能：中国老年教育的发展和反思》，《人口学刊》2011 年第 1 期。
③ 周绍斌、张艳红：《老年人的文化权利与政府责任》，《人口与经济》2010 年第 4 期。
④ 赵宴群：《文化权利的确立与实现》，复旦大学博士学位论文，2007 年，第 41 页。
⑤ 史蒂芬·霍尔姆斯、凯斯·R. 桑坦斯：《权利的成本——为什么自由依赖于税》，北京大学出版社 2004 年版，第 6 页。

农村老年人这一比例达 18.8%。① 基于文化教育权的性质、老年人个人支付能力，以及空间可及性，政府应积极承担财政责任，增加投入，加快农村公共文化服务体系建设，为农村老年人提供基本的公共文化教育设施。

老年人参加文化教育活动需要一定的物质条件，包括场所和相关设施。对农村老年人来说，还必须考虑空间可及性问题，应重点建设农村基层公共文化教育基础设施体系。由于认识的滞后以及经济发展水平的制约，我国农村老年人文化教育的物质设施条件较差。调查表明，在农村，老年人生活的社区没有老年活动室的占 72.31%，没有老年大学的占 87.91%。② 这说明农村村级公共文化教育设施还相当落后。这也要求我们在继续办好老年大学和公共图书馆的同时，重点关注村庄一级老年学校、老年文化室、老年阅览室等村庄社区层面的文化教育设施建设。

3. 进一步完善和发展农村老年教育

由于历史的原因，我国老年人文化程度普遍较低。2006 年调查显示，农村老年人有一半以上没有上过学（达 51.4%），初中及以上受教育程度的不到10%。③ 这种受教育程度可能造成农村老年人视野狭小、精神贫瘠，无法进入广阔自由的精神世界。既无法创造文化产品，也难以分享文化成果。因此，应将老年教育作为农村老年精神保障的重点内容，大力发展。

我国农村老年教育经过 20 多年的发展，取得了长足的进步。但整体来看，农村老年教育的供给和需求之间存在较大矛盾，这种矛盾不仅体现在数量和规模上，更体现在结构和质量上。存在老年教育定位不合理、硬件软件都投入不足、管理不规范等问题。④ 农村老年教育总体规模偏小、内容方法单一、专业人员缺乏。由于缺乏认识、缺乏信息、内容不合适、健康状况不良、经济条件不允许等多方面原因，农村老年人教育参与率很低，只有 8.03%。⑤ 这些都制

---

① 乔晓春、张恺悌、孙陆军：《对中国老年贫困人口的估计》，《人口研究》2005 年第 2期。
② 郭平、陈刚：《2006 年中国城乡老年人口状况追踪调查数据分析》，中国社会出版社2009 年版，第 138、140 页。
③ 同上，第 24 页。
④ 黄建新：《积极老龄化视阈的福建省农村老年教育研究》，《长春理工大学学报（社会科学版）》2011 年第 10 期。
⑤ 课题组：《发展中的老年保障事业：制度与政策——浙江省老龄事业发展战略研究报告》，浙江大学出版社 2013 年版，第 153—154 页。

约着农村老年教育的实际效果。

为使农村老年教育能够健康快速发展，应该对农村老年教育的定位、老年教育的理念、老年教育的参与主体和实施机构、老年教育的内容和方式、组织管理等相关问题进一步明确认识，进而调整实践策略。

第一，明确老年教育的定位。我国老年教育的定位，一直以来比较模糊，人们更多地将其与老年人的文化娱乐、休闲连在一起，而教育的核心的"育人"功能，即促进人的自身发展和自我完善的功能反倒被忽视，"康复理论是中国老年教育实践的主导理论"。① 由于定位不明确，也就导致主管部门不清、教学内容娱乐取向、投入没有保障等一系列问题。我们认为，农村老年教育应定位于正规教育，尽管其教育对象、教育内容、教育方法有其特殊性，但其教育的本质特征与其他的青少年学校教育是共同的。不能将老年教育简单定位于丰富老年休闲娱乐生活，而应强调其提升人的素质和能力，促进老年人的社会参与和自我发展等教育的真正使命。只有定位于正规的国民教育，纳入政府教育行政部门统一管理，从政策、资金、师资等方面给予保障，才能促进老年教育的持续健康发展。

第二，农村老年教育的理念应强调提升素质和能力，也就是说要树立增权赋能的价值理念，重点培养老年人的自主生活能力、社会适应能力和社会参与能力，促进老年人的精神成长和人的全面发展。

第三，农村老年教育的教学内容应综合考虑老年人的生理、心理特点、文化程度、社区环境、居住及生活习惯等方面因素，力求教学内容的丰富与合理。主要应该包括生理健康教育、心理能力培训、家庭与社会适应教育、休闲教育、生命教育等内容。

第四，从教学形式看，政府除了继续发展正规的老年大学外，还应引导和支持非正规的社区老年教育，通过报刊、广播电视和网络传媒开展的传播老年教育、老年人自发组织的老年教育等形式。② 以其灵活性、参与性和低成本等优势有效对接农村老年人的教育需求。

第五，从参与主体看，在充分强调和发挥政府主体作用的同时，动员和整合社会资源，吸纳企业、社区、非营利机构、志愿者以及老年人自身力量，形

---

① 王英：《中外老年教育比较研究》，《学术论坛》2009 年第 1 期。
② 王英、谭琳：《"非正规"老年教育与老年人社会参与》，《人口学刊》2009 年第 4 期。

成政府、市场、社会多元主体共同合作的格局。

4. 加强组织管理，完善服务机制

农村老年人的文化教育保障涉及保障主体及其关系协调、保障对象的需求评估、保障资源的筹措与管理、文化教育产品的供给、运行机制和绩效评估等诸多方面，是一个复杂的系统。如何加强组织管理，建立有效的支持保障，是影响文化教育机制运行效绩的关键问题。

第一，健全管理机制，加强组织引导。各级政府应进一步健全领导体制，完善政策法规，鼓励和动员各类文化教育主体参与，构建政府为主，企业、个人、非营利组织投入相结合的筹资格局。针对农村老年人的差异化需求，推进多元化的服务机制。充分发挥公共图书馆和大、中、小学的教育资源的作用，优化农村老年文化教育环境，丰富文化教育资源。提高村级图书室的建立与普及，通过流动服务和城乡图书馆联盟实现功能扩展。尝试建立老年人阅读档案，构建覆盖全面、方便健康的阅读空间，实施导读与培训，推荐阅读书目、开展阅读方法及网络使用技能等相关培训。

第二，提供适合农村老年人需求的公共文化产品。文化产品的供给是影响老年人文化生活质量的重要因素。尽管近年来我国文化市场活跃，文化产品越来越丰富。但客观说来，绝大多数文化产品瞄准的目标人群是非老年人，真正适合农村老年人的文化消费品还相当缺乏。电视是农村老年人接触最多的媒体，72.8%的老年人将"看电视"作为获取外界信息的主要渠道，① 但目前各级电视台所提供的适合老年人接受的节目数量和播放方式与老年受众群体规模、需求及特征差距甚大。报刊是除电视之外的老年人接触较多的媒体，相当多的老年人对报刊有依赖有期待，但又对报刊的内容和形式不满意。② 在广播方面，由于受经济利益的影响，各级电台很少开办针对老年听众的节目，而专业老年频道则更少，且大多内容老套，形式单一，缺乏创新，③ 加上农村广播基础设施欠缺等原因，没有达到良好的效果。因此，广播电视、新闻出版等政府相关职能部门应发挥主导作用，组织开展对农村老年人精神文化消费的需求研究，

---

① 陈勃：《从老年栏目到老年频道》，《电视研究》2003 年第 10 期。

② 陈勃：《老年人与传媒——互动关系的现状分析及前景预测》，江西人民出版社 2008 年版，第 233 页。

③ 余涓：《老年广播节目的现状与发展对策》，《新闻世界》2010 年第 4 期。

引导文化产品生产者开发和提供适合农村老年人身心特点和消费习惯的健康高质的文化产品。当然，这也要求加强相关研究和开发人才的培养。

（三）主体责任分配

政府：①规划农村老年文化教育事业的长远发展，出台相关支持政策，规范和引导农村老年文化教育事业；②健全法律法规，明确老年人的文化教育权；③增加公共财政投入，明确各级政府的财政责任，健全和改善农村老年人的文化教育环境，重点加快村庄一级的公共文化教育设施建设；④健全组织管理，优化农村公共文化服务机制。

社区：①积极组织和引导农村老年人开展文化教育活动，整合社区相关资源，改善农村老年人文化教育环境，办好村级老年阅览室、老年学校。②发挥社区优势，有针对性地为老年人提供适宜、便利的社区老年教育，激发和动员农村老年人参与积极性。③营造良好的舆论氛围和学习氛围。

非营利组织：志愿者组织、基金会、社会工作机构等非营利性组织可以通过筹措资金和直接提供文化教育服务两种方式，为农村老年文化教育贡献力量。

市场：市场主体应充分重视和开发老年文化教育市场，在需求评估的基础上，研发和提供符合老年人需求的文化教育产品。同时，履行企业社会责任，积极为农村老年人文化教育贡献力量。

家庭：①尊重和重视老年人的文化教育需求，改善家庭文化教育条件和设施；②鼓励和带动老年人参与文化教育活动；③为老年人参加文化教育活动提供时间、情感和经济支持。

个人：树立文化教育权利意识和积极的老年学习观，克服畏难自卑情绪，积极主动参与文化教育活动，成立老年自主性教育组织，积极参与老年互助文化教育活动。

二、社会参与机制

社会参与是维持老年人个体与社会联系的主要途径，它关系老年人的情感生活、心理状态、人际交往和自我实现，是影响老年人精神生活的重要因素。因此，老年人社会参与机制必然成为精神保障体系的重要内容。

（一）社会参与与农村老年人精神文化生活

个体进入老年阶段之后，是否应该继续保持积极的社会参与？这是老年学理论研究中争论不休的议题，也形成了"活动"与"脱离"的两种对立主张。美国学者罗伯特·哈维格斯（R. Havighurst）通过对堪萨斯市 300 名中产阶级老年人长达 6 年的访谈，在研究分析的基础上提出了活动理论。活动理论认为，社会活动是生活的基础，"老年人应该积极参与社会。只有参与，才能使老年人重新认识自我，保持生命活力。"[1] 人们如果要顺利进入老年过程，必须保持足够程度的社会参与，年老的人应该寻求活动角色，这样就会获得积极的自我形象和生活满足感。[2] 而如果老年人不积极参与社会，则可能被挤入伯吉斯所说的"非角色之角色"状态，失去与社会的联系进而导致情绪低落与意义感的丧失。

与活动理论不同，以卡明（Cumming）和亨利（Henry）为代表的脱离理论则主张老年人应该脱离社会，顺应老化和衰退的客观规律，以适应老年期的生活。脱离理论认为，老化是脱离社会的生活基础，"脱离"是个人和社会双重作用的结果，老年人的脱离过程具有普遍性和不可避免性，"变老是一个不可回避的互相避缩或分离，使老年人跟其他人之间的互动减少"。[3] 他们认为，伴随增龄过程逐渐与社会的分离并不是老年人被迫进入"非角色之角色"，而是每个老年人必须经历的自然的、正常的和不可回避的社会隐退过程。

客观说来，活动理论和脱离理论都有其解释力和合理性，也都存在局限。为了检验这两种观点，帕尔莫尔开展的一项实证研究发现，脱离理论适用于一些人，而活动理论适用于另一些人，但活动理论最适用于大部分成员。[4] 虽然脱离理论适用于部分老年人，但总的基调是被动和消极的。目前已经有充分的事实材料证明脱离的过程既不是自然的，也不是不可避免的，脱离的原因绝大多数是由于缺乏参与的机会。[5] 只要具备合适的机会和条件，绝大多数老年人是愿意积极参与社会活动的。当然，个性特征在老年人社会参与中的作用也是

---

① 邬沧萍：《社会老年学》，中国人民大学出版社 1999 年版，第 273 页。
② 戴维·L 德克尔：《老年社会学》，天津人民出版社 1986 年版，第 162 页。
③ 同上，第 167 页。
④ 戴维·L 德克尔：《老年社会学》，天津人民出版社 1986 年版，第 171 页。
⑤ 转引自裴晓梅：《从"疏离"到"参与"：老年人与社会发展关系探讨》，《学海》2004年第 1 期。

不能完全忽视的。

由于活动理论与社会现实和现代主流价值观更为接近，因而受到了广泛的赞同。但活动理论和脱离理论一样，其关注的重点还是个体如何适应老年期的行为模式的选择问题，这也是活动理论与同样主张社会参与的"积极老龄化"理论的区别所在。积极老龄化概念来源于世界卫生组织，后来被写进联合国第二届世界老龄大会的《政治宣言》和《老龄问题国际行动计划》，成为应对21世纪全球人口老龄化的政策框架。其核心思想在于，认为老年人是资源，老年人积极参与社会不仅能改善自身，也能促进社会发展。社会参与是"积极老龄化"肯定和强调的老年人的基本人权。

积极老龄化理论基于对老年人平等权利的尊重和联合国关于独立、参与、照顾、自我实现和尊严的原则，提出了健康、参与和保障为支柱的政策框架，"让尽可能多的人尽可能长时间地保持尽可能好的生命质量"。"积极"指的是不断参与社会、经济、文化、精神和公民事务。从工作中退休的老年人和那些患病或残疾老年人，仍然能够对家庭、亲友、社区和国家作出积极的贡献。它让人们认识到自己在一生中的体力、社会以及精神方面的潜能，并按照自己的需求、愿望和能力去参与社会活动。① 参与是积极老龄化的核心和精髓，它是指在劳动力市场、就业、教育和社会政策以及相应计划都支持人们能充分参与社会经济、文化和精神生活的条件下，他们年老时就能按照其人权、能力、需要和爱好，继续以有偿或无偿的方式作贡献。积极老龄化拒绝和抛弃了将老年视为"包袱"的消极老龄观，主张老年人为社会的资源和财富，社会应支持老年人发挥其技能、经验和智慧。积极老龄化承认和尊重老年人的社会参与权利，并强调社会有责任保障老年人社会参与权利的实现。

社会参与是指"参与者在社会互动过程中，通过对各种角色的扮演和介入，在社会层面上实现资源共享，满足自身需要并因应社会期待"。② 社会参与的界定尽管存在分歧，但一般都强调参与的社会性、互动性和参与者个人价值的实现。老年人社会参与和我国的"老有所为"尽管存在细微差别，但基本是同义的，是老年人在机会均等的基础上，自愿参与的有益于个人和社会的各项活动。

---

① 世界卫生组织：《积极老龄化政策框架》，华龄出版社 2003 年版，第 9 页。

② 段世江、张辉：《老年人社会参与的概念和理论基础研究》，《河北大学成人教育学院学报》2008 年第 3 期。

具体参与活动内容和范围包括有报酬的劳动、无报酬的公益志愿活动、文化娱乐活动、家务劳动等。从分析层面上看，有家庭意义的、社会意义的和个人生命价值意义的。需要指出的是，老年人社会参与的基本前提应该是自愿的，而不应该是出于生存压力的"迫不得已"，也就是说应该是"积极生产性老年"而不是"消极生产性老年"。① 这一点对于中国农村老年人来说尤为重要。

老年人积极参与社会生活是老年人的权利，也是人类应对人口老龄化的可行选择。同时，老年人也具备参与的条件和能力。从心理学的角度看，老年人具有继续参与社会发展的可能性和基础，主要体现为老年人保持较好的理解、判断力等晶态智力可以补偿减退较早的液态智力；老年人的认知功能有相当大的可塑性和潜能，经过训练可以获得程度不同的恢复和提高，其实用性日常认知能力随增龄保持较好；具有和年轻人相当的智慧；大多数老年人保持相当完好的自我，能自我调控自身行为。② 从年龄层次看，低龄老年人占比较大，80岁以上的高龄老人尽管呈上升趋势，但总体比例较大。在我国老年人口中，60—69 岁的低龄老年人口所占比重 2035 年前都在 55%—60%。③ 低龄老年人健康状况良好，完全具备社会参与的身体条件。事实也说明，我国农村老年人社会参与率也比较高，特别是经济参与。2006 年调查数据表明，农村老年人有经济参与的比例达 51.3%，在 60—69 岁老年人中达 62.5%。在政治参与方面，有 81.5% 的农村老年人参加过"最近一次的村委会选举"，有将近一半的农村老年人（47.9%）"关心村里的村务公开情况"。④ 文化娱乐活动和家务劳动的参与率也相当高，绝大多数的农村老年人是照料小孩、洗衣做饭等家务劳动的主要承担者。只要身体条件允许，他们一直都在为家庭、社区和社会发挥积极的作用。

老年人积极的社会参与对其精神需求的满足和精神生活质量的改善具有重要的价值和意义。首先，社会参与有利于促进老年人心理健康。有研究发现，

① 王思斌：《从消极生产性老年到积极生产性老年》，载梅陈玉婵、南希·莫罗—豪厄尔、杜鹏主编：《老有所为在全球的发展——实证、实践与实策》，北京大学出版社 2012 年版，第 4 页。

② 许淑莲：《从心理学角度看老年人继续参与社会发展》，《中国老年学杂志》2000 年第 4 期。

③ 国务院人口普查办公室、国家统计局人口和社会科技统计司：《2000 年人口普查国家级重点课题研究报告（第二卷）》，中国统计出版社 2005 年版，第 666 页。

④ 张恺悌主编：《中国农村老龄政策研究》，中国社会出版社 2009 年版，第 141—145 页。

老年人社会参与与其心理健康水平成正比，参与社会活动能预防和缓解老年人在强迫症状、焦虑、恐惧等方面的消极改变，保持积极心态。① 社会参与对提升老年人的自我和谐也有促进作用。② 在我国农村，大多老年人参加体力劳动，这一方面活动了筋骨，促进了身体健康，另一方面能增加收入，躯体健康和收入的增加都能促进心理健康。参与文化娱乐活动，更是能够充实精神生活内容，获得愉悦快乐的心理体验。老年人社会参与能直接贡献于家庭，有助于家庭代际关系和谐，增进代际沟通。通过社会参与，老年人能获得情感、娱乐、求知、交往等多方面的精神需求的满足，有效避免孤独寂寞、失落无用的不良情绪。

其次，社会参与能提高老年人的生活满意度和幸福感。罗纳德·英格尔哈特发起的"世界价值观调查"等政治学研究发现，民主化程度和公民参与度与幸福快乐有直接关联性。社会学研究则强调社会支持、社会参与对幸福的积极功用。③ 在互动理论看来，个体参与社会及其互动过程是形成自我概念、认识自我价值的唯一途径。老年人在社会参与过程中，不仅可以更客观正确地评价自己，纠正消极负面的自我认知，而且还能实现自我价值，获得价值感、成就感和自主感，重新找到生活的价值和意义。

有研究表明，志愿服务是减少老年人与社会孤立和隔离的有效途径，68%的日本老年志愿者报告反映志愿服务给他们的生命增添了意义。④ 美国学者哈维格斯特·阿尔布雷克（Havinghust - Albrecht）认为，老年人社会参与的层面越高，他的精神和生活满意度也随之增加。有调查显示，91%的老年人从事志愿服务后生活满意度得到提高。⑤ 总之，老年人积极参与社会生活，有利于增进身心健康和幸福感。老年人社会参与不仅能够给家庭和社会带来积极效用，也能给老年人个人带来收益。社会参与不仅具有经济和社会效用，也具有精神价值。

---

① 刘颂：《老年社会参与对心理健康影响探析》，《南京人口管理干部学院学报》2007 年第 4 期。

② 刘颂：《老年社会参与同自我和谐的相关性》，《南京人口管理干部学院学报》2006 年第 2 期。

③ 邱海雄、李敢：《国外多元视野"幸福"观研究》，《社会学研究》2012 年第 2 期。

④ 陈礼美：《日本老年志愿服务：政策视角》，载梅陈玉婵、南希·莫罗—豪厄尔、杜鹏主编：《老有所为在全球的发展——实证、实践与实策》，北京大学出版社 2012 年版，第 59 页。

⑤ 李芹：《城市社区老年志愿服务研究》，《社会科学》2010 年第 6 期。

（二）社会参与机制

老年人的社会参与是积极老龄化理论的核心内容，也是改善老年人精神文化生活质量的重要途径。促进农村老年人的社会参与，可以从两方面下功夫，一方面是提升农村老年人的参与能力，包括参与意识、文化水平、知识和技能、健康等因素；另一方面是优化参与环境，包括国家的法规政策、制度、参与机会、参与平台、观念与文化环境、组织管理与支持服务等内容，这些环境因素涉及政府法规政策制度的宏观层次，也涉及社区、家庭等中观、微观层次。当然，个体的参与能力是与社会结构性环境因素相关联的，在某种程度上说是社会形塑和建构的产物。因此，需要能力建设和环境改善共同努力。

1. 反对老年歧视，为老年社会参与创造积极的观念和文化环境

《联合国老年人原则》明确"参与"是老年人的权利，老年人必须充分参与社会发展过程。"不分年龄，人人共享的社会包含了努力使老年人有机会继续为社会作出贡献的目标。要实现这一目标，必须消除任何排斥或歧视老年人的做法"。① 长期以来，人们总是将老年人视为"负担"和"包袱"，是需要被社会和他人照顾的对象。正如潘瑟斯所说，媒体中老年人被描述成"丑陋的、无牙的、无性征的、失禁的、衰老的、模糊的、无助的……"，而学者费尔伯特将"老龄化"描述为：生物学的控制；衰退和降级；一种死亡预兆……是一个被人照顾、控制、隔离与研究的有问题的人群。② 这种消极被动的老年人刻板形象是制约老年人社会参与的不利环境，同时这种外在评价又会内化成老年人的自我认知，进而影响老年人的参与意识和参与积极性。我们必须从积极的角度看待老年人，以积极的老龄观取代传统的消极老龄观。老年人是社会发展的受益者，同时也要把老年人视作年龄一体化社会的积极参与者和贡献者。现在是塑造这一新观念的时候了。③

我国农村老年人尽管大多都在从事农业劳动，经济参与率较高，但事实上这种参与更多的是一种"迫不得已"，是一种被动的、消极的参与。而在其他领域，其参与的范围和程度大多低于经济参与。其重要原因就在于，对老年人缺

---

① 联合国：《2002 年老龄问题国际行动计划》，载张恺悌主编：《中国老龄事业五年回顾：马德里国际老龄行动计划五周年回顾》，中国社会出版社 2009 年版，第 97 页。

② 转引自郭爱妹、石盈：《"积极老龄化"：一种社会建构论观点》，《江海学刊》2006 年第 5 期。

③ 世界卫生组织：《积极老龄化政策框架》，华龄出版社 2003 年版，第 45 页。

乏正确的认知，没有充分认识和正确评价老年人的价值，没有将老年人视为社会的资源。为此，政府和社会要充分利用各种方式和途径，加强宣传和引导，肯定老年人的社会价值和参与权利，塑造积极的老年形象。肯定老年人是资源而不是包袱，老年人不仅能在经济领域中发挥作用，也有文化和社会价值，老年人不仅需要参与经济生活，也要参与政治、文化和社会生活。通过宣传、教育在全社会范围内树立积极老龄化观念，营造公平理性对待老年人的氛围，为农村老年人的社会参与创造良好的思想文化环境。

2. 发展老年教育，提升农村老年人的社会参与能力

农村老年人的社会参与除了需要支持性的友好环境，还要老年人具有与社会发展相适应的参与能力。对于我国农村老年人来说，参与能力不强是普遍存在的问题，农村老年人文化程度偏低，有超过一半的农村老年人没有上过学，即使上过学的农村老年人大多也仅仅接受过小学教育，初中以上文化程度不到10%，特别是农村女性老年人有近3/4没有上过学。① 另外，由于文化程度的制约，农村老年人的职业技能、休闲娱乐技能以及其他参与能力普遍不高，这就严重了农村老年人社会参与的广度和深度，也会影响其参与的信心和积极性，通过教育提高农村老年人的参与意识和能力，是改善农村老年人社会参与的有效途径。

从社会参与的角度看，农村老年人教育除了普通的文化教育外，其重点应是培养老年人的参与意识和参与能力。一是要强化老年人的参与意识和参与积极性，帮助老年人正确认识自我价值观，树立积极的老年价值和生活态度，认识到参与社会政治、经济和文化生活、分享社会发展成果是老年人的权利；二是要提升农村老年人的经济参与能力，让农村老年人学习和掌握一些非体力型的职业技能，以避免因体力的下降而退出经济生活。由于农村社会保障的缺乏，相当多的农村老年人不得不一直在土地上劳作，以减少收入的风险和不确定性。调查表明，有45.5%的农村老年人在继续"干农活"，但同时有90.3%的农村老年人回答自己已经"干不动"农活了。表现出高劳动参与率与低劳动参与能

---

① 张恺悌、郭平主编：《中国人口老龄化与老年人口状况蓝皮书》，中国社会出版社2010年版，第56—57页。

力的矛盾，这也体现出这种参与和生活压力的关联。① 从本质上说，这更多的是一种谋求生存的生活所迫，与积极老龄化框架下的社会参与显然存在距离。要解决这一问题，一是有赖于社会保障的发展，二是现实的选择是通过低体力型的生产性活动替代目前高体力型的田地劳作。实现这一替代的前提是农村老年人掌握相关的非体力型生产技能。三是培养农村老年人的休闲生活技能，丰富和拓展文体娱乐活动的参与范围和质量。四是提升农村老年人参与社区公益服务的能力。社区互动和公益服务是农村老年人社会参与的重要领域和方式，"学习一些社会工作知识和不太复杂的服务丰富，对于希望'老有所为'的老年朋友是有帮助的"。②

3. 改善农村老年人社会保障，为老年人社会参与奠定良好的经济基础

经济对老年人社会参与的影响体现在宏观和微观两个层面。从宏观方面看，一个社会的经济发展程度和发展水平，会影响着整个社会老年人社会参与的条件、机会和支持资源。从微观的角度看，老年人的经济状况和收入水平会影响其自由自愿参与社会活动的时间、条件、资源，进而影响其社会参与的深度和广度以及社会参与的态度和积极性。目前我们农村老年人社会参与的结构不合理，大多是体力型的经济参与，而在文体锻炼、休闲娱乐等方面的参与大多是一些花钱少的表层娱乐型参与，而像旅游、看电影、看书、上网等发展型参与相对较少，这固然与农村老年人的文化程度和俭朴的生活观念有关，但与缺乏社会保障带来的生活风险和不确定是有直接关系的。为农村老年人提供必要的生活保障，是改善农村老年人社会参与的物质前提。

近年来，我国农村社会保障有了一定的发展，新型农村合作医疗和农村养老保险为老年人的日常生活和医疗保健提供了经济支持。但总体看来，目前农村老年人的经济状况和收入水平还较低，很多农村老年人除了满足日常的生活开销，根本没有剩余甚至入不敷出，更谈不上花钱去旅游、买电脑、买书、看电影。甚至还有很多老年人"不得不"从事繁重的体力劳动来获得经济收入以维持日常生活，这既减少了自由自愿的非收入性社会参与的时间，也影响着社

---

① 张恺悌、郭平主编：《中国人口老龄化与老年人口状况蓝皮书》，中国社会出版社 2010年版，第 230 页。

② 王思斌：《从消极生产性老年到积极生产性老年》，载梅陈玉婵、南希·莫罗—豪厄尔、杜鹏主编：《老有所为在全球的发展——实证、实践与实策》，北京大学出版社 2012 年版，第 5 页。

会参与的深度和广度，影响老年人的自我发展和生命质量。因此，政府应大力发展农村老年保障，特别是大幅度提高农村养老保险的保障水平。无论是从社会保障的公平性伦理原则，还是从满足"基本生活需要"的福利需求来看，每月几十元的保障水平显然是有待调整的。通过提高和改善农村老年人的经济福利状况，可以减少农村老年人的"必要劳动时间"，增加自由自愿的社会参与时间和参与资源，增大社会参与的机会和可能性。

4. 优化和拓展农村老年人社会参与的渠道和空间

如前所述，我国农村老年人社会参与的广度和深度都有待进一步推进，农村老年人现有的参与领域主要集中在经济生活和闲暇娱乐以及家务劳动，且经济参与主要还是辛苦的体力型劳作。这种参与结构难以满足老年人自身发展和社会发展的要求，其参与的可持续性也将遭遇增龄导致的体力衰退的困扰。如果没有非体力型或轻体力型的经济参与项目，随着劳动能力的下降，农村老年人将由于难以继续参与农业劳动而陷入无事可干的境地。且随着农村规模经营的推行和城镇化发展带来的"失地"，很多农村家庭将无地可种。而在闲暇娱乐方面，尽管农村老年人参与率并不是很低，但活动项目较为单一，大多是一些花钱少，对外部条件要求低的娱乐、保健项目。在社区公益活动方面，农村老年人参与机会和渠道较少，参与率不高。因此，如何拓展和优化农村老年人的参与空间，搭建多元化的参与平台，将成为促进农村老年人社会参与的关键议题。

理想的老年参与空间应该是多领域、多层次、方便灵活的开放性空间，可以满足不同老年人的参与需求。就农村老年人而言，就业和经济参与仍然是重要的，应引导老年人逐渐从体力型经济参与向非体力型经济参与过渡，发展适合农村老年人就业的相关产业和项目。文化娱乐参与方面，新农村建设应加强相关设施建设，办好农村老年活动室、图书馆、老年学校，有条件的村庄可组织老年人外出参观、旅游。加快农村网络通信建设，培训老年人的网络技能，开展新的参与渠道和领域。另外，要重点引导和组织农村老年人参与社区互助和公益性活动，构建"家门口"的社区参与平台，这应成为农村老年人社会参与的未来发展方向。社区是农村老年人生活的主要空间，也是老年人生活服务的提供主体，在大力发展农村社区居家养老服务的过程中，年轻老年人是一支重要的主体力量。农村社区在发展居家养老服务及其他社区公益服务的过程中，应充分挖掘和发挥老年人的人力资源，为他们提供参与平台和贡献途径。

另外，从参与方式看，目前农村老年人大多是个人性参与，组织性不强，影响了农村老年人的参与率和积极性，基层政府和社区应引导老年人成立老年协会、棋牌社、钓鱼协会、健身小组等多样化的文体娱乐组织、权益维护组织以及志愿服务组织，引导和激发农村老年人走出家庭，参与集体性的社会活动，将社会参与与老年人精神需求的满足、老年人自身发展和价值实现，以及社会发展有机结合起来。

5. 强化农村老年人社会参与的组织管理与支持服务

政府应完善相关法规政策，为农村老年人的社会参与提供制度保证。尽管我国老年人权益保障法有"保障老年人参与经济、政治、文化和社会生活"的相关条文，《中国老龄事业发展"十二五"规划》中也明确提出要"扩大老年人社会参与。注重开发老年人力资源，支持老年人适当方式参与经济发展和社会公益活动"，但这些原则规定要真正落实还需要相关配套规定和政策激励。要通过劳动就业政策、文化教育政策、社会服务政策等各项具体的政策规定，为老年人提供公正平等的参与机会，保障老年人的相关权益，禁止老年歧视。同时出台相关激励措施，鼓励企业、社会组织、相关团体和社区为农村老年人提供就业和其他参与机会。

基层政府和社区要为农村老年人的社会参与提供劳务市场和其他岗位信息、公益活动信息、政策咨询和法律服务，为老年人社会参与营造友好的支持性环境。

同时，民政、老龄、教育、文化等政府职能部门要整合相关社会政策和资源，为农村老年人社会参与提供机会、条件和支持，充分保证农村老年人能平等参与经济、政治、文化、社会生活和终身学习。动员和整合事业单位、社会团体、志愿服务组织、专业社会工作服务机构等社会力量，通过资金、信息、岗位、人才等多种支持手段和途径，促进农村老年人的社会参与。正如联合国第二届世界老龄大会《政治宣言》中所说，"除了政府提供的服务之外，家庭、志愿者、社区老年人组织，以及以社区为基础的组织……都扮演着重要角色"。① 农村老年人的社会参与有赖于政府、市场、社会多元主体的共同支持。

---

① 转引自刘颂：《积极老龄化框架下老年社会参与的难点及对策》，《南京人口管理干部学院学报》2006年第4期。

（三）主体责任分配

政府：①健全和完善保障老年人社会参与权益的法规政策，为老年人提供公平参与社会的机会和条件，禁止包括就业在内的经济、政治、文化、社会领域的社会参与方面的老年歧视；②重视对农村老年人人力资源开发，整合社会政策，挖掘社会资源，为农村老年人社会参与加大政策倾斜和支持力度；③加大舆论宣传，倡导积极老龄化价值观，为农村老年人社会参与提供支持性的文化环境；④增加财政投入，改善农村社区基础设施和文化教育条件，特别是要大力发展农村老年教育；⑤发展农村老年社会工作，为农村老年人社会参与提供专业性社会工作支持服务。

社区：①动员和整合社区资源，充分调动社区组织和群体积极性，为农村老年人社会参与提供支持；②为农村老年人社会参与提供良好的文化氛围和社区环境；③引导老年人成立老年协会和各种文化娱乐组织，激发老年人的参与积极性；④组织老年人开展社区志愿服务和公益服务活动，打造以社区为基础的老年社会参与平台；⑤搜集老年人就业岗位及其他社会参与机会的相关信息，为老年人社会参与提供信息支持服务。

社会组织：①利用自身资源和优势，为农村老年人社会参与争取外部的支持与帮助；②吸纳和支持农村老年人参与社会组织，为老年人提供交流参与的平台；③社会工作专业机构可以发挥专业优势，激发农村老年人的参与积极性，提升参与能力。争取企业和其他社会力量的支持，为农村老年人提供就业及其他社会参与的机会。

家庭：①营造和谐的家庭环境氛围，鼓励和关心老年人的生活，为老年人社会参与提供精神和心理支持；②尊重老年人的社会参与需求，为老年人社会参与提供必要的经济和物质支持。

个人：①树立积极的生活态度和老年价值观，积极主动地参与社会生活，为家庭和社会贡献自身力量；②积极主动地参与老年教育，学习新知识和新技能，提升自身的社会适应力量和社会参与能力，拓展社会参与的广度和深度。

三、社会控导机制

人的精神生活在本质上说是个人的和自由的，但个人却离不开社会，任何社会个体总是与一定的社会制度背景因素相关联。人的精神生活不能脱离社会而发展，也不应该与社会发展相背离。在历史唯物主义看来，精神生活显然不只是个体意识内的私人事务，它是社会的、也是历史的。① 个体的精神生活需要社会的引导和调控。精神生活是受精神需求驱动的，有什么样的精神需求，就会有什么样的精神生活。精神需求作为一种社会意识是社会存在的反映，同时它又对社会存在具有反作用，会影响社会的政治、经济、文化和个人的发展。这种反作用从性质上看必然出现正向和负向两种情况。一种是与社会发展和人类进步方向一致的积极向上的精神追求，它成为促进人的发展和社会发展的精神力量。另一种则是消极有害的，成为阻碍人的发展和社会进步的精神力量。而在剧烈社会变迁和文化多元的条件下，人的精神生活有了更多的选择和可能，也增加了更大的挑战和风险。因此，对于老年人的精神需求和精神生活，社会管理者应及时观察和分析，并给予必要的指导和控制，引导老年人在开放、多元的复杂环境中作出正确的文化选择，使其精神生活朝着健康向上的方向发展。

（一）农村老年人的精神生活需要社会控导

精神生活是个体生活的重要内容，也是个体生存和发展的重要条件。任何社会个体都有自己的精神生活，但并非所有人的精神生活都能促进其自身发展和生活质量的改善。理想的精神生活应该是积极进步的、健康的、丰富的、主动自觉的、和谐的精神生活。② 而这种理想状态并不是一个自发实现的过程，它依赖于一定的社会文化环境和个体的文化选择能力。而无论是社会文化环境还是个体的价值选择，都是人类主观自觉活动的结果。换句话说，健康向上的和谐的精神生活需要社会的引导和调控。农村老年精神保障的目标指向是健康向上的精神生活，但全球化背景下的文化与价值的多元化、传统与现代的冲突、物欲主义和消费主义的泛滥，以及农村老年人文化素质的偏低和受此影响的文化选择能力的局限，使农村老年人精神生活的方向和层次充满着变数和不确定性，可能出现与理想状态的偏离。这就要求通过一定的机制和途径，对农村老年人的精神生活予以正确的方向导引，实现健康的、合理的、积极的和文明的精神生活，避免颓废的、不合理的、消极的和落后的精神生活。

---

① 庞立生：《历史唯物主义与精神生活的现代性处境》，《哲学研究》2012 年第 2 期。

② 宋翎、江传月：《论构建社会主义和谐社会进程中的精神生活建设》，《求实》2010 年第 9 期。

对农村老年人精神生活的控导，一方面源于农村精神生活环境的变化和老年人价值选择能力的局限，另一方面也源于农村老年人精神文化生活的现实状态与发展需求的张力。从农村精神生活环境看，当下的农村已经不再是单一价值取向的封闭环境，农村社会已经并继续向流动性、异质性、多元化的方向分化和发展，多元文化格局以及由此导致的精神生活多样化趋势已经形成。[1] 在多元文化条件下，如果缺乏有效的组织引导，人们的精神生活将可能走向低质无序甚至消极腐朽的恶的状态，这不仅无助于精神层次的提升，还可能损害个人和社会发展。从老年人的文化选择能力看，社会的正面引导和支持也显得尤为重要。个体的精神生活质量是与其精神消费能力和文化选择能力相关的。我国农村老年人文化程度普遍偏低，有一半以上没有上过学，初中及以上文化程度的老年人不到10%。[2] 这种文化程度制约着其精神消费能力，进而影响着精神生活质量的提升甚至导致方向的偏离。而在多元文化和多元价值取向的背景下，尽管丰富的文化资源为个体的精神生活提供了巨大的空间和无限的可能，但最终的结果往往取决于个体如何作出文化选择。低俗与高雅的文化选择差别，便直接决定其精神生活的高度和深度。[3] 农村老年人由于文化程度的制约，其文化选择能力和价值识别能力不强，容易受到消极的、不健康的文化和价值观的影响，或是停留于感官快乐的低俗享乐，或是陷入价值迷茫和精神困顿。于是，精神生活质量难以提升，老年人的精神世界空洞茫然。在老年人文化选择和价值识别能力难以短时间内快速提升的情况下，政府和社会从外部给农村老年人的精神生活以正确和明确的指引就显得尤为必要。

从发展的角度看，人的精神生活是一个自发性不断减少自觉性不断增多的过程，是一个由单一、片面、浅薄向丰富、全面和深刻的变化过程，是一个由低级到高级的发展过程。这一精神生活的发展过程，也就是人的发展过程。但个体精神需求的确立，由于受到外在复杂文化环境的影响和制约，很多时候是盲目的、消极的，无助于个体自身发展和社会进步。农村老年人由于生存环境和主体自身精神能力的影响，精神生活总体呈现出单调、低质、被动状态，没有很好地体现

① 张彬：《社会精神生活多样化与指导思想一元化》，《科学社会主义》2001年第1期。
② 郭平、陈刚：《2006年中国城乡老年人口状况追踪调查数据分析》，中国社会出版社2009年版，第24页。
③ 廖小琴：《论多元文化条件下的精神生活发展的时代性课题》，《探索》2012年第4期。

出上升和发展的逻辑和趋势。2006 年全国调查显示，农村老年人"从不"到老年活动室、老年大学、老年人协会、运动场所去参加活动的比例分别为 12.6%、6.1%、18.0%、10.1%，"经常"到这些场所去参加活动的比例分别仅为 2.1%、0.3%、4.0% 和 2.2%。① 闲聊、麻将和电视成为其精神文化生活的主要内容。一些老年人精神生活空虚、信仰缺乏，沉迷于赌博、迷信活动。一些老年人在宗教信仰中寻找精神寄托，甚至被"法轮功"等邪教利用。有研究表明，在 20 世纪末的"法轮功"修炼者中，老年人约占 60%。② 这是值得重视和反思的现象。只有对农村老年人的精神文化生活予以指引，引导其精神生活走向正常的上升和发展轨道，才能实现老年人精神生活和生命质量的双重发展。

（二）社会控导机制

1. 关注农村老年人的思想动态，引导老年人树立科学的价值观③

我国党和政府历来重视农村老龄工作，近年来在农村老年人经济供养、医疗保健、居家养老服务、精神文化生活等诸多方面采取了一系列卓有成效的政策行动。但整体看来，这些政策行动关注的重点主要还是物质的方面，而老年人的精神方面则缺乏足够关怀，即使是有关农村老年人精神文化生活的社会政策，也主要关注的是文化生活的设施、设备、场地等硬件条件，而老年人的精神生活本身特别是思想动态大多没有受到应有的重视。农村老年人的精神生活和思想发展还没有完全进入政府的视野。由于对农村老年人的思想工作的认知偏差，在实践层面的一个直接结果就是资金投入不足，没有专门人员负责农村老年人思想工作，负责老龄工作的基层政府工作人员也整天忙于日常事务，关心的是老年人的物质生活，很少有时间和精力从思想上关注老年人。

事实上，农村老年人的精神生活和思想世界已经越来越成为老龄工作的重大主题，无论是个人发展的意义上还是社会发展的意义上都是如此。伴随着社会变迁和结构转型，农村老年人的精神世界遭遇到了多种环境因素带来的冲击，全球化和网络化带来的多元价值取向和意识形态，市场化改革和利益分化带来

---

① 张恺悌：《中国城乡老年人社会活动和精神心理状况研究》，中国社会出版社 2009 年版，第 125 页。

② 许启贤：《法轮功修炼者中老年人约占六成》，《中国青年报》1999 年 8 月 5 日。

③ 周绍斌：《人本与服务取向：城市社区老年党员思想政治教育的现实选择》，《当代教育理论与实践》2011 年第 4 期。

的社会阶层分化等结构性变迁，以全球化、信息化和知识爆炸为表征的现代化带来的代际隔阂和老年歧视，家庭结构改变、劳动力流动、妇女职业化带来的家庭照顾功能受损，疾病和衰老的交错重叠导致的生活质量下降，丧偶、退休、健康恶化等造成的社会联系减弱和社会隔离，可能将老年人置于抑郁、痴呆甚至自杀的风险境地，如此等等。这些现实困境和问题将可能产生消极、悲观的不良情绪，产生对社会的不满和怨恨，甚至反社会的心理，或是陷于价值迷茫和精神困惑，消极无聊地延续无意义的生命存在。

为实现农村老年人的健康向上的精神生活，政府和社会应自觉引导其树立科学的价值观和人生观。密切联系社会需要和农村老年人实际，采取适当的方式和途径，深入进行爱国主义、集体主义和社会主义教育，以及形势政策、法律法规和道德教育，引导老年人深刻理解党和政府的路线、方针、政策，树立社会主义核心价值理念。要围绕农村老年人面临和关心的心理困扰和思想问题，有针对性地加强唯物论和无神论思想教育，科学思想、科学精神、科学知识和科学方法教育，医疗保健、心理健康与情绪调节教育，提高其文化选择能力和精神生活能力，自觉远离低级庸俗的精神生活。

2. 打造以社区为基础的农村老年思想教育平台

提高人的精神生活质量可能涉及多重因素与条件，但其实最主要的还是精神活动，因而需要依靠精神的力量来推动，思想政治教育是提高人的精神生活质量的主要途径。[①] 农村老年人精神生活的健康发展和质量的提升，同样需要通过思想政治教育的途径来实现，而社区是农村老年思想政治教育的理想平台。

每一社会个体都生活在一定的社区中，其思想意识和行为习惯都受到特定社区的影响。对于老年人来说，社区是其家庭之外的最主要的生活空间，他们绝大多数时间生活在社区，由于生理机能的退化，老年人的生活空间大多限制在社区。社区也是农村老年人社会参与的主要空间。老年人具有较为充裕的空闲时间，闲暇与热情成为其社区参与的客观基础，往往具有较强的参与动机。与此相关联，老年人的社区归属感基本上也处于较高水平。可以看出，社区对农村老年人来说，具有特殊的生活意义。由于与社区以外的社

---

① 廖小琴：《重视思想政治教育，提高人的精神生活质量》，《西华师范大学学报（哲学社会科学版）》2005 年第 4 期。

会接触较少，无论从生理、心理还是时间空间上，农村老年群体与社区都有着密不可分的联系，社区也因此成为老年思想政治教育的理想渠道和主要载体。

为适应农村社会变迁和老龄化的客观环境，党和政府在农村老年思想政治教育方面也曾做了大量工作。但客观说来，农村社区老年思想教育还相当薄弱，面临一系列的困难和问题。现有的农村老年思想政治教育的"管理取向"和"社会本位"制约着实际效用的实现。过于关注其社会管理的"工具性"功能，反而造成了对作为教育对象的老年人的人文关怀的忽视。另外，现有的农村社区老年思想教育对农村老年人的特殊性缺乏充分的认识，使其教育内容和教育方式缺乏针对性，无法实现老年人需求与思想政治教育的有效对接。基于以上分析，我们认为，为了更有效地发挥社区在农村老年思想政治教育中的作用，引导老年人精神世界的发展和生活质量的改善，坚持人本与服务取向，是农村社区老年思想教育的可行选择。

思想政治教育的存在始终与人的自由、幸福、尊严、发展相关联，它始终肯定和关注现实的人的需要的满足。[①] 农村社区老年思想政治教育应关注老年人的现实生活困难，将思想教育寓于服务之中。为此，要认真调查和了解老年人的生活状况，全面评估老年人的困难和需求，将老年人作为社区服务的重点关注对象。思想教育者应与包括社会工作者在内的社区工作人员一起协调配合，全面关注老年人的日常生活、健康保障和政治与精神需求，提供经济支持、照料保健、心理促进、文化娱乐、政治关心等全方位、系列化的为老服务。将老年思想教育渗透到社区管理、社区服务、老年学校、邻里互助等活动中，实现潜移默化的效果。为此，社区应从组织领导、资源投入、人员配备、考核评价等方面提供制度化的支持与保障。

同时，农村社区老年思想教育应充分尊重老年人的主体性，鼓励老年人积极参与。从某种意义上讲，人的思想的形成不完全取决于思想信息源的权威性，而更在于接受主体的理性检验，依赖于主体的判断和选择。社区老年思想教育必须充分尊重其主体性，激发老年人的社会参与，在参与中实现思想政治教育的目的。应尽量选择最能激发自我学习、自我思考、自我体验的能动性教育方

---

① 李向军：《人文关怀视域下增强思想政治教育有效性研究》，《中国石油大学学报（社会科学版）》2010 年第 1 期。

式。于是组织农村老年人参加各种形式的实践活动也就有了重要意义和现实合理性。通过亲身实践，老年人能获得人与人之间的直接交流、心灵碰撞和感情交融的机会，从而达到思想共鸣和精神境界的提升。①

为实现实践活动的思想教育效果，应根据社区实际和农村老年人特点，精心组织和控制，并建立有效的支撑机制。坚持自愿和量力、社区需要与个人志趣相结合的原则，鼓励老年人参与社会公共事务和实践活动，如利用老年人的政治优势和人生阅历，组织其进行革命传统和爱国主义教育；组织他们参与社区治安、纠纷调解、社区便民服务等志愿性活动等。应该说明的是，实践活动需要融入思想教育所要求的积极因素，因此必须加强对实践活动的组织和控制，及时对老年人的实践活动进行引导。

3. 借鉴和引入专业社会工作的理念、方法和技巧，提高老年思想教育的实效②

由于生理、心理特征的变化和角色转换，农村老年人会面临经济、健康、情感等一系列困扰。自身能力退化和社会资源不足，决定着老年人需要他人和社会的支持与帮助。而社会工作是以"助人"为核心和使命的专业和职业，社会工作的特质与功能与老年人需求的有效契合，为社会工作介入农村老年思想政治教育提供了广阔的实践空间。

第一，社会工作价值理念，能为农村老年思想教育提高有益借鉴。价值属于哲学范畴，是人们对善恶美丑的判断标准。社会工作是与价值密切相连的专业和职业。列维（Levy）曾说，"社会工作是一个以价值为本的专业。"③ 老年思想教育可以而且应该借鉴和引入社会工作价值理念，实现观念创新。首先，以尊重和平等的态度对待每一位老年人。"唯有对尊严的热爱永远不会衰老、过时，有人之所以宁愿要尊严，就是因为能够温暖年老力衰之心者唯有尊严，而不是物质利益"。④ 因此，在老年思想教育中，教育者应充分肯定和认同老年人的人格尊严，尊重他们的意志自由和生活选择以及他们应有的权利，只要这种自由

---

① 柏琳、徐德庆：《实践与党员思想政治教育创新》，《党政干部学刊》2007 年第 2 期。
② 周绍斌、张苗苗：《论社会工作在老年思想教育中的应用》，《社会工作》2011 年第 2 期。
③ 王思斌：《社会工作导论》，北京大学出版社 2011 年版，第 73 页。
④ 莫特玛·阿德勒、查尔斯·范多伦：《西方思想宝库》，中国广播电视出版社 1991 年版，第 60 页。

和选择没有构成对他人和社会的妨碍。以一种平等的姿态和老年人沟通互动，使老年人在尊重、认可、理解中得到教育；其次，借鉴和引入社会工作"助人自助""案主自决"的价值理念，促进老年人的自我教育、自我成长和自我发展。"大部分老人是能够自主和健康的"，"大部分老人均是勇敢和坚强的……若社工想支持并给予老人力量，他们便要视老人为有崇高价值和坚定的意志去应对生命中困难的人"。① 老年思想教育工作者应相信老年人的能力，抛弃强制推动和灌输的教育模式，引导老年人分析复杂的社会现象，在分析比较中认同社会主义价值观；最后，在思想教育中，充分承认和尊重老年人的独特性，采取灵活多样的、差别化的渗透路径，达到政治性和社会性目标。

第二，借鉴和引入社会工作的专业方法和技巧，提高老年思想政治教育的实效。社会工作是"助人"的专业，它有一套成熟的科学的助人方法。由于要面对不同人群和不同领域的复杂问题，社会工作在长期发展过程中，形成了包括个案工作方法、小组工作方法、社区工作方法等一整套专业化的工作方法。这些奠基于科学知识基础上的专门化方法，对于老年思想政治教育工作具有很强的启发和借鉴意义。个案工作方法采用直接的、面对面的沟通和交流，运用有关人际关系与个人发展的各种知识和专业技术对案主进行工作，以协助案主解决问题，提升能力。② 老年思想教育工作者可以结合老年人的生理、心理和社会特征，灵活运用和借鉴个案工作的方法和技巧。个案工作的会谈、访视、诊断、治疗等技巧都可以为老年思想政治教育提供技术支持。小组工作则强调以团体活动的方式帮助个体获得知识和经验，培养能力，以发挥其应用的社会功能。③ 老年思想教育工作者可以组织农村社区老年人开展各种团体活动，针对老年人的生理、心理和社会症状进行团体辅导和团体治疗，帮助老年人获得经验和能力。这种利用团体成员的帮助和支持来促进老年人的成长和发展，显然要优于一对一的传统说理教育方式；借鉴和运用社区工作方法，则可以把思想政治教育工作渗透到社区管理与服务中，透过社区文化和社区活动健康身心，陶冶情操，提高精神境界。

---

① 梅陈玉婵、齐铱、徐永德：《老年社会工作》，格致出版社 2009 年版，第 35 页。
② 张乐天：《社会工作概论》，华东理工大学出版社 1997 年版，第 94 页。
③ 仝利民：《老年社会工作》华东理工大学出版社 2006 年版，第 195 页。

4. 改善农村文化产品的生产和供给，营造良好的文化环境

人是环境的产物，农村老年人精神生活的内容和质量是与农村社区的文化环境密切相关的，先进的健康向上的社区文化环境能促进人的精神生活向上提升和发展，反之，消极落后的社区文化环境则必然阻碍精神生活的健康发展。良好的社会文化环境是丰富和发展农村老年人精神生活的重要条件。为此，一方面要净化文化环境，营造良好的环境氛围，引导老年人的精神需求；另一方面，规范文化产品的生产和供给，为农村老年人提供健康的精神食粮。

首先，加强农村社区文化建设，用社会主义先进文化营造有利于老年人精神生活发展的积极向上的文化环境。农村老年人的主要生活空间是社区，社区文化环境对其精神生活有着潜移默化的影响，它不仅会直接影响老年人精神文化生活的内容和层次，更会对老年人的价值取向和道德追求产生影响。令人忧虑的是，生存压力导致了对经济发展的强烈诉求，收入的增长成为农村工作的中心目标。农村文化建设严重滞后，消费投入不足，组织管理不到位，农村文化环境不容乐观。理想信念淡薄，赌博之风蔓延，道德缺失，重利轻义，文化生活单调，设施匮乏严重制约着农村老年人精神生活的提升和发展。为此，一方面，要充分利用社会舆论，弘扬主旋律。① 运用大众传媒弘扬先进文化，宣传社会主义价值理念和道德风尚，引导农村老年人崇尚科学，抵制迷信，破除陋习，建设健康向上的社区文化。另一方面，加强农村文化生活的硬件建设，完善农村公共文化服务网络，积极组织引导农村社区精神文化活动，通过经常性的健康向上的精神文化活动，营造积极的文化氛围，丰富和发展农村老年人的精神生活。

其次，加强对精神文化产品生产的管理，为农村老年人提供健康向上、丰富多彩的精神产品。精神产品的生产与供给是影响人的精神生活的重要因素，农村老年人精神生活的健康发展依赖于丰富的、健康的、高质量的精神文化产品。健康向上的精神产品能提高人的文化素养和精神境界，丰富和充实精神生活；而消极有害的精神产品则会腐蚀人的思想，毒化社会风气。② 由于精神生

---

① 陈春莲：《当前我国农民精神生活问题及解决的路径选择》，《北京政法职业学院学报》2010 年第 3 期。

② 宋成剑：《精神生产视野中的思想政治教育》，光明日报出版社 2011 年版，第 40 页。

产的二重性，政府和社会应强化对精神生产的管理，新闻、出版、文化、影视、教育等部门要搞好精神文化产品的生产和传播，用健康向上的精神文化产品丰富农村文化生活。特别是要针对农村老年人的身心特点和文化层次，开发和提供对接农村老年人精神需求的积极健康的文化产品，丰富和发展其精神生活。

5. 培养农村老年人的精神消费能力和文化选择能力

精神生活社会调控的目的在于将农村老年人的精神生活引向丰富的、健康的、进步的、主动自觉的和和谐的精神生活的发展方向。"丰富"指的是精神内容的多样，"健康"指的是向上性和超越性，"进步"是指符合时代要求和社会发展方向，"主动自觉"是指积极进取的精神状态，体现为精神生活的自主和自觉，"和谐"则包括精神生活的外部和内部的协调与平衡。① 这一调控目标的实现，不仅需要良好的外部环境条件的支持，更需要精神生活主体自身能力的发展。要提高农村老年人的精神生活质量，除了需要有一定的精神消费条件、良好的社会文化环境和高质的文化产品外，还需要较高的精神消费能力。"消费的能力是消费的条件，因而是消费的首要手段，而这种能力是一种个人才能的发展"。② "因为要多方享受，他就必须有享受能力，因此他必须是具有高度文明的人"。③ 由此可见，农村老年人精神生活质量的提升，在很大程度上依赖于其精神消费能力的发展，没有文化娱乐技能，精神生活的内容不可能丰富；没有崇高的理想和理性开放的心态，难以实现精神生活的向上追求；没有价值识别和文化选择能力，精神生活则可能远离先进、积极、进步而走向落后、消极、倒退。

农村老年人由于文化素质的限制，精神消费能力普遍有待提高。就目前情况看，可以从以下几方面努力：一是进一步发展农村文化教育，提升老年人的文化素质，这是增强精神消费能力的基础；二是唤醒老年人的精神生活意识，将个人生活质量的提升转向内在精神世界的丰富与发展，转向物质生活和精神生活的协调与平衡；三是培养农村老年人的文化选择能力，提升其道德水准和

---

① 宋翎、江传月：《论构建社会主义和谐社会进程中的精神生活建设》，《求实》2010 年第 9 期。

② 《马克思恩格斯全集》第 31 卷，人民出版社 1998 年版，第 107 页。

③ 《马克思恩格斯全集》第 46 卷，人民出版社 1979 年版，第 329 页。

价值判断能力，使其在文化多元的境遇下，能够区分善与恶，美与丑，健康高尚与腐朽落后，积极高雅与消极庸俗，并善于作出合理的文化选择；四是加强休闲教育，培养农村老年人的休闲技能，提升其鉴赏能力、文体能力、使用现代电子信息产品能力等休闲娱乐能力。总之，要通过精神消费能力的提升，引导农村老年人在文化多元发展和价值取向分化的背景下能够自主选择积极健康的精神生活，远离低级庸俗的精神生活。

（三）主体责任分配

政府：①加强对农村老年人思想工作的认识，完善农村老年思想政治教育的组织网络。②采取适当的方式和途径，开展爱国主义和集体主义教育，宣传党和政府的路线、方针、政策，帮助老年人树立社会主义的核心价值理念；③加强农村文化建设，改善农村老年人文化生活的设施条件，完善农村公共文化服务；④加强对农村文化事业和文化市场的调控管理，为农村老年人提供丰富而健康的精神文化产品。

社区：①整合社区资源，组织和引导农村老年人开展形式多样的精神文化活动，给老年人的精神生活以正确的方向指引；②关注老年人的思想动态，打造以社区为基础的老年思想政治教育平台；③引入社会工作的理念和方法，创新教育方法，提供实效性；④开展老年精神教育，提升农村老年人的精神消费能力；⑤加强社区文化建设，为农村老年人提供良好的精神文化生活的条件和资源。

个人：个体精神生活的发展离不开社会的价值引导与良好的精神生活环境，更离不开主体自身的积极追求与精神能力的提升，高质量的精神生活需要个体的积极作为。为此，老年人个体应该：①加强文化学习，提升自身文化素质，为精神能力的提升奠定文化基础；②加强政治学习，提升思想政治素质和道德水平，树立科学的价值观和人生观；③培养健康的兴趣爱好，学习休闲技能，提升自身的休闲能力，远离低级趣味；④积极参与社会生活，在社会实践中提升价值选择能力，丰富和发展精神生活世界。

参考文献

著作

艾德等编《经济、社会和文化的权利》，黄列译，中国社会科学出版社2003年版。

埃德加·杰克逊：《休闲与生活质量》，刘慧梅等译，浙江大学出版社2009年版。

安东尼·吉登斯：《现代性的后果》，田禾译，译林出版社2000年版。

宾克莱：《理想的冲突——西方社会变化着的价值观》，马元德等译，商务印书馆1983年版。

陈功：《家庭革命》，中国社会科学出版社2000年版。

陈功：《社会变迁中的养老和孝观念研究》，中国社会出版社2009年版。

陈勃：《老年人与传媒——互动关系的现状分析及前景预测》，江西人民出版社2008年版。

维尔：《休闲与旅游供给：政策与规划》，李天元、陈虹译，中国旅游出版社2010年版。

大卫·艾尔金斯：《超越宗教——在传统宗教之外构建个人精神生活》，顾肃、杨晓明、王文娟译，上海人民出版社2007年版。

戴维·德克尔：《老年社会学》，沈健译，天津人民出版社1986年版。

戴维·米勒：《社会正义原则》，应奇译，江苏人民出版社2001年版。

多亚尔、高夫：《人的需要理论》，汪淳波等译，商务印书馆2008年版。

E. 策勒尔：《古希腊哲学史纲》，翁绍军译，山东人民出版社1996年版。

Enid O. Cox & Ruth J. Parsons：《老人社会工作——权能激发取向》，台湾扬智文化事业股份有限公司2001年版。

范斌：《福利社会学》，社会科学文献出版社 2006 年版。

冯建军：《生命与教育》，教育科学出版社 2004 年版。

弗兰克·戈布尔：《第三思潮：马斯洛心理学》，昌明等译，上海译文出版社 1987 年版。

冯立天：《中国人口生活质量研究》，北京经济学院出版社 1992 年版。

范明林：《社会工作理论与实务》，上海大学出版社 2007 年版。

郭爱妹：《多学科视野下的老年社会保障研究》，中山大学出版社 2011 年版。

古德尔：《人类思想史中的休闲》，成素梅译，云南人民出版社 2000 年版。

高峰：《生活质量与小康社会》，苏州大学出版社 2003 年版。

郭平、陈刚：《2006 年中国城乡老年人口状况追踪调查数据分析》，中国社会出版社 2009 年版。

高志敏：《终身教育、终身学习与学习化社会》，华东师范大学出版社 2005 年版。

霍布斯：《利维坦》，黎思复、黎廷弼译，商务印书馆 1986 年版。

黄晨熹：《社会福利》，上海人民出版社 2009 年版。

何雪松：《社会工作理论》，上海人民出版社 2007 年版。

杰弗瑞·戈比：《你生命中的休闲》，康筝、田松译，云南人民出版社 2000 年版。

加里·斯坦利·贝克尔：《家庭论》，商务印书馆 1998 年版。

J. 曼蒂、L. 奥杜姆：《闲暇教育的理论与实践》，叶京等译，春秋出版社 1989 年版。

克里斯多夫·爱丁顿、陈彼得：《休闲：一种转变的力量》，陈彼得译，浙江大学出版社 2009 年版。

凯瑟琳·麦金尼斯—迪特里克：《老年社会工作》，隋玉杰译，中国人民大学出版社 2008 年版。

课题组：《发展中的老年保障事业：浙江省老龄事业发展战略研究报告》，浙江人民出版社 2013 年版。

李晁伟等：《中国城市老人社区照顾综合服务模式的探索》，社会科学文献出版社 2011 年版。

刘海春：《生命与休闲教育》，人民出版社 2008 年版。

罗尔斯：《道德哲学史讲义》，张国清译，上海三联书店 2003 年版。

联合国教科文组织：《学会生存——教育世界的今天和明天》，韦钰译，教育科学出版社 1996 年版。

林闽钢：《现代西方社会福利思想》，中国劳动社会保障出版社 2012 年版。

林明鲜、刘永策：《城乡人口老龄化与老龄问题研究》，山东人民出版社 2010 年版。

罗纳德·德沃金：《至上的美德——平等的理论与实践》，冯克利译，江苏人民出版社 2003 年版。

刘荣才：《老年心理学》，华中师范大学出版社 2009 年版。

卢梭：《社会契约论》，何兆武译，商务印书馆 2005 年版。

刘喜珍：《老龄伦理研究》，中国社会科学出版社 2009 年版。

刘渝林：《养老质量测评》，商务印书馆 2007 年版。

Malcolm Payne：《现代社会工作理论》，何雪松译，华东理工大学出版社 2005 年版。

M. 兰德曼：《哲学人类学》，阎嘉译，贵州人民出版社 2006 年版。

梅陈玉婵、南希·莫罗—豪厄尔、杜鹏主编：《老有所为在全球的发展——实证、实践与实策》，北京大学出版社 2012 年版。

梅陈玉婵、齐铱、徐玲：《老年学理论与实践》，社会科学文献出版社 2004 年版。

穆光宗：《老龄人口的精神赡养问题》，《中国人民大学学报》2004 年第 4 期。

马斯洛等著：《人的潜能和价值》，林方主编，华夏出版社 1981 年版。

马斯洛：《动机与人格》，许金声译，华夏出版社 1987 年版。

莫特玛·阿德勒、查尔斯·范多伦：《西方思想宝库》，周汉林等，中国广播电视出版社 1991 年版。

苗元江：《心理学视野中的幸福》，天津人民出版社2009年版。

孟昭兰：《人类情绪》，上海人民出版社1989年版。

O. F. 博尔诺夫：《教育人类学》，李其龙译，华东师范大学出版社1999年版。

彭华民：《社会福利与需要满足》，社会科学文献出版社2008年版。

彭华民等：《西方社会福利理论前沿》，中国社会出版社2009年版。

齐铱：《中国内地和香港地区老年人生活状况和生活质量研究》，北京大学出版社1998年版。

宋成剑：《精神生产视野中的思想政治教育》，光明日报出版社2011年版。

孙鹃娟：《中国老年人生活质量研究》，知识产权出版社2007年版。

世界卫生组织：《积极老龄化政策框架》，华龄出版社2003年版。

世界银行：《防止老龄危机——保护老年人及促进增长的政策》，中国财经出版社1996年版。

孙英：《幸福论》，人民出版社2004年版。

田翠琴、齐心：《农民闲暇》，社会科学文献出版社2005年版。

仝利民：《老年社会工作》，华东理工大学出版社2006年版。

特纳：《人类情感——社会学理论》，孙俊才、文军译，东方出版社2009年版。

童世骏等：《当代中国人精神生活研究》，经济科学出版社2009年版。

邬沧萍：《社会老年学》，中国人民大学出版社1999年版。

沃尔夫冈·查普夫：《现代化与社会转型》，陈黎、陆宏成译，社会科学文献出版社1998年版。

王俊：《老年人健康的跨学科研究——从自然科学到社会科学》，北京大学出版社2011年版。

王坤庆：《现代教育哲学》，华中师范大学出版社1996年版。

王坤庆：《精神与教育》，华中师范大学出版社2009年版。

威廉·魏施德：《通向哲学的后楼梯》，李文潮译，辽宁教育出版社1998年版。

韦璞：《农村老年人社会资本对生活质量的影响》，经济科学出版社2009年版。

吴向东：《重构现代性：当代社会主义价值观研究》，北京师范大学出版社2009年版。

伍小兰：《我国农村老年人口福利状况研究》，中国社会出版社2009年版。

吴玉韶主编：《中国老龄事业发展报告（2013）》，社会科学文献出版社2013年版。

吴忠民：《社会公正论》，山东人民出版社2004年版。

韦政通：《伦理思想的突破》，中国人民大学出版社2005年版。

西塞罗：《老年、友谊、义务——西塞罗文录》，高地译，上海三联书店1989年版。

肖雪：《促进老年人阅读的公共图书馆创新研究》，天津大学出版社2010年版。

徐勇：《徐勇自选集》，华东理工大学出版社1999年版。

邢占军：《公共政策导向的生活质量评价研究》，山东大学出版社2011年版。

邢占军、刘相：《城市幸福感》，社会科学文献出版社2008年版。

袁贵仁：《人的哲学》，工人出版社1987年版。

袁贵仁：《价值学引论》，北京师范大学出版社1991年版。

约翰·C. 卡瓦纳、苏珊·克劳斯·怀特布恩：《老年学：多学科的视角》，中国人口出版社2006年版。

约翰·凯利：《走向自由——休闲社会学新论》，赵冉、季斌译，云南人民出版社2000年版。

约翰·罗尔斯：《正义论》，何怀宏等译，中国社会科学出版社1988年版。

亚里士多德：《形而上学》，吴寿彭译，商务印书馆1995年版。

雅斯贝尔斯：《时代的精神状况》，王德峰译，上海编译出版社1997年版。

雅斯贝尔斯：《什么是教育》，邹进译，生活、读书、新知三联书店1991年版。

约瑟夫·皮珀：《闲暇：文化的基础》，刘森尧译，新星出版社 2005 年版。

阎云翔：《私人生活的变革：一个中国村庄里的爱情、家庭与亲密关系（1949—1999）》，上海书店出版社 2006 版。

赵宝华：《提高老年生活质量对策研究报告》，华龄出版社 2002 年版。

周长城等：《社会发展与生活质量》，社会科学文献出版社 2001 年版。

中国老龄科研中心：《中国城乡老年人口状况一次性抽样调查数据分析》，中国标准出版社 2003 年版。

张慧君等：《马克思主义视阈中的精神生活与全面建设小康社会》，长春出版社 2011 年版。

张恺悌：《中国农村老龄政策研究》，中国社会出版社 2009 年版。

张恺悌主编：《中国城乡老年人社会活动和精神心理状况研究》，中国社会出版社 2009 年版。

张恺悌主编：《中国老龄事业五年回顾：马德里国际老龄行动计划五周年回顾》，中国社会出版社 2009 年版。

张恺悌、郭平主编：《中国人口老龄化与老年人口状况蓝皮书》，中国社会出版社 2010 年版。

赵慧敏：《老年心理学》，天津大学出版社 2010 年版。

周辅成编：《西方伦理学名著选辑》（上卷），商务印书馆 1987 年版。

朱庆芳、吴寒光：《社会指标体系》，中国社会科学出版社 2001 年版。

邹诗鹏：《生存论研究》，上海人民出版社 2005 年版。

郑晓江：《穿透生命》，生活、读书、新知三联书店 1999 年版。

张琢主编：《当代中国社会学》，中国社会科学出版社 1998 年版。

论文

陈勃：《心理功能助长——应对人口老龄化的一条途径》，《社会科学》2002 年第 5 期。

陈勃：《从老年栏目到老年频道》，《电视研究》2003 年第 10 期。

陈春莲：《当前我国农民精神生活问题及解决的路径选择》，《北京政法职业学院学报》2010 年第 3 期。

陈桓：《东亚地区人口老龄化特征分析》，《南方人口》2002 年第 1 期。

陈立新、姚远：《社会支持对老年人心理健康影响的研究》，《人口研究》2005 年第 4 期。

陈立新、姚远：《老年人心理健康影响因素的调查研究——从人格特征与应对方式二因素分析》，《市场与人口分析》2006 年第 2 期。

陈乃林、孙孔懿：《终身教育的一项紧迫课题——关于我国老年教育的若干思考》，《教育研究》1998 年第 3 期。

陈树强：《增权：社会工作理论与实践的新视角》，《社会学研究》2003 年第 5 期。

陈伟东、张大维：《社区公共服务设施分类及其配置：城乡比较》，《华中师范大学学报（人文社会科学版）》2008 年第 1 期。

曹艳春、吴蓓、戴建兵：《我国需求导向型老年社会福利内容确定与提供机制分析》，《浙江社会科学》2012 年第 8 期。

杜鹏、武超：《中国老年人的主要经济来源分析》，《人口研究》1998 年第 4 期。

杜鹏、武超：《1994—2004 年中国老年人主要生活来源的变化》，《人口研究》2006 年第 2 期。

方必基、叶一舵：《我国老年人社区心理健康服务的状况与思考》，《福建医科大学学报（社会科学版）》2010 年第 3 期。

冯晓黎等：《经济收入及婚姻家庭对老年人生活满意度影响》，《中国公共卫生》2005 年第 12 期。

高歌、高启杰：《农村老年人生活满意度及其影响因素分析——基于河南省叶县的调研数据》，《中国农村观察》2011 年第 3 期。

高健等：《书法绘画练习对老年人心理健康和生活质量的影响》，《中国健康心理学杂志》2010 年第 3 期。

郭爱妹、石盈：《"积极老龄化"：一种社会建构论观点》，《江海学刊》2006 年第 5 期。

郭晋武：《老年人闲暇活动与健康》，《中国老年学杂志》1995 年第 3 期。

葛兰娜·斯皮茨、罗素·沃德、边燕杰：《谈谈美国的家庭养老——兼与中国社会学同仁商榷》，《社会学研究》1989 年第 4 期。

甘满堂：《乡村草根组织与社区公共生活——以福建乡村老年协会为考察中心》，《福建行政学院福建经济管理干部学院学报》2008 年第 1 期。

龚向和：《社会权概念》，《河北学刊》2007 年第 9 期。

顾智明：《论精神需要》，《学术研究》1987 年第 5 期。

郭湛：《反思物质需求：无限还是有限》，《中国人民大学学报》2000 年第 4 期。

郭正林：《当代中国农民政治参与的程度、动机及社会效应》，《社会学研究》2003 年第 3 期。

胡军生、肖健、白素英：《农村老年人主观幸福感研究》，《中国老年学杂志》2006 年第 3 期。

胡宏伟、串红丽、杨帆等：《我国老年人心理症状及其影响因素研究》，《西南大学学报（社会科学版）》2011 年第 6 期。

黄三宝、冯江平：《老年心理健康研究现状》，《中国老年学杂志》2007 年第 23 期。

贺雪峰：《农民价值观的类型及相互关系》，《开放时代》，2008 年第 3 期。

贺雪峰：《农村家庭代际关系的变动及其影响》，《学海》2008 年第 4 期。

贺雪峰、郭俊霞：《试论农村自杀的类型与逻辑》，《华中科技大学学报（社会科学版）》2012 年第 4 期。

贺寨平：《社会经济地位、社会支持网与农村老年人的身心状况》，《中国社会科学》2002 年第 3 期。

金生鈜：《论人的教育需要》，《中国人民大学教育学刊》2011 年第 2 期。

姜向群：《对老年人社会价值的研究》，《人口研究》2001 年第 2 期。

姜兆萍、周宗奎：《老年歧视的特点、机制与干预》，《心理科学进展》2012 年第 10 期。

K. 苏斯耐、G. A. 费舍：《生活质量的社会学研究》，《国外社会科学》1987

年第 10 期。

李德明、陈天勇、吴振云：《中国农村老年人的生活质量与主观幸福感》，《中国老年学杂志》2007 年第 12 期。

李大兴：《社会转型期人的精神需要问题探析》，《北京社会科学》2002 年第 4 期。

李芳：《老年人的精神需求及其社会支持网的构建》，《学术交流》2012 年第 8 期。

陆汉文：《生活质量研究的两种取向》，《西北人口》2008 年第 5 期。

刘靓等：《老年人孤独感与亲子支持、孝顺期待的关系研究》，《中国临床心理学杂志》2009 年第 5 期。

李建平、周绍斌：《健康教育——农村老年健康支持体系的重要内容》，《中华护理杂志》2007 年第 8 期。

刘继同：《欧美人类需要理论与社会福利制度运行机制研究》，《北京科技大学学报（社会科学版)》2004 年第 3 期。

李建新：《社会支援与老年人口生活满意度的关系研究》，《中国人口科学》2004 年增刊。

龙江智、王苏：《深度休闲与主观幸福感》，《旅游学刊》2013 年第 2 期。

联合国：国际老龄行动计划（2002）。

林南等：《生活质量的结构与指标》，《社会学研究》1987 年第 6 期。

刘颂：《老年大学教育社会心理价值探索》，《南京人口管理干部学院学报》2000 年第 2 期。

刘颂：《城市老年人精神需求状况的调查与研究》，《南京人口管理干部学院学报》2004 年第 1 期。

刘颂：《老年社会参与同自我和谐的相关性》，《南京人口管理干部学院学报》2006 年第 2 期。

刘颂：《老年社会参与对心理健康影响探析》，《南京人口管理干部学院学报》2007 年第 4 期。

廖小琴：《精神生活的内涵与衡量尺度》，《理论与改革》2005 年第 5 期。

廖小琴：《精神生活质量的衡量标准再探讨》，《探索》2007 年第 2 期。

廖小琴：《论多元文化条件下的精神生活发展的时代性课题》，《探索》2012 年第 4 期。

林艳、陈章明：《社会互动与老年人生活满意度相关性研究》，《中国老年学杂志》2007 年第 12 期。

龙玉其：《人口老龄化与中国老年保障体系的构建》，《长白学刊》2012 年第 5 期。

娄峥嵘：《国外老年教育政策的分析与启示》，《继续教育研究》2012 年第 8 期。

李招忠：《教育与人权》，《暨南学报（哲学社会科学）》2000 年第 2 期。

穆光宗：《老龄人口的精神赡养问题》，《中国人民大学学报》2004 年第 4 期。

马惠娣：《休闲——文化哲学层面的透视》，《自然辩证法研究》2000 年第 1 期。

明艳：《老年人精神需求"差序格局"》，《南方人口》2000 年第 2 期。

庞立生、王艳华：《精神生活的物化与精神家园的当代建构》，《现代哲学》2009 年第 3 期。

庞立生：《历史唯物主义与精神生活的现代性处境》，《哲学研究》2012 年第 2 期。

裴晓梅：《从"疏离"到"参与"：老年人与社会发展关系探讨》，《学海》2004 年第 1 期。

全国老龄办：《中国人老龄化发展趋势预测研究报告》，《中国妇运》2007 年第 2 期。

邱海雄、李敢：《国外多元视野"幸福"观研究》，《社会学研究》2012 年第 2 期。

孙常敏：《城市老年人余暇生活研究——以上海城市老人为例》，《学术季刊》2000 年第 3 期。

石静：《试以人际交往视角分析城市老年人对电视传媒的接触行为》，《东南传媒》2005 年第 9 期。

孙鹃娟：《北京市老年人精神生活满意度和幸福感及其影响因素》，《中国老年学杂志》2008 年第 3 期。

石金群、王延中：《试论老年精神保障系统的构建》，《社会保障研究》2013 年第 2 期。

宋瑞：《休闲与生活质量的量化考察：国外研究进展及启示》，《旅游学刊》2006 年第 12 期。

宋翎、江传月：《论构建社会主义和谐社会进程中的精神生活建设》，《求实》2010 年第 9 期。

唐灿、陈午晴：《中国城市家庭的亲属关系》，《江苏社会科学》2012 年第 2 期。

滕丽新、黄希庭、陈本友：《英国老年人心理健康服务体系的现状及启示》，《西南大学学报（社会科学版）》2009 年第 3 期。

田雪原：《中国老年人口宏观——1987 年全国 60 岁以上老年人口抽样调查分析》，《中国人口科学》1988 年第 5 期。

汪大海、张建伟：《福利多元主义视角下社会组织参与养老服务问题》，《华东经济管理》2013 年第 2 期。

吴帆：《中国老年歧视的制度性根源与老年人公共政策的重构》，《社会》2011 年第 5 期。

王海英：《论人的精神需要》，东北师范大学硕士学位论文，2005 年。

王莉莉：《中国老年人闲暇活动参与状况及其影响因素分析》，《西北人口》2011 年第 3 期。

王琪延、罗栋：《北京市老年人休闲生活研究》，《北京社会科学》2009 年第 4 期。

王思斌：《我国适度普惠型社会福利制度的建构》，《北京大学学报（哲学社会科学版）》2009 年第 3 期。

王双桥：《论人的需要》，《邵阳学院学报（社会科学版）》2004 年第 11 期。

王双桥：《论人的需要的上升规律》，《求索》2004 年第 6 期。

王树新：《北京市人口老龄化与积极老龄化》，《人口与经济》2003年第4期。

王英、谭琳：《"非正规"老年教育与老年人社会参与》，《人口学刊》2009年第4期。

王英、谭琳：《赋权增能：中国老年教育的发展和反思》，《人口学刊》2011年第1期。

王伟光：《论人的需要和需要范畴》，《北京社会科》1999年第2期。

王武林：《中国老年人的宗教信仰与主观幸福感》，《中国老年学杂志》2012年第12期。

王卫平：《中国精神关怀体系中的"家、国、天"架构》，《中共四川省委党校学报》2003年第3期。

王志强：《当前中国农民政治参与研究综述》，《中国农村观察》2004年第4期。

吴振云、许淑莲、李娟：《老年心理健康问卷的编制》，《中国临床心理学杂志》2002年第1期。

吴振云：《老年心理健康的内涵、评估和研究概况》，《中国老年学杂志》，2003年第12期第3期。

谢广宽：《论生活的意义》，《学术论坛》，2005年第11期。

夏海勇：《生活质量研究：检视与评价》，《市场与人口分析》2002年第1期。

许佃兵：《当代老年人心理发展的主要矛盾与特点》，《江苏社会科学》2011年第1期。

肖巍：《精神健康的伦理探索》，《江西师范大学学报（哲学社会科学版）》2006年第5期。

余涓：《老年广播节目的现状与发展对策》，《新闻世界》2010年第4期。

杨卡：《新城住区邻里交往问题研究——以南京市为例》，《重庆大学学报（社会科学版）》2010年第3期。

杨金龙：《村域社会资本、家庭亲和对老年人生活满意度影响的实证分析》，

《统计与决策》2013 年第 15 期。

于森、刘晓虹：《老年心理健康研究进展》，《解放军护理杂志》2008 年第 1 期。

姚远：《重视非正式支持，提高老年人生活质量》，《人口与经济》2002 年第 5 期。

姚远：《非正式支持：应对北京老龄问题的重要方式》，《北京社会科学》2003 年第 4 期。

姚远、陈立新：《老年人人格特征对心理健康的影响研究》，《人口学刊》2005 年第 4 期。

易勇、风少杭：《老年歧视与老年社会工作》，《中国老年学杂志》2005 年第 4 期。

仲彬：《发展社会主义市场经济与提高人的精神需求质量》，《南京政治学院学报》1999 年第 2 期。

张彬：《社会精神生活多样化与指导思想一元化》，《科学社会主义》2001 年第 1 期。

朱尔曼：《情感是人类精神生命中的主体力量》，《南京林业大学学报（人文社会科学报)》2001 年第 1 期。

张洪武：《论精神需要》，《大庆社会科学》1990 年第 4 期。

张静：《中国老年人的需求分析——以马斯洛的需求层次理论为切入点》，《思茅师范高等专科学校学报》2010 年第 4 期。

褚雷、邢占军：《基本需要范畴下的生活质量评价研究》，《中共天津市委党校学报》2011 年第 4 期。

左鹏、高李鹏：《精神慰藉与健康老龄化——以北京某大学离退休教师为例》，《西北人口》2004 年第 5 期。

周绍斌：《论老年人的精神需求及其社会政策意义》，《市场与人口分析》2005 年第 6 期。

周绍斌：《构建和谐社会与老年人精神保障》，《西北人口》2005 年第 6 期。

周绍斌：《从物质保障到精神保障——老年保障的新趋势》，《福建论坛》

2007 年第 7 期。

周绍斌、张艳红：《论老年人的文化权利与政府责任》，《人口与经济》2010年第 4 期。

周绍斌、张苗苗：《论社会工作在老年思想教育中的应用》，《社会工作》2011 年第 2 期。

张同基、包哲兴：《精神生活：一个属人的世界》，《宁夏社会科学》1996年第 6 期。

张卫东等：《上海老年人的心理状况及精神文化生活》，《中国老年学杂志》2002 年第 2 期。

张文娟、李树苗：《子女的代际支持行为对农村老年人生活满意度的影响研究》，《人口研究》2005 年第 5 期。

周伟文：《老年人精神文化生活需求与公共政策选择》，《浙江学刊》2000年第 3 期。

曾宪新：《居住方式及其意愿对老年人生活满意度的影响研究》，《人口与经济》2011 年第 5 期。

朱尧耿：《老年发展的伦理考量》，《伦理学研究》2009 年第 1 期。

张艳国：《论精神需求》，《天津社会科学》2000 年第 5 期。

曾毅、顾大男：《老年人生活质量研究的国际动态》，《中国人口科学》2002年第 5 期。

赵宴群：《文化权利的确立与实现》，复旦大学博士论文，2007 年。

张建国、刘同记、李春阳等：《长三角老年人运动休闲特征研究》，《体育文化导刊》2012 年第 6 期。

A. Campbell，Convorse. Ph and Rodgers. W. The Quality of American Life，New York：Russell Sage Foundation，1976.

Bevil，Catherine A. Leisure activity，life satisfaction，and perceived health status in older adults. Gerontology &Geriatrics Education. 1993，14（2）.

C. Hautier，M. Bonnefoy. Training for Older adults. Annales de Readaptation et Medecine Physique, 2007 (6): 475 – 479.

Cummins RA. The comprehensive quality of life scale manual (5th ed.). Melbourne: Deakin University, Psychology Center, 1997: 35 – 37.

H. H. Noll, Towards a European system of social indicators: Theoretical framework and system architecture social Indicators Research, 2002 (58) .

Hirayama, H. & Cetingok, M , "Empowerment: A Social Work Approach for Asian Immigrants. " Paper Presented at the Asian – A – merican Symposium, 1986.

John Burton, Conflict: Human Needs Theory, The Macmillan Press Ltd, 1990: 61.

Kasser T , Ryan RM . , A dark side of the American dream: Correlates of financial success as central life aspiration . Journal of Personality and Social Psychology, 1993, 65: 410 – 422.

Russell R X. Recreation and quality of life in old age: a causal analysis the Journal of Applied Gerontology, 1990 (9) .